Kohlhammer

Geschichte in Wissenschaft und Forschung

Jörg Rogge

Für die Freiheit

Eine Geschichte Schottlands
im späten Mittelalter

Verlag W. Kohlhammer

Gedruckt mit Unterstützung der
Deutschen Forschungsgemeinschaft

Umschlagabbildung: Burg von Edinburgh; © pixabay

1. Auflage 2021

Alle Rechte vorbehalten
© W. Kohlhammer GmbH, Stuttgart
Gesamtherstellung: W. Kohlhammer GmbH, Stuttgart

Print:
ISBN 978-3-17-039612-8

E-Book-Format:
pdf: ISBN 978-3-17-039613-5

Für den Inhalt abgedruckter oder verlinkter Websites ist ausschließlich der jeweilige Betreiber verantwortlich. Die W. Kohlhammer GmbH hat keinen Einfluss auf die verknüpften Seiten und übernimmt hierfür keinerlei Haftung.

Dieses Werk einschließlich aller seiner Teile ist urheberrechtlich geschützt. Jede Verwendung außerhalb der engen Grenzen des Urheberrechts ist ohne Zustimmung des Verlags unzulässig und strafbar. Das gilt insbesondere für Vervielfältigungen, Übersetzungen, Mikroverfilmungen und für die Einspeicherung und Verarbeitung in elektronischen Systemen.

Inhaltsverzeichnis

Vorwort 9

Einleitung 11

1   Möglichkeiten und Grenzen von Herrschaft: Königtum und Adel im 14. und 15. Jahrhundert 13

  1.1 Das Reich ohne König 13
        Tod von König Alexander III. 1286 und die Folgen 13
        Thronfolgekonflikte und englische Intervention 14
        König John Balliol (1292–1296) 15
        William Wallace, Guardian von Schottland 16
        Der Einsatz historischer Argumente in Rom 1301 18
  1.2 König Robert I. (1306–1329) 20
        Mord und Krone: Robert Bruce 1306 20
        Konsolidierung der Herrschaft: von Bannockburn 1314 bis zum Frieden von Northampton 1328 23
        Der Vertrag von Edinburgh und Northampton 1328 27
  1.3 König David II. (1329–1371) 28
        David II. in Frankreich 30
        David II. als König (1341–1346) 31
        David II. in englischer Gefangenschaft 33
        Herstellung monarchischer Autorität 34
        Verhandlungen mit dem englischen König 36
  1.4 König Robert II. (1371–1390) 38
        Robert II. und seine Söhne: ein familiengeführtes Königreich 40
        Konflikte und Krieg mit England 43
        Robert II. und Robert III. – Könige ohne Autorität (1388–1393) ... 46
  1.5 König Robert III. (1390–1406) 47
        Herzog David von Rothesay, der Thronerbe, wird Leutnant und Regent 51

	Der Tod des Thronfolgers Herzog David von Rothesay	54
	Robert, Herzog von Albany, als Regent für König Robert III.	56
	Die letzten Jahre König Roberts III. (1404–1406)	59
1.6	König in Gefangenschaft – Regierung der Albany Stewarts (1406–1424)	61
	Robert, Herzog von Albany als Gouverneur (1406–1420)	61
	James I. in englischer Gefangenschaft	65
	Die Rückkehr des Königs	67
1.7	König James I. (1424–1437)	68
	Die Hinrichtung der Albany Stewarts	69
	Direkte Königsherrschaft in den Regionen und Grafschaften	71
	Die Kritik an James' I. Politik und seine Ermordung	72
	James I. – ein königlicher Revolutionär?	74
1.8	König James II. (1437–1460)	75
	Die Rache der Königin Joan	75
	Die Minderjährigkeit von James II. und der Regentschaftsrat	77
	Auf den Spuren des Vaters: James II. vernichtet die Black Douglas .	79
	Außenpolitik: Beziehungen zum Kontinent und das Verhältnis zu England	85
1.9	König James III. (1460–1488)	88
	Minderjährigkeit und Vormundschaftsregierungen	88
	Innenpolitik 1470 bis 1480: Ambitionen, Missverständnisse und Fehleinschätzungen	91
	Persönliche Frömmigkeit und Kirchenpolitik	94
	Außenpolitik: Kontinent und England	97
	Lauder Bridge 1482: James III. in Gefangenschaft	100
	Sauchieburn 1488: James III. auf dem Schlachtfeld gegen seinen Sohn und Thronfolger	103
	James III., ein schlechter König?	105
1.10	Verwaltung des Reiches und Königshof im 15. Jahrhundert . . .	106
	Verwaltung des Reiches	106
	Organisation und Verwaltung des Hofes (königlicher Haushalt), Hofämter und Hofkultur	109
	Zentralisierung der Königsherrschaft im 15. Jahrhundert?	111
1.11	Königtum, Bischöfe und Papsttum im späten Mittelalter	112
	Kirchenorganisation	112

Bischöfe als geistliche Oberhirten, Landesherren und Ratgeber
des Königs.. 113
Beziehung zum Papsttum und Kirchenpolitik der Könige 117

2 Soziale, rechtliche und wirtschaftliche Grundlagen der Entwicklung in der Adelsherrschaft 119

2.1 Grundlagen, Entwicklung und Formen adeliger Herrschaft 14./15. Jahrhundert... 119
Grafen und Grafschaften 119
Die Lords of Parliament 123

2.2 Rechtliche und wirtschaftliche Grundlagen der Adelsherrschaft.. 125
Rechtsgrundlagen 125
Schottische Form des Lehnswesens 126
Wirtschaftliche Grundlagen 128

2.3 Herrschaftssicherung und Familienorganisation 135
Erbregelungen (Campbell, Douglas, Stewart) 136
Gedenk- und Erinnerungsorte: Kollegiatkirchen 147
Bonds: Adelsgesellschaft und Selbstorganisation?............. 150

2.4 Alte Familien, neue Ehren, bewährte Herrschaftstechniken: Die Grafen von Huntly, die Herren Forbes und die schottischen Könige im 15. Jahrhundert...................... 154
Politische Dynamik im Nordosten von Schottland ab 1435........ 154
Alexander (II.) Setons, 1. Graf Huntly, Aktivitäten in der Region .. 160
„Bonds of manrent" und „Bonds of maintenance":
familieninterne Konfliktbeilegung bei strittigen
Erbschaftsfragen 163
„Bonds of manrent", Lehen und Ehe: das Verhältnis von
Alexander, Graf Huntly zu Wilhelm Forbes 165

3 Merkmale und Besonderheiten der politischen Kultur im spätmittelalterlichen Schottland 169

Glossar 173

Bibliografie 179

Quellen 179
Unveröffentlichte Dissertationen 179
Literatur 180

Vorwort

Dieses Buch ist im Kontext des von der DFG geförderten Projekts „Men Rent or Land Rent? Zur Bedeutung von Wirkung und Landvergabe in der Herrschaftspraxis von Königen sowie geistlichen und weltlichen Adeligen in Nordost Schottland im Spätmittelalter" (RO 3008/11-1) entstanden.

Ich danke den beiden Projektmitarbeitern Matthias Berlandi und Sebastian Weil für Anregungen, Hinweise und kritische Lektüre des Textes sowie Vanessa Wolf für ihre Unterstützung während der Drucklegung.

Peter Kritzinger vom Kohlhammer Verlag danke ich für seine engagierte Begleitung dieses Buchprojektes.

Jörg Rogge
Mainz, im Juli 2020

Einleitung

Schottland übt seit langem einen besonderen Reiz auf die Bewohner des Kontinents aus. Auch die Deutschen reisen gerne in das Land – nicht zuletzt, um Landschaft und Whisky zu genießen. Die Highlands und die Traditionen der gälischen Kultur (Tanzen, Singen, Kraftsport) faszinieren die Besucher. Einige bewundern die Schotten für ihren Kampfgeist und Mut, mit dem sie im Mittelalter ihre Unabhängigkeit gegen die Herrschaftsansprüche der englischen Könige verteidigt haben. Seit Mel Gibson William Wallace mit dem Film „Braveheart" im Jahr 1995 in das kulturelle Gedächtnis der Gegenwartskultur eingeschrieben hat, gehört der Widerstand der tapferen Schotten gegen die englische Aggression vermutlich zum wesentlichen Wissensbestand über die schottische Geschichte im Mittelalter außerhalb von Schottland.

Doch darüber hinaus ist die schottische Geschichte des späten Mittelalters im deutschsprachigen Raum nicht sehr präsent. Das ist auch deshalb bedauerlich, weil die aktuelle proeuropäische Politik der schottischen Regionalregierung (unter Führung der Scottish National Party) nicht allein durch die Brexitpolitik der Zentralregierung in London motiviert ist, sondern auf einer wirtschaftlichen, kulturellen und auch politischen Orientierung hin zu Kontinentaleuropa beruht, die seit dem Mittelalter gepflegt wurde. Dazu beigetragen hat der englische politische und militärische Druck auf Schottland seit der Zeit um 1300, aber auch der Wille von schottischen Königen und hohen Adligen, Teil der europäischen Kultur zu werden und zu versuchen – bei sehr begrenzten finanziellen Möglichkeiten – zu wichtigen politischen Akteuren auf der europäischen politischen Bühne zu werden.

Im Jahr 1320 erklärten viele schottische Adelige in der Deklaration von Arbroath, dass sie „nur für die Freiheit allein" kämpfen würden. Damit meinten sie die schottische Unabhängigkeit von englischer Oberherrschaft. Der Kampf um den Erhalt der politischen Freiheit gegen englische Könige war eine Signatur der schottischen Geschichte im späten Mittelalter. Freiheit wurde jedoch auch noch in anderen Kontexten verteidigt und war ein signifikantes Element der schottischen politischen Kultur. Denn für die hohen Adeligen war Freiheit die Freiheit von königlichen Eingriffen in ihre Herrschaftsausübung. Für die schottischen Könige wiederum war Freiheit die Möglichkeit, die Mitspracheansprüche des Adels im Rat und seit dem Ende des 14. Jahrhunderts zunehmend im Parlament ignorieren zu können und ihren eigenen politischen Spielraum zu erweitern. Diese unterschiedlichen Interpretationen von Freiheit und die Versuche, diese Interpretationen und Politik umzusetzen, machten den Kern der politischen Kultur der schottischen Adelsgesellschaft aus. In diesem Buch wird dieser Kern der politischen Kultur anhand der Zusammenarbeit und der Konflikte von Adel und Königen in knapper Form dargestellt.

Im ersten Teil steht die Ereignisgeschichte im Zentrum der Darstellung; es geht um das Mit- und Gegeneinander von Königen und Adel bei dem Bemühen, eigene Herrschaftsbereiche abzustecken, zu verteidigen oder zu erweitern. Zum anderen wird gezeigt, welche Konsequenzen diese Streitigkeiten für die außenpolitischen Beziehungen, insbesondere zum Königreich England hatten.

Im zweiten Teil werden die wirtschaftlichen Grundlagen der adeligen Herrschaft sowie die Entwicklung der Adelsgesellschaft skizziert. Schließlich wird an Fallbeispielen demonstriert, welche Folgen die Konflikte für die Adelsgesellschaft in Schottland hatten. Es wird gezeigt, mit welchen Mitteln der niedere Adel (Lairds) versucht hat, seinen Besitz und Rang zu verteidigen und welche Möglichkeiten sich ergaben, die eigene Position in der gesellschaftlichen Hierarchie des Adels zu verbessern.

1 Möglichkeiten und Grenzen von Herrschaft: Königtum und Adel im 14. und 15. Jahrhundert

1.1 Das Reich ohne König

Tod von König Alexander III. 1286 und die Folgen

In einer dunklen und stürmischen Märznacht im Jahr 1286 stürzte der schottische König Alexander III. bei Kinghorn in Fife von seinem Pferd, fiel über eine Klippe und brach sich dabei das Genick. Damit endete eine lange und weitgehend erfolgreiche Herrschaft. Im Juli 1266 hatte er mit dem norwegischen König Magnus IV. einen Vertrag geschlossen, mit dem die Hebriden gegen eine einmalige Zahlung von 4 000 Mark sowie eine jährliche Zahlung von 100 Mark an Schottland gelangten. Das Verhältnis zu England war weitgehend spannungsfrei, nachdem Alexander III. 1278 König Edward I. gehuldigt hatte – jedoch nur für seine Besitzungen in England. Eine englische Oberhoheit hatte er also nicht grundsätzlich anerkannt und entsprechende Forderungen abgelehnt. Alexanders III. Tod erzeugte sowohl innenpolitische wie außenpolitische Unsicherheiten. Er hinterließ keinen regierungsfähigen Nachkommen, denn der Thronerbe Alexander war schon 1284 verstorben. Die einzige noch lebende Nachkommin war Margarete, die Tochter aus der Ehe seiner Tochter Margarete mit dem norwegischen König Erik II. Kurz nach dem Tod seines Sohnes ist es Alexander III. gelungen, für den Fall, dass er keinen männlichen Erben haben sollte, seine Enkelin Margarete vom schottischen Adel als seine Thronerbin anerkennen zu lassen.[1]

Margarete war jedoch erst drei Jahre alt, als sich ihr Großvater das Genick brach und somit nicht regierungsfähig. Deshalb übernahmen im April 1286 sechs Friedensbewahrer oder Guardians („custodes pacis") die Regierung des Königreiches. Diese verhandelten mit dem englischen König Eduard I. darüber, wie der Frieden in Schottland und die Unabhängigkeit des Reiches nach außen gesichert werden könnten. Die Ergebnisse wurden im Juli 1290 im Vertrag von Birgham bzw. Northampton festgehalten. Die Hochzeit der kleinen Margarete mit dem englischen Thronfolger Eduard wurde vereinbart. Damit wurde aber nicht die Vereinigung der beiden Königreiche angestrebt. Vielmehr sollten sie auch nach der Hochzeit selbständige politische Einheiten bleiben und die Unabhängigkeit Schottlands von englischer Oberherrschaft garantiert werden. Damit war erstmals in Schottland schriftlich fixiert worden, dass die Untertanen bei ihren al-

---

1   Scottish Historical Documents, 37–38.

ten Rechten und Freiheiten bleiben würden – unabhängig davon, wer in Zukunft tatsächlich Schottland regieren würde.² Allerdings konnten die Vereinbarungen nicht umgesetzt werden, denn die kleine Margarete starb während der Überfahrt von Norwegen nach Schottland im Oktober 1290. Die Thronfolgefrage in Schottland war wieder völlig offen genauso wie die Frage der weiteren Gestaltung des Verhältnisses zu England.

Thronfolgekonflikte und englische Intervention

Von der im Vertrag von Birgham niedergelegten Lösung der Thronfolge hatten sich die Guardians vor allem versprochen, dass der Friede zwischen den mächtigen schottischen Adelsfamilien bewahrt und ein durchaus möglicher Kampf um die Nachfolge Alexanders III. vermieden werden konnte. Es gab eine erhebliche Anzahl von Kandidaten, die ihren Anspruch auf den Thron mehr oder weniger gut begründen konnten. Aufgrund ihrer Verwandtschaft mit dem verstorbenen König waren zwei Kandidaten besonders aussichtsreiche Bewerber: Robert Bruce der Ältere und John Balliol. Robert Bruce (geb. ca. 1220) war der Sohn der zweiten Tochter des Grafen David von Huntington, einem Bruder von König Wilhelm I., dem Großvater Alexanders III. John Balliol (geb. ca. 1249) stammte von der ältesten Tochter des Grafen David ab.³

Die beiden Bewerber bereiteten sich und ihre Anhänger darauf vor, ihre Ansprüche mit Gewalt durchzusetzen: Es drohte ein offener Krieg. Diese gefährliche Lage war auch dem Umstand geschuldet, dass man keine Erfahrung darin hatte, eine solche ungewisse Nachfolgesituation zu klären. Es gab schlicht keinen Präzedenzfall, denn bis dahin hatte immer ein weitgehend anerkannter Thronerbe zur Verfügung gestanden. In dieser Situation suchten schottische Bischöfe nach Möglichkeiten, um den Ausbruch eines Bürgerkrieges zu verhindern. Dazu wollten sie einen auswärtigen Schiedsrichter heranziehen. Sie hielten den englischen König Edward I. am geeignetsten, eine friedliche Lösung im Konflikt zwischen Bruce und Balliol um den schottischen Thron zu finden. Edward I. hatte den Ruf, ein erfahrener Verhandler zu sein und er war militärisch mächtig genug, einen Schiedsspruch gegebenenfalls gegen den Widerstand des Verlierers im Thronstreit durchzusetzen. Jedenfalls schrieb William Fraser, Bischof von St. Andrews, Anfang Oktober 1290 an Edward I., dass er den Ausbruch eines Bürgerkrieges befürchte und bat ihn, nach Norden an die Grenze zu kommen und den Ausbruch von Feindseligkeiten zwischen den Thronbewerbern zu verhindern. Im Mai 1291 begannen in Norham on Tweed unter der Leitung von Edward I. die Verhandlungen über die schottische Thronfolge, die „Great Cause".⁴ Allerdings verlangte der englische König zuvor, dass die Schotten seine

---

2   Dazu Prestwich, Edward I, 155–174. Barrow, Kingdom in Crisis, 120–141.
3   Penman, Royal Succession, 44.
4   Dazu ausführlich Rogge, Was tun.

1.1 Das Reich ohne König

Oberherrschaft über das Königreich anerkannten – jedenfalls so lange, bis sie wieder einen König hatten. Damit aber änderte sich die Rechtsgrundlage für Edwards Entscheidung über die Thronfolge. Er war nicht mehr Schiedsrichter, sondern lehensrechtlich anerkannter Richter. Er hatte das Königreich inne, um die Entscheidung für den erfolgreichen Kandidaten durchzusetzen und zu sichern. Nachdem schließlich alle Thronkandidaten ihre Ansprüche vorgetragen hatten, entschied Edward I. im November 1292, dass John Balliol der rechtmäßige König der Schotten sei. Er wurde am traditionellen Krönungsort – in Scone (bei Perth) – in sein Amt eingeführt und schwor am 26. Dezember dem englischen König einen Lehenseid für Schottland, womit er auch Edwards Oberlehensherrschaft anerkannte.[5] Nach über sechs Jahren hatten die Schotten zwar wieder einen König, doch dessen Position unterschied sich grundlegend von seinen Vorgängern. Er hatte nicht die Zustimmung aller Schotten – z. B. nicht die der Verwandten und Freunde des unterlegenen Mitbewerbers Robert Bruce – und er befand sich in Lehensabhängigkeit vom englischen König.

König John Balliol (1292–1296)

Diese Konstellation führte in den folgenden Jahren dazu, dass König John Balliol in Schottland nicht als souveräner Herrscher, sondern als Edwards Erfüllungsgehilfe wahrgenommen wurde. Dass König John vor das königliche Lehensgericht in London zitiert wurde und schottische Soldaten für die Konflikte Edwards I. mit Frankreich ausheben sollte, war dazu angetan, diesen Eindruck zu verstärken. Doch gerade die letzte Forderung provozierte – gegen den Willen von Balliol, der wohl bereit war, seine Lehenspflicht zu erfüllen – offene Ablehnung in Teilen des schottischen Ritteradels (Lairds) und der Geistlichkeit. Es formierte sich Widerstand gegen den englischen Einfluss auf die schottischen Angelegenheiten und man suchte nach Bundesgenossen gegen den englischen König. Im Oktober 1295 schlossen einige der wichtigsten schottischen Magnaten ohne den König ein Bündnis mit Philipp IV. von Frankreich zum Schutz gegen England; das war der Anfang der „Auld Alliance". Unklar ist, ob König John auch noch Anfang 1296 abgesetzt und Schottland wieder durch eine Gruppe von zwölf Guardianen regiert wurde. Für Edward I. war die Verweigerung der Lehensdienste, unabhängig davon ob König John dazu von seinen Beratern gedrängt worden war, ein Bruch des Lehenseides und bot ihm die rechtliche Begründung, um mit Truppen in Schottland einzumarschieren. Der eidbrüchige König John Balliol sollte bestraft und abgesetzt werden. Im März 1296 eroberten englische Truppen die wichtige Grenzstadt Berwick, deren Plünderung und Brandschatzung Edward I. erlaubte, und im April besiegten englische Einheiten ein schottisches Aufgebot, in dem die Familie Bruce fehlte, bei Dunbar. Damit war der militärische Widerstand gebrochen und die englischen Truppen konnten alle wichtigen Burgen be-

---

5 Beam, Balliol Dynasty, 114.

setzen. Die meisten schottischen Adeligen versuchten mit dem englischen König Frieden zu schließen und so ihren Besitz zu retten.[6] Von König John verlangte Edward I. die bedingungslose Kapitulation. Er musste der Rebellion abschwören, die Allianz mit Frankreich widerrufen, sein Königsamt auf- und an den englischen König zurückgeben. Am 8. Juli 1296 wurde er in Montrose rituell seines Amtes enthoben, indem man ihm seine Wappen vom Mantel riss und sein Siegel zerbrach. Danach wurde er in englische Gefangenschaft genommen. Edward I. ließ auch das Symbol für die Unabhängigkeit der schottischen Könige, den Krönungsstein von Scone, nach Westminster in die Abteikirche transportieren. Dort wurde der Stein in einen von Edward in Auftrag gegebenen Krönungsstuhl eingearbeitet. Er wollte deutlich machen, dass wenn ein englischer König auf diesem Stuhl gekrönt wurde, er auch auf dem Krönungsstein Platz nahm und somit zugleich schottischer König wurde. Denn aus seiner und seiner Nachfolger Sicht stand Schottland unter der Oberherrschaft des englischen Königs, ja es war ein Teil der englischen Krone und kein selbständiges Königreich mehr. Als seinen Stellvertreter in Schottland setzte Edward I. den Grafen John von Warenne und als Schatzmeister Hugh Cressingham ein, die eine Verwaltung nach englischem Vorbild aufbauen, Steuern einnehmen und Aufruhr bzw. Widerstand unterbinden sollten. Er hingegen segelte wieder auf den Kontinent, um seine Ansprüche gegen den französischen König in der Gascogne und Flandern durchzusetzen.

William Wallace, Guardian von Schottland

Mit dem von William Wallace, der die Absetzung von König John Balliol als nicht rechtens ansah, organisierten Widerstand gegen die englischen Truppen und Sheriffs ab 1297 begann der sogenannte „First War of Independence". Wallace gehörte nicht zum hohen Adel und erhielt deshalb trotz seiner militärischen Erfolge nie die bedingungslose Unterstützung der schottischen Magnaten.[7]

Nachdem sich der größte Teil des schottischen hohen Adels Edward I. unterworfen hatte, wähnte der englische König zu Beginn des Jahres 1297 Schottland seiner direkten Herrschaft unterstellt. Doch im Frühjahr und Frühsommer 1297 organisierten William Wallace und Andrew Murray Widerstand gegen die englischen Garnisonen und überfielen Militärkolonnen der Engländer. König Edward I. beauftragte seinen Schatzmeister Cressingham, den Widerstand niederzuschlagen. Im September trafen die Armeen bei Stirling am Bach Bannockburn aufeinander. Angeführt von Murray und Wallace gelang es den Schotten, die englischen Truppen zu besiegen; Cressingham wurde getötet.[8] Im November starb Andrew Murray an den Folgen einer Verletzung aus der Schlacht. Deshalb agierte Wallace im Winter 1297/98 allein als Guardian für das Königreich mit

---

6   Watson, Under the Hammer.
7   Fisher, William Wallace; Brown, William Wallace.
8   Zur Schlacht Barrow, Robert Bruce, 112–115.

1.1 Das Reich ohne König

dem Ziel, es von der Herrschaft der Engländer zu befreien und den rechtmäßigen König John Balliol wieder in sein Amt einzusetzen. Im Frühjahr bereiteten sich die Schotten um Wallace darauf vor, dass der englische König mit einer neuen Armee einmarschieren würde, um die Niederlage an der Stirling Bridge vergessen zu machen und den Aufstand niederzuschlagen. Am 22. Juli 1298 trafen die Truppen in der Nähe von Falkirk aufeinander. Wallace bot den Engländern eine offene Feldschlacht an, die diese mit Hilfe ihrer überlegenen Kavallerie gewonnen haben. Viele Schotten wurden erschlagen, Wallace konnte entkommen, aber der Aufstand unter seiner Führung war zu Ende.

In den folgenden Jahren versuchten die Engländer einerseits die Kontrolle wenigstens über den Süden von Schottland zu erlangen, denn auch nach dem Sieg bei Falkirk blieb Schottland nördlich des Forth bis 1303 von Engländern unbesetzt. Englische Garnisonen gab es seit Oktober 1298 in Edinburgh, Roxburgh, Jedburgh und Stirling, zusammengenommen ca. 1 300 Fußsoldaten und 175 Ritter („men-at-arms"). Dazu kam 1301 bis 1303 in Linlithgow eine Garnison mit ca. 180 Soldaten; in Selkirk war sie 225 bis 230 Mann stark und in Peebles waren 10 bis 15 Soldaten stationiert.[9]

Allein im Jahr 1298 zahlte Edward I. für den Krieg in Schottland 76 549 Pfund. Wie viel Kontrolle hatte er dafür erreicht? Im Südosten Schottlands reichte sie nicht weiter als bis zum Firth of Fife, und zusätzlich hielt er einige Regionen im Südwesten. In den anderen Regionen funktionierte die schottische Verwaltung wahrscheinlich weiterhin; seit Dezember 1298 waren Robert Bruce of Carrick und John Comyn of Badenoch gemeinsam Guardians.[10] Im Winter 1298/99 waren die Schotten stark genug, Stirling (allerdings erfolglos) zu belagern. Edward I. hatte in den folgenden Jahren Schwierigkeiten, eine Armee aufzustellen, die in der Lage gewesen wäre, die Schotten endgültig zu besiegen. Zudem hatten die Engländer große Probleme, ihre Garnisonen zu versorgen. Der englische Befehlshaber Robert Clifford schrieb Anfang 1299 an den Nachschubmeister in Carlisle und bat ihn, die Schützen vierzehn Tage im Voraus zu bezahlen, weil momentan keine Verpflegung herangebracht werden könne. So wollte er verhindern, dass die Männer einfach gingen. Im August 1299 rechneten die englischen Amtsträger mit einem Angriff der Schotten, man wusste nur nicht genau wo und befürchtete, dass die eigenen Soldaten wegen des Mangels an Verpflegung zu schwach waren, um zu kämpfen. Die englische Besatzung im südlichen Schottland hatte ein nicht lösbares Grundproblem: Wenn keine Armee zu versorgen war, reichten die Lebensmittel für die Garnisonen aus, aber diese waren zahlenmäßig nicht in der Lage, die Nachschublinien und die Regionen zu sichern. Hatte man aber die militärische Stärke, weil eine Armee aufgeboten werden konnte, gab es gerade deshalb Versorgungsprobleme.

Um Schottland tatsächlich kontrollieren und beherrschen zu können, hätten die Engländer die folgenden Burgen/Städte dauerhaft einnehmen und beherrschen müssen: Edinburgh für Fife, Dumbarton für die westlichen Highlands,

---

9   Watson, Under the hammer, 71.
10 Watson, Under the hammer, 77–79.

Stirling für die südlichen Highlands. Das ist ihnen jedoch 1297 bis 1304 nicht gelungen. Edwards I. Plan von 1296, die schottischen Burgen als Rückgrat der neuen Verwaltung sowie als Zeichen für den Herrschaftswechsel an die lokalen Gemeinschaften zu etablieren, funktionierte nicht. Die Gründe für den Misserfolg lagen in der Mischung aus englischer Überheblichkeit und schottischer Widerspenstigkeit. Die englischen Garnisonen waren nur Außenposten, die unter schottischen Attacken litten und schwer zu versorgen waren. Das konnten die Schotten nutzen. Im Januar 1300 ergaben sich die Engländer in Stirling Castle dem schottischen Sheriff von Stirling. Im Frühjahr 1300 erobern die Schotten nach Stirling auch die Burg Bothwell – offenbleibt, ob die Schotten militärisch so gut und stark waren oder die Engländer nicht fähig, die Burg zu halten bzw. die Belagerung durch Entsatz zu beenden.

Der Einsatz historischer Argumente in Rom 1301

Während die militärische Auseinandersetzung noch nicht entschieden war, versuchten die Kontrahenten an den Höfen in Europa und an der Kurie für ihre Rechtsauffassung zu werben, um so Verbündete zu gewinnen. Dabei spielte die Deutung der Vergangenheit eine zentrale Rolle. Es ging um die Rechtfertigung des aktuellen Konfliktes, wobei der Rückgriff auf die Vergangenheit zeigen sollte, dass die jeweiligen Auffassungen von der politischen Situation, auch das Recht hatten zu sein. Ob Schottland in der Vergangenheit ein selbständiges und freies Königreich war oder unter der englischen Herrschaft stand, war insofern auch wichtig für den Ausgang des aktuellen Konfliktes.

Im Jahr 1299 schrieb Papst Bonifatius VIII. an König Edward I. und teilte mit, dass ihm die Entscheidung in dem Konflikt zustände, denn das Königreich Schottland sei dem päpstlichen Stuhl unmittelbar unterstellt. Auf dieses Schreiben reagierte Edward im Mai und die Schotten im Juli 1301, indem sie jeweils Gesandte an die Kurie schickten. Die Gesandtschaften trafen den Papst südlich von Rom in Anagni und übergaben Denkschriften und Briefe, in denen die jeweilige Auffassung über das englisch-schottische Verhältnis dargelegt und begründet wurde.[11]

Die englische Seite begründete ihren Anspruch auf die Oberherrschaft über Schottland mit dem Hinweis darauf, dass Edwards Vorgänger seit ewiger Zeit (*ab antiquissimis retro temporis*) die Oberherrschaft über Schottland innehatten und dass schottische Könige auch ihm Lehens- und Treueeide geleistet haben. Die „ewige Zeit" der Oberherrschaft lassen die Engländer mit dem Trojaner Brutus beginnen, der um 1100 vor Christus mit seinen Gefolgsleuten Albion erobert, die dort wohnenden Riesen erschlagen und das Land nach seinem Namen „Britannien" genannt habe. Brutus habe sein Reich kurz vor seinem Tod zwischen

---

11 Die Texte in Anglo-Scottish Relations, 1965, 192–219; dazu auch Goldstein, Scottish Mission.

seinen drei Söhnen aufgeteilt, und zwar so, dass der Erstgeborene Locrine den Teil erhielt, der England heißt, Albanact bekam den Teil, der jetzt Schottland genannt wird und Camber das heutige Wales. Für das Verhältnis der drei Reiche zueinander war entscheidend, dass nur der Älteste – also Locrine – von seinem Vater die königliche Würde (*reservata Locrino seniori regia dignitate*) erhalten hatte. Ihm waren seine jüngeren Brüder, obwohl sie auch Könige waren, untergeordnet. Locrine hatte auf der Insel die Oberherrschaft inne. Darum war der jeweilige König von Schottland schon wegen dieser Erbregelung dem englischen König unterworfen. Mit dem Verweis auf das Erstgeburtsrecht bei den Trojanern wurden Wales und Schottland zu Lehen des englischen Königs erklärt. Das anglo-normannische (Erb-)Recht um 1300 wurde aus der trojanischen Tradition erklärt. Das zweite Argument der Engländer war das Eroberungsrecht. König Artus habe nämlich die Schotten besiegt und danach einen König eingesetzt, der nicht souverän und unabhängig, sondern in seinem Auftrag in Schottland Herrschaft ausgeübt habe. Damit stellte sich Edward I. in die Tradition von Artus, weil er ebenfalls die rebellischen Schotten besiegt und einen König – 1292 John Balliol – eingesetzt hatte. Das dritte Argument der Engländer lautete, dass die schottischen Könige den englischen Königen immer wieder die Treue geschworen und sie als Souverän anerkannt hätten, einschließlich des 1286 verunglückten Alexander III. und John Balliol, der im Dezember 1292 eidlich die Oberherrschaft Edwards I. beschworen hatte.

Gegen diese Darstellung des Verhältnisses der beiden Königreiche während der vergangenen Jahrhunderte haben sich die Schotten gewehrt. Unter der Leitung des Magisters Baldred Bisset überbrachte die schottische Delegation Papst Bonifatius VIII. eine Stellungnahme mit der Forderung an den englischen König, die *de jure* bestehende Unabhängigkeit Schottlands anzuerkennen. Zuerst haben sie die Glaubwürdigkeit der von den Engländern verwendeten Dokumente in Frage gestellt; diese würden viele Falschheiten und Lügen enthalten. Sie hingegen könnten mit wahren Fakten den schottischen Anspruch auf Unabhängigkeit begründen. Vier Argumente waren dafür zentral: Erstens bestritten sie, dass Brutus seinen ältesten Sohn bei der Aufteilung seines Reiches bevorzugt habe. Seine drei Söhne seien gleichberechtigt gewesen („he made them peers") und keiner war dem anderen untergeordnet. Dieses Argument galt auch noch im *ius commune* (common law) der Gegenwart. Danach konnte um 1300 kein König einem anderen unterworfen sein – ebenso wenig ein Königreich einem anderen. Zweitens haben sie zwar bestätigt, dass König Artus auch Schottland erobert hatte; allerdings sei Artus ein Bastard und nicht zur Herrschaft legitimiert gewesen. Deshalb habe ihn Mordred zu Recht erschlagen, als der die Freiheit des Landes wieder erkämpfte. Seitdem sei Schottland immer ein unabhängiges Königreich gewesen, und der König dieses Reiches genauso unabhängig und souverän wie die anderen Könige in Europa. Die Schotten bestritten also, dass Edward I. einen Anspruch aufgrund des Eroberungsrechts haben könne, da es nie eine rechtsgültige Eroberung gegeben habe. Drittens wiesen die Schotten zurück, dass die schottischen Könige bis zu Alexander III. den englischen Königen immer einen

Lehens- oder Treueeid geschworen hätten, außer für ihre Ländereien (Penrith und Tyndale, Huntington) in England. Mit dem vierten Argument wollten sie nachweisen, dass alle englischen Forderungen schon daran scheitern müssen, dass die Schotten bereits bei ihrem Eintreffen auf der Insel ein eigenständiges und freies Volk waren, das immer schon politisch unabhängig gewesen sei. Diese Unabhängigkeit begründete Baldred Bisset mit einem Rekurs auf die Pharaonentochter Scota und deren Nachkommen. Scota und ihr Ehemann Gatelus verließen Ägypten und siedelten sich mit ihrem Gefolge in Nordspanien – in Galizien – an. Dort nannte Gatelus seine Leute zu Ehren seiner Frau „Schotten" und sprach Recht, wobei er auf einem Stein saß. Dabei handelte es sich angeblich um den Stein, auf dem in späteren Jahrhunderten die schottischen Könige gekrönt werden sollten und den Edward I. 1296 nach London hatte transportieren lassen. Der Stein – so die Darlegung der Schotten – verbinde nämlich die Gegenwart mit der Vergangenheit. Durch ihn werde deutlich, dass die Schotten einen eigenen, ihre Eigenständigkeit begründenden Ursprung haben. Der Name „Schotten" und der Stein erinnern daran, dass sie ein eigenes Volk mit einer eigenen Königslinie seien. Indem Edward I. dieses Zeichen ihrer Unabhängigkeit nach London bringen ließ, habe er diese Tatsache faktisch anerkannt.

Der Wettbewerb der historischen Argumente blieb letztlich für den Ausgang des Konfliktes folgenlos, er zeigt aber, dass die Vergangenheit um 1300 auch schon von der Gegenwart her interpretiert wurde. Im Verlauf des Konfliktes haben die Schotten aber immer wieder auf diese Argumente zurückgegriffen, um die Einheit der „*communitas regni*" zu beschwören.

1.2 König Robert I. (1306–1329)

Mord und Krone: Robert Bruce 1306

In den ersten Jahren des 14. Jahrhunderts wechselten sich Waffenstillstände und Verhandlung mit wenig erfolgreichen Feldzügen der Engländer und weitgehend erfolglosen Belagerungen von englischen Garnisonen durch schottische Truppen ab. Beiden Konfliktparteien fehlten die Ressourcen für einen vollständigen militärischen Erfolg. Im Winter 1303/04 hatte der englische König schließlich doch die Oberhand gewonnen.[12] Er hielt Hof in Dunfermline und sein Sohn Edward, der Kronprinz, in Perth. Ein großer Teil des schottischen Adels erkannte die militärische Überlegenheit der englischen Truppen an und im Januar 1304 fühlten Gesandte bei Edward I. vor, unter welchen Bedingungen er die Kapitulation der schottischen Kämpfer akzeptieren würde. Der Guardian John Comyn bot die Unterwerfung unter folgenden Bedingungen an: Sicherheit für Leib und Le-

---

12 Dazu Watson, Under the hammer, 185–188; siehe auch Penman, Robert the Bruce.

1.2 König Robert I. (1306–1329)

ben der Schotten, keine Verhaftungen, die Bestätigung ihres Besitzes (auch für ihre Erben) in England, Schottland und Irland. Außerdem die Vergebung für alle Taten, die während des Krieges begangen wurden und die Rückkehr zum Rechtszustand wie zurzeit von Alexander III. Außerdem wollten die Schotten keine Geiseln stellen, wohl aber Lehens- und Treueeide als Zeichen ihrer Anerkennung der englischen Oberherrschaft leisten.[13] Edward I. war damit im Wesentlichen einverstanden. Er verlangte jedoch, dass sich die Schotten auch seinen zukünftigen Ordnungen und Regelungen für Schottland unterwerfen. Von dem unter diesen Bedingungen beschlossenen Frieden nahm Edward I. jedoch einige notorische Rebellen (oder schottische Patrioten) aus, die bestraft werden sollten: vor allem Bischof Whishart von Glasgow, Alexander Lindsay und William Wallace.

Am 16. Februar 1304 schworen die Schotten dem englischen König Lehens- und Treueeide. Tatsächlich waren die Bedingungen Edwards I. nicht sonderlich hart, denn er war nicht in der Lage, einen harten Frieden diktieren zu können. Trotz des Erfolges im Winter war ihm wohl bewusst, dass er die Armee nicht mehr lange zusammenhalten konnte; seine leeren Kassen zeigten an, dass es nicht in seinem Interesse sein konnte, den Krieg noch länger fortzusetzen. Zudem brauchte er die Unterstützung des schottischen Adels, um eine gute und stabile Verwaltung in Schottland aufzubauen. Im März 1304 hielt er ein Parlament in St. Andrews ab, währenddessen ihn 129 Landbesitzer als ihren Lehensherrn akzeptierten. Damit war Edward I. anerkannter Herrscher über Schottland. Jetzt musste er nur noch William Wallace in die Hände bekommen – was ihm schließlich 1305 gelungen ist. William Wallace wurde in London als Rebell und Hochverräter angeklagt, verurteilt und hingerichtet. In dem Jahr degradierte er mit der Ordonnanz für Schottland das Königreich zu einem Land (*terra*) und unterstellte es der direkten Kontrolle der englischen Krone.[14]

Kurz nach der Unterwerfung des schottischen Adels starb im April 1304 Robert Bruce, der gleichnamige Sohn des Thronprätendenten von 1292. Sein Sohn respektive Enkel, ebenfalls namens Robert, erbte nicht nur den Titel Graf von Carrick, Annandale und die Burg Lochmaben (die Edward I. nicht mehr besetzt halten musste), sondern auch den Anspruch auf den schottischen Thron. Allerdings verfolgte er den nicht sonderlich hartnäckig, denn zu diesem Zeitpunkt erkannte auch er die Herrschaft Edwards I. über Schottland an.

Der englische König verließ sich in den Jahren nach 1304 vor allem auf die Comyns, um Schottland zu regieren. Zwar erhielt John Comyn, der von 1298 bis 1304 Guardian war, kein offizielles Amt, jedoch seine Verwandten und Freunde. Sein Cousin der Graf von Buchan und seine rechte Hand, Sir John Mowbray, wurden Räte von Johann von der Bretagne, dem von Edward I. ernannten neuen königlichen Leutnant, seinen Stellvertreter, in Schottland. Edward I. war mittlerweile 66 Jahre alt und Anfang 1306 wurde offensichtlich, dass er sehr krank war und wohl nicht mehr lange regieren würde. Robert Bruce bereitete sich auf den Tag vor, an dem der König sterben würde, und legte Lebensmittelvorräte in

---

13 Barrow, Robert Bruce, 169–170.
14 Zur Ordonnanz von 1305 und deren Wirkung siehe Barrow, Robert Bruce, 172–183.

seinen Burgen an. Sehr wahrscheinlich wollte er nach dem Thron greifen, wenn Edward I. tot und die ihm geleisteten Eide erloschen waren. In dieser Situation konnte sich Bruce die Möglichkeit eröffnen, den in seiner Familie vererbten Thronanspruch zu realisieren. Aber es gab noch ein Hindernis auf dem Weg zum Thron. Erbrechtlich gesehen war eigentlich der Sohn von John Balliol der nächste König in Schottland, weshalb die Berufung von Bruce auf seinen Großvater als Legitimation für seinen Anspruch nicht korrekt bzw. sogar unrechtmäßig war. Nur: Edward Balliol war noch in englischer Gefangenschaft und es war nicht wahrscheinlich, dass er in den Kampf um den Thron eingreifen könnte. Dagegen lebte sein Neffe in Schottland: Sir John Comyn of Badenoch.

Robert Bruce und John Comyn trafen sich am 10. Februar 1306 zu einem Gespräch in der Franziskanerkirche in Dumfries. Weder der Anlass zu diesem Treffen noch der Gesprächsinhalt sind bekannt. Aber es ist sehr wahrscheinlich, dass Bruce herausfinden wollte, ob Comyn ihn nach dem Tod von Edward I. an der Thronbesteigung hindern würde. Während des Gespräches gerieten die beiden in Streit und schließlich haben Bruce und seine Männer John Comyn und dessen Onkel Robert Comyn in der Kirche niedergestochen und getötet; das war nicht nur Mord, sondern auch ein Sakrileg.[15] Bei der Lage der Dinge (und dem schlechten Verhältnis von Comyn und Bruce) war eine gewaltsame Lösung wohl nicht zu umgehen, denn die Comyns hätten Bruce als König nicht freiwillig akzeptiert und er wusste, dass sie seine Macht einschränken würden, hätten sie nach Edwards I. Tod die Chance dazu bekommen. Aber wie dem auch sei: Robert Bruce hatte sich damit in eine schwierige Lage gebracht, denn, um der sehr wahrscheinlichen Rache der Comyns zu entkommen, hatte er nicht viele Optionen. Edward I. würde wohl den Comyns helfen, Gerechtigkeit für den Mord zu erlangen. Es war Bruce auch kaum möglich, sich langfristig in Schottland vor seinen Feinden zu verstecken. So blieb ihm nur, früher als geplant, den schottischen Thron ohne weitere Verzögerung zu besetzen. „It was what he had planned, but it was certainly not the way he had planned it".[16]

Es ist Bruce gelungen, Anhänger im Südwesten zu mobilisieren und gegen die englischen Besatzungstruppen kämpfen zu lassen. Unterstützung hatte er auch von Bischof Wishart von Glasgow. Eigentlich hätte dieser Bruce exkommunizieren sollen, weil Dumfries in seiner Diözese lag, tatsächlich aber hat er für seine Unterstützung gepredigt und auch Vorbereitungen für Bruce' Krönung getroffen. Diese hat am 25. März 1306 am traditionellen Ort in Scone bei Perth stattgefunden.[17] Allerdings fehlte der Krönungsstein (seit 1296 in London) und die Veranstaltung war schlecht besucht. Gekommen waren Bischof Wishart von Glasgow, der Bischof von Moray und zwei Äbte. Bischof Lamberton von St. Andrews musste überredet werden, die Messe zu lesen. Von den elf möglichen Grafen waren nur die von Menteith, Atholl und Lennox anwesend: Isabel, Gräfin

---

15 Grant, The Death of John Comyn.
16 Watson, Robert the Bruce, 39.
17 In Scone, in der Nähe von Perth, wurden die schottischen Könige traditionell in ihr Amt inauguriert, auf den Krönungsstein gesetzt und gekrönt.

1.2 König Robert I. (1306–1329)

von Buchan vertrat ihren Neffen, Duncan, Graf von Fife, und setzte Bruce die Krone auf.[18] Der neue schottische König war jedoch zunächst ein Rebell gegen Edward I., dem nur wenige schottische Adelige folgen wollten. Diejenigen, die sich Bruce angeschlossen haben, ließen sich auf ein gewagtes Spiel mit ungewissem Ausgang ein – wie lange würde Edward I. noch leben, wie sein Sohn Schottland behandeln? Wie würden sich die Comyns verhalten? Mit der im März 1306 unrechtmäßigen Übernahme des Throns veränderte Robert Bruce den Lauf der schottischen Geschichte allerdings nachhaltig. Die (geistlichen) Chronisten mussten erklären, dass diese Wendung der Ereignisse Gottes Wille war.

Nachdem es in den Jahren 1306/07 nicht danach aussah, dass Bruce sich würde behaupten können, verbesserte sich seine Position, nachdem Edward I. im Juni 1307 gestorben war, und sich der schottische Klerus 1308 für Bruce als legitimen schottischen König ausgesprochen hatte. In den folgenden Jahren gelang es ihm zusammen mit James Douglas (dem „Good Sir James"), die von Anhängern des englischen Königs verteidigten Burgen zu erobern und den schottischen Adel nach und nach auf seine Seite zu ziehen. Als dann ein schottisches Heer im Juni 1314 unterhalb der Burg Stirling an den Ufern des Bannock ein zahlenmäßig weit überlegenes englisches Aufgebot unter der Führung von König Edward II. besiegte, hatte Robert Bruce quasi die göttliche Bestätigung (Gottesurteil auf dem Schlachtfeld) für seinen Anspruch auf den schottischen Thron, den er gegen innere und äußere Feinde durchgesetzt hatte.[19]

Konsolidierung der Herrschaft: von Bannockburn 1314 bis zum Frieden von Northampton 1328

Nach den Jahren der Kriegführung gegen die Besatzer aus England wie auch des schottischen Adels gegeneinander hatten alle wichtigen politischen Akteure großes Interesse daran, die Verwaltung des Königreiches wieder zu ordnen und die Herrschaftsverhältnisse – die Beziehung zwischen Krone und Lehensleuten – zu stabilisieren. Robert Bruce bemühte sich darüber hinaus, den schottischen Thron für seine Familie zu sichern. Anfang Dezember 1318 trat in Scone ein Parlament zusammen. Beschlossen wurde u. a., dass Lehen nicht ohne Wissen des Königs entzogen oder beklagt werden konnten.[20] Die Versammlung war auch darum bemüht den Frieden zwischen den Adeligen im Königreich Schottland, die für Bruce gekämpft hatten und denjenigen, die ihn als Rebellen bekämpft hatten, zu stiften. Deshalb verboten König und Parlament, dass künftig jemand einen anderen angreifen oder schädigen solle. Vielmehr sollten alte und künftige Streitigkeiten vor einem Gericht gemäß dem lokalen Gewohnheitsrecht

---

18 Barrow, Robert Bruce, 194–196.
19 Zur Schlacht bei Bannockburn siehe z. B. Brown, Bannockburn 1314.
20 RPS, 1318/1 [letzter Zugriff: 25.03.2019]. Auch in Archibald A.M. Duncan (Ed.), The Acts of Robert I, King of Scots 1306-13-29, Edinburgh 1988, Nr. 139.

ausgetragen und beigelegt werden. Wer sich nicht daranhalten würde, sollte als Brecher des Königsfriedens angeklagt werden.[21]

Für Robert Bruce war es wichtig, dass das Parlament sein Recht und das seiner Erben auf den Thron anerkannte und diejenigen, die das nicht akzeptieren wollten, sollten als Majestätsverbrecher angeklagt werden.[22] Im Anschluss daran wurde konkretisiert, wie das Königreich vererbt werden sollte. Seit 1302 war Robert Bruce mit Elizabeth de Burgh verheiratet, aber im Jahr 1318 hatten sie noch keinen männlichen Erben (ihr Sohn David wurde erst 1324 geboren). Deshalb wurde vom Parlament die folgende Erbregelung getroffen und bestätigt: Falls König Robert I. ohne leiblichen männlichen Erben sterben sollte, würde sein Neffe Robert Stewart, der Sohn seiner Schwester Majorie und des Walter Stewart, als Nächster in der Erbfolge, den Thron erhalten.[23] Tatsächlich wurde Robert Stewart im Jahr 1371 König, weil Roberts Sohn David ohne Erben gestorben war (siehe S. 38).

Im Anschluss an diese spezielle Bestimmung wurde noch einmal grundlegend die Thronfolge im Reich bestimmt. Demnach fällt die Thronfolge an den ältesten Sohn des verstorbenen Königs oder – wenn es keinen geben sollte – an die älteste Tochter. Das Vorgehen schließt an die Praxis in den niederen Lehen (Grafschaften) an und ist am auf dem Kontinent praktizierten Kaiserrecht orientiert.[24] Das Verfahren zur Festlegung von Erbfolgen heißt „entailing" und die in einer Urkunde genannten Erben sind „heirs by entail". Damit war es aber möglich, den Kreis der Erben einzuschränken und z. B. Töchter vom Erbe auszuschließen, auch wenn diese nach schottischem Recht prinzipiell erbberechtigt waren.

Einen Eindruck von dem Selbstverständnis der schottischen Adeligen und ihrer Vorstellung vom Verhältnis König-Magnaten vermittelt die „Declaration of Arbroath" (51 Siegel hängen an der Urkunde) vom April 1320.[25] In diesem von der Forschung vielbeachteten Schreiben schottischer Adeliger an Papst Johannes XXII. wird nicht nur ihre Bereitschaft für die Freiheit von Schottland bis zum Letzten zu kämpfen betont, sondern auch deutlich gemacht, dass schottische Könige eine sehr spezielle Aufgabe haben. Sollte König Robert nämlich zulassen, dass Schottland von dem englischen König unterworfen werden kann, würden sie ihn absetzen, ausstoßen und einen anderen König wählen. Diese Aussage lässt sich auch umgekehrt verstehen, nämlich als Legitimation der Königsherrschaft von Bruce, der ja bis dahin die schottische Unabhängigkeit verteidigt hatte.

Der Sieg der Schotten unter König Robert Bruce über die englische Armee von Edward II. am Flüsschen Bannock im Juni 1314 beendete vorläufig die mi-

---

21 RPS, 1318/22 [letzter Zugriff: 29.03.2019].
22 RPS, 1318/30 [letzter Zugriff: 29.03.2019].
23 RPS, 1318/30 [letzter Zugriff: 25.03.2019].: Ordinance and statute entailing the crown on the heirs of the Robert I, whom failing on Robert Stewart, son of Marjory Bruce, and his heirs. Eine ältere Erbregelung sah vor, dass Roberts Bruder Edward der Thronerbe sein sollte. Doch Edward ist im Oktober 1318 in Irland gefallen.
24 Penman, Royal succession, 52.
25 Edition der Urkunde bei Duncan, Nation of Scots 34–37. Zum Kontext Barrow, Declaration.

1.2 König Robert I. (1306–1329)

litärischen Versuche der Engländer, ihren Oberhoheitsanspruch gegenüber Schottland und seinem König durchzusetzen. Nach diesem Sieg – so schreibt der Chronist im Kloster Lanercost (bei Carlisle in Cumberland) – sei Robert Bruce von allen König von Schottland genannt worden, denn er habe Schottland mit Waffengewalt für sich erworben.[26] Damit spielte er nicht nur auf den Sieg gegen die englischen Truppen an, sondern auch darauf, dass nach diesem militärischen Erfolg auch diejenigen schottischen Magnaten seine Königsherrschaft anerkannten, die Anhänger der Balliol-Comyn Partei waren.

In den folgenden Jahren waren die englischen Grenzregionen (Cumberland, Northumberland, Westmoreland, Durham) bis nach Yorkshire immer wieder von Raub- und Plünderungszügen der Schotten betroffen. Damit verfolgten König Robert Bruce und seine Ratgeber drei Ziele. Erstens wollte er die wichtige Grenzstadt Berwick zurückerobern (das ist 1318 gelungen), sowie weitere wichtige englische Garnisonsstädte wie Carlisle, Norham oder Newcastle upon Tyne unter seine Kontrolle bringen. Zweitens erzwang er so die Zahlung von Schutzgeld zur Vermeidung der Plünderung oder Brandschatzung von Dörfern und Städten in Nordengland. Bruce hat vermutlich auf diese Weise in zehn Jahren etwa 20 000 Pfund eingenommen.[27] Vor allem aber wollte er durch seine Plünderungszüge den englischen König zur Anerkennung seines schottischen Königtums bewegen und dessen Verzicht auf die Oberherrschaft über Schottland erreichen. Durch den anhaltenden militärischen Druck auf die englischen Grenzgebiete sollte Edward II. zu Verhandlungen über die strittigen Fragen bewegt werden, um den Weg für Friedensverhandlungen zu ebnen. Allerdings führten diese Maßnahmen nicht zum gewünschten Erfolg, denn Edward II. erkannte Robert Bruce nicht als König von Schottland an. Noch Ende 1322, als Verhandlungen über einen Waffenstillstand aufgenommen wurden, schrieb er zwar an die „People of Scotland", ignorierte jedoch König Robert in dem Schreiben. Darauf antwortete Bruce, dass er keinen Waffenstillstand akzeptieren werde, solange die Engländer seine einfachsten Untertanen wichtiger erachten als ihn. Ohne Anerkennung als schottischer König und den Verzicht der Engländer auf den Anspruch der Oberherrschaft über Schottland war Bruce nicht zu Friedensverhandlungen mit Edward II. bereit.

Dennoch blieben die militärischen Aktionen der Schotten in den englischen Grenzgebieten nicht ohne Wirkung. Die unmittelbar von den Angriffen betroffenen Bewohner in Northumbrien und Cumberland waren – im Gegensatz zu ihrem im Süden lebenden König – durchaus an einem Friedensschluss interessiert. Deshalb konnte Bruce im Januar 1323 mit Andrew Harcla, dem Grafen von Carlisle und einem wichtigen englischen Kommandeur, über einen Frieden an der Grenze bzw. für die Grenzregionen verhandeln. Harcla zog aus dem politischen und militärischen Unvermögen Edwards II., der zwar den Oberherrschaftsanspruch über Schottland nicht aufgab, jedoch keine geeigneten Maßnahmen ergriff, um diesen auch durchzusetzen und Frieden zu schaffen, den Schluss, dass

---

26 The Chronicle of Lanercost, 210.
27 McNamee, Buying off Robert Bruce.

jeder König sein Reich unabhängig und in Frieden regieren solle. Dann würden auch die jährlichen Raubzüge zu einem Ende kommen, in deren Folge jedes Jahr Land verwüstet, Vieh weggetrieben und Menschen erschlagen bzw. gefangen genommen wurden. Deshalb schloss er einen Vertrag mit Robert Bruce. Die Wirkung dieses Vertrages auf die Grenzregion beschrieb der Chronist des Klosters Lanercost so: Die Bewohner der nördlichen Teile des englischen Königreiches waren „not a little delighted that the King of Scotland should freely posses his own kingdom on such terms that they themselves might live in peace."[28] Harcla hatte jedoch keinen königlichen Auftrag für einen Friedensschluss und dieser quasi private Frieden war für Edward II. Hochverrat; Harcla wurde Anfang März 1323 hingerichtet.

Das änderte jedoch nichts an der weiterhin prekären militärischen Situation der englischen Truppen in den Grenzregionen. Und so stimmte Edward II. im Mai 1323 einem Waffenstillstand für dreizehn Jahre zu. Während dieser Zeit sollte ein Friedensvertrag ausgehandelt werden. Allerdings scheiterten die ersten Verhandlungen in York 1324 daran, dass Edward II. weiterhin auf seinen Oberhoheitsanspruch über Schottland bestand. Er hielt auch weiter daran fest als Papst Johannes XXII. im Januar des Jahres 1324 verkündete, Robert Bruce in Zukunft als König von Schottland anschreiben zu wollen, weil man dadurch dem Frieden näherkommen könne. In den Gesprächen wurde auch über die Rückführung des Krönungssteins, dem Symbol der schottischen Unabhängigkeit, verhandelt. Robert Bruce forderte im November 1324 den „Stone of Scone" zurück. In der Lebensbeschreibung des englischen Königs (*Vita Eduardi II*) wird berichtet, dass der Stein für die Schotten eine besondere Bedeutung habe, denn auf ihm empfingen die schottischen Könige die Symbole ihrer Autorität und das Zepter. Zudem wusste der Autor der Vita, dass der Stein von der Pharaonentochter Scota – nach der das Land seinen Namen hat – nach Schottland gebracht worden war und, dass derjenige, der diesen Stein besitzt, viel Land unter seine Herrschaft bringen würde. Edward II. erklärte, ihm sei die Bedeutung des Steines bewusst. Er sei von seinem Vater Edward I. nach der Eroberung Schottlands als Zeichen des Sieges (*signum victorie*) nach London gebracht worden. Gäbe er den Stein zurück, dann könnte der Eindruck entstehen, dass er damit die von den Engländern beanspruchten Rechte an Schottland zurückgegeben würde.[29]

Weil die Verhandlungen stagnierten, fühlten sich die Gegner immer weniger an den Waffenstillstand von 1323 gebunden. Die militärischen Geplänkel nahmen wieder zu, aber die beiden Konfliktparteien vermieden eine (möglicherweise entscheidende) Schlacht. Robert Bruce erneuerte 1326 die Allianz mit Frankreich zur gegenseitigen militärischen Unterstützung gegen England. Letztlich waren es aber die innenpolitischen Konflikte in England, die zur Anerkennung von Robert Bruce als schottischen König führten. Edward II. war während seiner Amtszeit viel kritisiert worden und mehrfach haben Gruppen des hohen Adels versucht, den König vom Einfluss seiner Günstlinge zu befreien und ihn poli-

---

28　The Chronicle of Lanercost, 242.
29　Vita Eduardi secundi, 132.

tisch zu lenken. Diese Konflikte erreichten ihren Höhepunkt jedoch erst, als auch seine Ehefrau Isabella sich von ihm lossagte und mit Waffengewalt gegen ihren Gatten vorging. Als König Edward II. im Herbst 1326 von den Truppen seiner Ehefrau Isabella verfolgt wurde und verzweifelt nach Waffenhilfe suchte, war er bereit, auch Robert Bruce' Forderungen zu akzeptieren. In seiner Not soll er den Schotten nicht nur die Unabhängigkeit von England angeboten haben, sondern auch noch Marken in Nordengland.[30]

Doch dazu ist es nicht mehr gekommen. Edward II. wurde im Januar 1327 abgesetzt und damit ergaben sich neue Chancen für Friedensverhandlungen. Allerdings versuchte Edwards Sohn, Edward III., der zwar noch 1327 gekrönt wurde, aber wegen seiner Minderjährigkeit unter einem Regentschaftsrat stand, der von seiner Mutter Isabella geleitet wurde, zunächst König Robert Bruce militärisch zu besiegen. Dieses Vorhaben, das als „Weardale Kampagne" bekannt geworden ist, scheiterte im Sommer 1327 kläglich. Der für den noch minderjährigen Eduard III. agierende Regentschaftsrat war danach bereit, die Forderungen von Robert Bruce zu akzeptieren. Im Oktober 1327 begannen die Verhandlungen. Am 1. März verzichtete Edward III. auf alle Herrschaftsrechte in Schottland und erkannte Robert Bruce als legitimen König eines freien Königreichs Schottland an. Am 17. März 1328 wurde dieser Vertrag in Edinburgh besiegelt und am 4. Mai von einem englischen Parlament ratifiziert.

Der Vertrag von Edinburgh und Northampton 1328

Der Vertrag sollte die Grundlage für einen dauerhaften Frieden zwischen den beiden Königen und ihren Nachfolgern sein. Als Gegenleistung für die Anerkennung ihrer Freiheit durch die englische Krone, verpflichteten sich die Schotten, innerhalb von drei Jahren 20 000 Pfund zu zahlen. Ließen sich die Engländer ihren Anspruch abkaufen? Bezahlten die Schotten noch für einen Frieden, den sie doch auf dem Schlachtfeld gewonnen hatten?

Im Vertrag heißt es, dass die Zahlung zum Besten des Friedens und der Eintracht zwischen den Königen erfolgen solle. Mit dem Vertrag wurde also nichts ver- oder gekauft, sondern eine Kompensation für Schäden vereinbart, die durch die schottischen Raubzüge in Nordengland entstanden waren. Denn es handelt sich um eine Summe in der Größenordnung der von Robert Bruce eingenommenen „Schutzgeldzahlungen" von englischen Städten und Dörfern.[31] Zur Absicherung dieses Friedens wurde eine Hochzeitsvereinbarung getroffen. Robert Bruces Sohn David – der fünf oder sechs Jahre alt war – sollte Joan (Johanna), die gleichaltrige Schwester Edwards III., heiraten sobald beide das vorgeschriebene Alter erreicht hätten. Das Mädchen wurde schon im Sommer 1328 zur weiteren Erziehung an den schottischen Hof übergeben. Weiterhin wurden die Ausnah-

---

30   The Chronicle of Lanercost, 253.
31   McNamee, Wars, 245.

men von der Friedenspflicht geregelt. Die Schotten durften aufgrund ihrer „Auld Alliance" mit Frankreich gegebenenfalls England angreifen und die Engländer in Irland zur Verteidigung ihrer Ansprüche Krieg führen. Alle Dokumente, die von schottischen Freiheiten bzw. englischen Herrschaftsansprüchen handeln und in englischem Besitz waren, erhielten die Schotten zurück. Die Engländer versprachen Unterstützung an der Kurie, falls dort gegen Bruce die Exkommunikation wegen des Mordes an John Comyn 1306 angestrengt würde. Bei der Verfolgung von Gesetzesübertretungen in den Grenzregionen sollte das Recht der Marken (Law of the Marches) angewendet werden und nicht das Common Law.

Robert Bruce erreichte schließlich doch noch sein Ziel, für das er über zwanzig Jahre gekämpft hatte: Ein souveränes Königreich Schottland mit der Familie Bruce als anerkannte Königsdynastie. Zu dem Vertrag gab es eine Nebenabsprache, nach der der schottische Krönungsstein nach Scone zurückgebracht werden sollte. Anfang Juli 1328 schrieb Edward III. an den Dekan des Kapitels von Westminster, den Stein für den Rücktransport vorzubereiten. Allerdings ist der Stein schließlich doch nicht zurückgegeben worden. Nach der Chronik von Lanercost scheitere die Rückgabe daran, dass der Londoner Pöbel den Abtransport aus der Westminster Abbey verhindert habe. Der Stein blieb jedenfalls weiter in London und in den Krönungsstuhl der englischen Könige eingebaut – erst 1996 wurde er nach Schottland zurückgebracht.[32]

Die mit dem Vertrag verbundenen Hoffnungen auf einen haltbaren Frieden erfüllten sich jedoch nicht. Robert Bruce starb kurz nach dem Abschluss des Vertrages und sein Sohn war noch ein Kind. Noch schwerer wog jedoch, dass Edward III. nicht bereit war, diesen Vertrag anzuerkennen, nachdem er 1330 die Regierung seiner Mutter gestürzt und die Herrschaft persönlich übernommen hatte. Er suchte nach Wegen, diesen für ihn und England schändlichen Vertrag zu korrigieren, den er nicht freiwillig, sondern nur unter dem Druck seiner Mutter 1327 akzeptiert hatte. König Edward III. bemühte sich in den 1330er Jahren wieder darum, Schottland der englischen Krone zu unterwerfen. Ein zweiter „War of Independence" war für Schottland die Folge.

1.3 *König David II. (1329–1371)*

König Robert Bruce starb am 7. Juni 1329; sein Sohn David war zu dem Augenblick sechs Jahre alt. Seit Juli 1328 war David schon mit Johanna, einer Schwester des englischen Königs Edwards III. verheiratet. Diese Hochzeit war Bestandteil des Friedens von Northampton aus dem gleichen Jahr, in dem die schottische Unabhängigkeit bestätigt worden war.[33] Als Guardian für den unmündigen David agierte Thomas Randolph, einer der wichtigsten Berater und engsten Vertrau-

---

32 Rogge, We wanted a parliament.
33 Penman, David II, 30.

1.3 König David II. (1329–1371)

ten von Robert I. Allerdings wurde David II. erst im November 1331 zum König gekrönt und gesalbt. Er war der erste schottische König, der auch während der Inauguration gesalbt werden durfte. Dieser Indikator für ein vom Papsttum anerkanntes eigenständiges Königtum war von den Engländern bis dahin an der Kurie verhindert worden.

Die späte Krönung lässt sich nicht allein mit dem Warten auf die päpstliche Erlaubnis erklären. Denn Anfang der 1330er Jahre wurde schnell deutlich, dass Davids Nachfolge auf den Thron und die Sicherung der Krone für die Familie Bruce kein Selbstläufer werden würde. Denn für die Balliols und Comyns waren die Bruces Usurpatoren des schottischen Throns und der eigentlich rechtmäßige König sollte John Balliols Sohn, Edward, sein. Zudem gab es eine Gruppe von schottischen Adeligen, die wegen ihrer Treue zur englischen Krone und ihrem Kampf für Edward II. enteignet worden waren. König Robert hatte seine Anhänger mit deren Besitz und Titeln belohnt. Unterstützung erhielten die sogenannten „Disinherited" (Enterbten) und Edward Balliol vom englischen König Edward III., der wie sein Großvater Edward I. Schottland der englischen Krone unterwerfen wollte. Wahrscheinlich hat Donald, der Graf von Mar, ein loyaler Anhänger der englischen Krone und Gegner der Bruces, Edward Balliol im Sommer 1331 die schottische Krone angeboten, worauf die Anhänger von Bruce mit der Krönung des kleinen David reagiert haben.[34]

Die Anhänger der Familie Bruce konnten aber nicht verhindern, dass eine kleine Armee unter der Führung von Edward Balliol im August 1332 in Kinghorn (Fife) an Land gegangen ist und in Richtung Perth und Scone marschierte, vermutlich um Balliol am traditionellen Krönungsort zum schottischen König zu machen. Kurz zuvor war der Regent (Guardian) Thomas Randolph gestorben, so dass die Schotten in großer Hast einen Nachfolger bestimmen mussten. Die Wahl fiel (überraschend) auf Donald, den Grafen von Mar. Aber er hatte gute Kontakte zum englischen Hof und Balliol, man hoffte wohl, dass er mit Balliol verhandeln könnte. Allerdings war es für Verhandlungen zu spät. Eine schottische Armee unter der Führung von Mar versuchte deshalb am 11. August bei Dupplin Moor (in der Nähe von Perth) vergeblich, den Vormarsch von Balliols Truppen zu stoppen.[35] Auf dem Schlachtfeld fielen zahlreiche hohe schottische Adelige, darunter auch der wenige Tage zuvor zum Guardian von Schottland ernannte Graf von Mar, die Grafen Moray und Menteith, der Chamberlain Alexander Fraser und der Halbbruder Davids, Robert Bruce of Liddesdale.[36]

Am 24. September 1332 konnte sich Edward Balliol in Scone krönen lassen. Es gelang ihm jedoch nicht, weitere Adelige auf seine Seite zu ziehen; vielmehr reorganisierten sich die Bruce-Anhänger und setzten Balliol militärisch zu. Deshalb holte er sich im November die Unterstützung von Edward III. Im Gegenzug für dessen militärische Hilfe musste Balliol die Oberherrschaft des englischen

---

34 Penman, David II, 44.
35 MacInnes, War, 12–13.
36 Penman, David II, 48; ausführliche Untersuchung der beiden Gefechte durch DeVries, Infantry Warfare, 112–128.

Königs über Schottland anerkennen. Der englische König hatte nun die Gelegenheit den von ihm gehassten Frieden von 1328 in seinem Sinne zu revidieren. Edward Balliols und König Edwards III. Truppen belagerten 1333 die Grenzstadt Berwick, die noch von Schotten verteidigt wurde. Um die Belagerung zu sprengen, marschierte eine schottische Armee unter dem neuen Guardian Archibald Douglas nach Berwick. Im Juli 1333 griffen die Schotten bei Halidon Hill ihre Gegner an und erlitten eine zweite schwere Niederlage.[37] Wieder sind viele Hochadelige gefallen: Archibald Douglas, der Guardian, die Grafen von Carrick, Atholl, Lennox, Ross und Sutherland. Dieser Blutzoll hatte Konsequenzen für die innenpolitische Lage, als der kleine König außer Landes war. Im Mai 1334 schickte die Regierung unter dem Gouverneur Andrew Murray David II. mit seiner Königin Johanna samt einem kleinen Gefolge nach Frankreich in den Schutz von König Philipp VI., wo er bis 1341 bleiben sollte.[38] Solange der Brucekönig nicht in der Hand seiner Gegner war, konnte man für ihn kämpfen und auf seine Rückkehr hoffen.

David II. in Frankreich

Während der Jahre, die David II. im französischen Exil verbrachte, entwickelten sich die politischen Strukturen, die für das Verhältnis von König und Adel in den Jahren von Davids persönlicher Herrschaft in Schottland ab 1341 ausschlaggebend werden sollten. Dabei ging es einerseits darum, den schottischen Thron für David II. gegen John Balliol und Edward III. zu verteidigen, und andererseits auch darum, wer der „starke Mann" sein würde, der die Ressourcen des Königreichs während der Kindheit und des Exils von David II. innehaben würde. Denn trotz der Krönung Davids II. wurde die Frage des Thronanspruchs in Schottland, wie schon um 1300, mit dem Kampf um schottische Unabhängigkeit von England verknüpft.

Vor allem Robert Stewart, der um wenige Jahre ältere Halbneffe von David II., bemühte sich darum, einen Weg auf den Thron zu finden. Er war immerhin als Sohn von Walter Stewart (gest. 1327) der potenzielle Erbe der Krone, falls David II. ohne Nachkommen sterben sollte. Er war mehrmals Guardian, zuletzt von 1338 bis zur Rückkehr von David II. aus Frankreich im Mai 1341. Die Rückkehr war möglich, weil Edward III. sich seit 1337 auf seinen Konflikt mit Frankreich konzentrierte und die Bruce-Partei deshalb leichter gegen Balliol und dessen Anhänger vorgehen konnte.[39] Ohne den vom englischen König ausgeübten militärischen Druck waren Edward Balliol und seine Anhänger in Schottland nicht in der Lage, ihre Ziele zu erreichen. Doch das ist nicht die gesamte Erklärung, weshalb sich die Partei von David Bruce schließlich durchgesetzt hat.

---

37 MacInnes, War, 16; Brown, Wars, 235–236.
38 Penman, David II, 52.
39 Das war der Beginn des sogenannten Hundertjährigen Kriegs zwischen England und Frankreich; Curry, Krieg, 28–31.

1.3 König David II. (1329–1371)

Denn der Erfolg seines Vaters Robert Bruce gegen seine inneren und äußeren Gegner hatte zur Folge, dass seine Dynastie von der Mehrheit der Schotten und vermutlich auch von vielen europäischen Fürsten als legitime Königsdynastie in Schottland angesehen wurde. Die Verteidigung der Krone für David II. Bruce war eng verbunden mit der Verteidigung der schottischen Freiheit gegen die Engländer und damit auch gegen die Adeligen um Edward Balliol.[40] Im Unterschied zu dem ersten Krieg für die Unabhängigkeit Schottlands führte der König dieses Mal aber nicht persönlich seine Truppen an, sondern Kommandeure wie Robert Stewart und William Douglas. Sie wollten sich für ihren Einsatz schließlich belohnen bzw. von David II. belohnt werden.

David II. als König (1341–1346)

Nach seiner Rückkehr nach Schottland musste der damals siebzehnjährige König demonstrieren, dass er in der Lage war, die Herrschaft den Erwartungen entsprechend auszuüben. Er musste weitere Unterstützung für sich und seine Partei gewinnen, Interessengegensätze im hohen Adel ausgleichen, eine Lösung für die Konflikte mit den „Disinherited" finden und den Krieg gegen die Feinde der Krone fortsetzen.

Im September 1341 schworen in einem Parlament in Scone die Stände David II. erneut die Treue und sagten ihm Finanzhilfen zu. Im Gegenzug dafür verteilte der König Land und Posten aus den königlichen Ressourcen. Er belohnte die alten Freunde seiner Familie sowie Kämpfer für seine Sache und vergrößerte seine Anhängerschaft. William Douglas erhielt Bestätigungen für seine Länder und Posten im Süden des Reiches, sein Stiefvater Malcolm Fleming wurde Graf von Wigton und Maurice Murray, eigentlich ein Anhänger von Robert Stewart, wurde Vogt von Stirling Castle.[41] Das war aber nur der Auftakt zu einem Ringen um die Durchsetzung von königlicher Autorität gegen die Anhänger von Robert Stewart.

Im Februar 1342 wollte David II. seine Autorität demonstrieren, indem er Douglas die Herrschaft Liddesdale entzog und Robert Stewart übertrug; dafür erhielt dieser die Grafschaft Atholl, die eigentlich Stewart wollte. Zwei Tage später haben sie die Herrschaftsbereiche untereinander getauscht und sich so dem König widersetzt.[42] Auf diese Weise sah sich David II. in den folgenden Jahren immer wieder mit Konflikten um die Frage der Herrschaftsausübung in den verschiedenen Regionen des Reiches konfrontiert. Um dem entgegenzuwirken, hat er 1342 bis 1346 an geistliche Institutionen aber auch Ritter und Lairds in den verschiedenen Regionen, aber vor allem in Zentralschottland (Fife, Perthshire

---

40 Brown, Wars, 242–243.
41 Penman, David II, 82–83: mit der Vergabe von Wigtown in den westlichen Regionen des Landes (Galloway) an Fleming war ein Baustein in dem Bemühen, den Einfluss der Stewarts und von Balliol in der Region zu mindern.
42 Penman, David II, 86–87; Brown, Wars, 245.

und Kinross) sowie in Lothian, Berwickshire und Peeblesshire, Land als Gegenleistung für Unterstützung (Verwaltung, Militär, Rechtsprechung) vergeben. Es ist ihm im Juni 1344 gelungen, vor einem Parlament in Scone seine Position zu stärken und den hohen Adel in seine Schranken zu verweisen.[43] Allerdings trug das nicht zur Verbesserung seines Verhältnisses zu Stewart oder auch Patrick, dem Grafen von March, bei, denn die beiden Adeligen waren der Meinung, dass der König sie nicht angemessen behandelt hatte. Doch bevor sich daraus weitere Konflikte entwickeln konnten, führte David II. Krieg gegen England.

Aus der Verpflichtung der „Auld Alliance" und seinem Aufenthalt in Frankreich rührte die Bereitschaft Davids her, eine militärische Intervention in England vorzunehmen, während Edward III. mit seiner Armee in Frankreich kämpfte. Doch wurde diese vermeintlich einfache Aufgabe im Oktober 1346 bei Neville's Cross in der Nähe von Durham zu einem militärischen Desaster für die Schotten. Edward III. kämpfte mit seiner Armee seit dem Sommer 1346 in Frankreich, besiegte im August die französische Armee bei Crécy und marschierte in Richtung Calais.[44] Der französische König Philipp VI. bat seinen Verbündeten David II., ihn durch eine Offensive in England militärisch zu entlasten und Edward III. zum schnellen Abzug aus Frankreich zu bewegen.[45] Ob David II. tatsächlich darauf abzielte bzw. davon überzeugt war, mit einem Reiterzug in den Norden Englands die Franzosen retten zu können, ist zweifelhaft. Ziemlich sicher ist jedoch, dass er mit einem Feldzug seine Verpflichtung gegenüber König Philipp VI. einlösen konnte, zudem wollte er beweisen, dass er wie sein Vater eine Armee erfolgreich anführen kann.[46]

Allerdings gelang es einer englischen Armee unter der Führung von Wilhelm de la Zouche, dem Erzbischof von York, die wenig bzw. schlecht organisierten Schotten zu schlagen. Der Vormarsch der Armee wurde von David II. wohl dazu genutzt, die am Hofe gepflegte Ritterkultur zu demonstrieren. David II. wollte Waffentaten unternehmen und somit sein Ansehen steigern. Allerdings gehörte die Plünderung von Lanercost Abbey (Cumberland) nicht in diese Kategorie. Am Tag vor der Schlacht und während des Kampfes zeigte sich David II. nicht als umsichtiger Feldherr. Obwohl den englischen Truppen überlegen, brachten sich die Schotten in eine Position, in der sie relativ leicht von den englischen Bogenschützen niedergemacht werden konnten.[47] Wenn man den Berichten glaubt, dann haben sowohl Robert Stewart als auch Patrick, Graf von March, die Nachhut vom Schlachtfeld geführt (sie sind also geflohen) und überließen den Rest der Armee ihrem Schicksal. Einige der wichtigsten Anhänger und enge Mitglieder des Haushaltes Davids II., wie John Randolph, Graf von Moray, und

---

43 Penman, David II, 108–110.
44 Curry, Krieg, 58–60.
45 Brief von König Philipp VI. an David II. mit der Bitte um Hilfe bei Penman, David II, 122.
46 Rollason, Prestwich (Hg.), Battle of Neville's Cross bietet Aufsätze aus englischer und schottischer Perspektive sowie eine Zusammenstellung der wichtigsten chronikalischen Berichte über die Schlacht; siehe auch DeVries, Warfare, 176–87; MacInnes, War, 47–49.
47 Penman, David II, 123–133.

Maurice Murray wurden erschlagen.[48] David II. wurde von Pfeilen verwundet, gefangen genommen und nach London gebracht. Er blieb bis 1357 in englischer Gefangenschaft. Robert Stewart wäre König geworden, wenn David II. tot auf dem Schlachtfeld geblieben wäre. Doch immerhin bekam er die Gelegenheit, die Herrschaftsverhältnisse in Schottland nach seinen Vorstellungen zu gestalten. Im Mai 1347 wurde er in Perth zum Leutnant und damit faktisch zum Regenten des Königreichs Schottland ernannt.

David II. in englischer Gefangenschaft

David II. war zwar Gefangener des englischen Königs, doch gab Edward III. seinem Schwager so viel politischen Spielraum, dass dieser weiter an einer Lösung der eng miteinander verknüpften Probleme arbeiten konnte: Den Frieden mit England herstellen, indem die „Disinherited" bzw. deren Nachkommen wieder in ihre alten Herrschaften restituiert werden, 40 000 Pfund Lösegeld beschaffen und eine Militärallianz mit England abschließen. Außerdem sollte ein englischer Prinz als Erbe des schottischen Throns anerkannt werden, sollte David II. tatsächlich ohne Erben sterben. In den Jahren 1350 bis 1352 wurden verschiedene Vorschläge diskutiert, um diese komplexen Probleme zu lösen. Im Auftrag von David II. präsentierte William Douglas of Liddesdale im Mai 1351 einem Parlament in Perth die Bedingungen für die Freilassung des Königs aus englischer Gefangenschaft.[49] Die Versammlung lehnte diese Bedingungen ab. Im Februar 1352 gestattete Edward III. seinem Gefangenen eine zeitweise Entlassung, um persönlich in einem Parlament für revidierte Pläne zu werben. Im Februar 1352 zeigte ihm das Parlament allerdings die ‚kalte Schulter' und demütigte David II., indem es nicht nur seine Vorschläge ablehnte, sondern auch andeutete, man könne einen neuen König wählen, falls er die schottische Freiheit nicht gegen England verteidige.[50] Das bezog sich auf die einschlägige Formulierung in der Erklärung von Arbroath aus dem Jahr 1320.

Robert Stewart hat in dem Parlament möglicherweise darauf hingewiesen, dass David II. mit dem Vorschlag, einen jüngeren englischen Prinzen als potenziellen Erben einzubeziehen, die Erbregelungen seines Vaters von 1318 und 1326 konterkariert hätte. Da nützte es auch nichts, dass David II. argumentierte, er sei jung und werde auf jeden Fall noch einen Erben produzieren.

Auch gegen einen Ausgleich mit den „Disinherited" war das Parlament, weil nicht wenige Mitglieder Teile ihrer Länder oder allen Besitz hätten aufgeben müssen, den sie als Belohnung für ihre Unterstützung von König Robert Bruce erhalten hatten. Schließlich sahen sich die Versammelten weiter an die „Auld

---

48 In der Lanercost Chronicle, 339–340 ein zynischer Bericht über das vom Chronisten festgestellte feige Verhalten der beiden: „if one was worth little, the other was worth nothing". Penman, David II, 136–137 mit einer Aufstellung der schottischen Verluste.
49 Dazu im Detail Penman, David II, 160–164.
50 Chronik Knighton bei Penman, David II, 171.

Alliance" mit den französischen Königen gebunden und waren nicht bereit, unter einem englischen König möglicherweise in Frankreich kämpfen zu müssen.[51] Ohne auch nur einen Teilerfolg erzielt zu haben, kehrte David II. nach England zurück; im Mai 1352 saß er wieder im Tower von London.

Erst nachdem im Januar 1356 Edward Balliol endgültig auf seinen Anspruch auf den schottischen Thron verzichtet hatte[52] und nach der Niederlage der Franzosen bei Poitiers gegen eine englische Armee unter dem Befehl des englischen Kronprinzen Edward (der „Schwarze Prinz") im September des Jahres sowie der Gefangennahme des französischen Königs Johanns II. auf dem Schlachtfeld, der ebenfalls nach London gebracht wurde, ergaben sich konkrete Perspektiven für die Freilassung von David II.

Nach Balliols Aufgabe war der Weg zu einer Verständigung mit David II. einfacher, weil sein Königtum nun nicht mehr in Frage gestellt wurde und Edward III. das schottische Problem lösen wollte, um sich auf seinen Kampf um die französische Krone konzentrieren zu können. Am 3. Oktober 1356 wurden in Berwick die Bedingungen für die Freilassung besiegelt. David II. sollte 66 666 Pfund oder 100 000 schottische Mark in jährlichen Raten zahlen. Zwanzig Geiseln sollten diese Zahlungen garantieren. Es wurde ein 10-jähriger Waffenstillstand vereinbart und Friedensverhandlungen in Aussicht gestellt. Es war keine Rede mehr davon, dass dem englischen König gehuldigt werden sollte, ein englischer Prinz in die schottische Erbfolge aufzunehmen sei oder von den Ansprüchen der „Disinherited".[53]

Am 7. Oktober kehrte David II. als freier Mann in sein Königreich zurück. Nach seiner Rückkehr hatte sich der König mit drei zentralen Problemen zu beschäftigen: die Wiederherstellung der monarchischen Autorität vor allem gegen die Stewarts, die Sicherung des Friedens mit England und die Produktion eines männlichen Erbens.

Herstellung monarchischer Autorität

In den ersten Jahren nach seiner Rückkehr versuchte er zunächst durch Zugeständnisse, den hohen Adel für sich einzunehmen. Robert Stewart erhielt noch 1357 die Grafschaft Strathearn und William Douglas' Besitzungen wurden unter dem neuen Titel der „Grafschaft Douglas" zusammengefasst. Allerdings fühlten sich die hohen Adeligen generell von den Entscheidungsgremien des Königs ausgeschlossen und machten dafür insbesondere Katherina Mortimer, seit drei Jahren die Mätresse Davids II., verantwortlich. Sie wurde auf Betreiben von Thomas

---

51 In den Jahren 1351 und 1352 schrieb König Johann II. von Frankreich mehrfach an den Guardian und den Adel sowie die Geistlichen in Schottland und bat um weitere Unterstützung. Zudem warnte er davor, dass David II. mit englischen Truppen nach Schottland marschieren könnte. Dazu Penman, David II, 171–172.
52 Nicholson, Scotland, 161.
53 Regesta Regum Scotorum VI, Nr. 148 und 149; Brown, Wars, 254.

1.3 König David II. (1329–1371)

Stewart, dem Grafen von Angus, von einem seiner Diener im Juni 1360 erstochen. Angus wurde gefangengenommen und auf der Burg Dumbarton inhaftiert, wo er 1362 vermutlich an der Pest starb.[54] Davids Biograph Michael Penman nimmt an, dass der König im Herbst des Jahres 1360 die Grafschaft Angus eingezogen und den Grafen damit für den Mord bestraft hat. Warum sein Leben verschont wurde,[55] ist nicht eindeutig zu erklären. Es kommen drei Möglichkeiten – oder alle zusammen – in Betracht.

Katarina Mortimer war keine Königin und deshalb war der Mord kein Majestätsverbrechen. Sodann ist die Verhaftung von Angus ein Hinweis darauf, dass Davids II. Autorität doch stärker war, als seine Gegner angenommen haben. Schließlich konnte David II. damit sowohl seine Entschlossenheit demonstrieren, gegen Hochadelige vorzugehen, wenn diese ein Verbrechen begangen hatten, wie auch seine Bereitschaft, bei der Bestrafung königliche Milde walten zu lassen.

Nach seiner Rückkehr aus der englischen Gefangenschaft baute sich der König eine neue Gefolgschaft auf, indem er vor allem in Finanzfragen erfahrene Bürger, Kleriker und Mitglieder des niederen Adels rekrutierte, protegierte und mit Ämtern am Hof oder in den Grafschaften (Sheriff, Burgvogt) versorgte. Diese Anhänger, wie etwa Archibald Douglas, William Landellis, der Bischof von St. Andrews, William Ramsay, Robert Erskine, haben in den folgenden Jahren wesentlich dazu beigetragen, dass David II. sich gegen die weiteren Angriffe der Hochadeligen um Robert Stewart behaupten konnte.

Das Jahr 1362 wurde ein gutes Jahr für König David II., auch wenn es für ihn mit einem Schiffbruch begann. Als Dank für seine Rettung vor der Küste von Fife stiftete er die Kirche St. Monans. Damit hatte er einen neuen Fixpunkt in der Grafschaft. Noch günstiger wurden die Aussichten in Fife, weil Walter Stewart (seit 1359 Graf und Sohn von Robert Stewart) im August gestorben war und er dadurch Zugriff auf die Grafschaft bekam. Und wahrscheinlich hat ihn die Nachricht vom Tod seiner Frau, Königin Johanna, im September 1362 (vermutlich an der Pest) mehr erfreut als gegrämt. Denn nun war der Weg für eine neue Ehe frei und seine Hoffnung auf einen legitimen Erben stieg wieder. Das wiederum hat die Aussichten auf die Thronfolge für Robert Stewart sinken lassen. Und so hat er sich mit Patrick Dunbar, Graf von March, und William, 1. Graf Douglas, gegen den König verbündet. Sie behaupteten, dass das Lösegeld verschwendet werde, weil der Könige auf schlechte Ratgeber höre. Sie forderten eine Regierung mit Beteiligung von guten Räten. Tatsächlich ließ sich David II. zu dieser Zeit von Bürgern und niederen Adeligen beraten, die durch ‚gute' Ratgeber also Stewart, Douglas und deren Verbündete ersetzt werden sollten. Zudem musste Stewart mitansehen, wie sich David II. um die Witwe Margaret Logie bemühte, die aus ihrer ersten Ehe einen Sohn hatte. Deshalb konnte man annehmen,

---

54 Scalachronica, 189–191. Dazu auch Brown, Wars, 322 und Penman, David II, 245.
55 Der Titel „Graf von Angus" wurde erst 1388 wieder an die Linie der Red Douglas vergeben. Brown, Douglas, 83.

sie würde David II. einen Erben schenken.[56] Bei diesen Aussichten blieb Stewart, March und Douglas nur noch das aktive Vorgehen gegen den König. Sie haben sich verschworen und wollten David II. dazu bringen, die Verbindung mit Logie aufzugeben und seine Räte auszutauschen. Sollte er sich weigern, wollten sie ihn in das Exil zwingen.[57] Sie fanden jedoch nicht genug Unterstützung beim niederen Adel und David II. war in der Lage, Truppen anzuwerben. Zudem konnte er sich auf die Vögte und Hauptleute in den zentralen Burgen in Edinburgh, Stirling und Dumbarton verlassen. Der König bereitete sich mit seinen Truppen auf eine Schlacht vor, doch dazu waren die meisten Verschwörer nicht bereit. David II. hatte die Initiative und eroberte im September 1362 Kildrummy vom Grafen Thomas von Mar und hätte Douglas um ein Haar wenige Wochen später in der Nähe von Lanark gefangengenommen.[58] Danach haben sich die Verschwörer unterworfen und dem König (wieder) die Treue geschworen.

Im April 1363 heiratete David II. Margarete Logie – vermutlich eine Liebesheirat.[59] Im Mai des Jahres hat sich auch Robert Stewart unterworfen. Er schwor ihm und seinen Amtsträgern lebenslange Treue, Rat und Hilfe.[60] Doch damit nicht genug: Er versprach diesen Eid zu halten bei Strafe des Verlustes seines Rechts auf Nachfolge im Königreich Schottland, falls er in Zukunft gegen die Krone vorgehen oder Rebellen unterstützen würde.[61] In den folgenden Jahren musste David II. keinen Widerstand des hohen Adels bekämpfen und konnte sich auf die Verhandlungen mit Edward III. um das Lösegeld und einen Friedensvertrag konzentrieren.

Verhandlungen mit dem englischen König

David II. war 1357 freigekommen, ohne dass es einen Friedensvertrag gab. Vielmehr war ein Waffenstillstand vereinbart worden. Für Edward III. war die Lösung der schottischen Frage eng mit seinem Engagement auf dem Kontinent und den Kampf um die französische Krone verbunden. Die Entwicklungen im Konflikt Edwards III. mit dem französischen König schlugen deshalb unmittelbar auf die Verhandlungen zwischen David II. und Edward III. durch. Mit dem im Jahr 1360 abgeschlossen Vertrag von Brédigny hatte Edward III. wohl sein Ziel

---

56 Nicholson, Scotland, 169.
57 Fordun, Chronicle, 381. Ausführliche Darstellung des Konfliktes bei Penman, David II, 285–295.
58 Scalachronica, 203. Penman, David II, 276–277 zur Eroberung von Kildrummy und dem Verfahren gegen Thomas, Graf von Mar.
59 Jedenfalls schreibt Thomas Grey in der Scalachronica, 204 dass diese Ehe nur durch die Kraft der Liebe, die alles überwindet, zustande kam. Ob das ironisch gemeint war, weil David II. den Ruf hatte, dem Reiz schöner Frauen verfallen zu sein, lässt sich nicht klären.
60 Nicholson, Scotland, 170.
61 Penman, David II, 294.

1.3 König David II. (1329–1371)

erreicht und sich große Territorien in Südwestfrankreich gesichert; ein Erfolg, der die Situation für David II. nicht leichter machte.[62]

Im November 1363 verhandelte man wieder in Westminster über die Bedingungen eines Friedens. Zentral war dabei die Frage der Thronfolge in Schottland und der englische König machte zwei Vorschläge für den Fall, dass David II. ohne Erben bleiben sollte. Entweder würde dann Edward III. auch schottischer König oder einer seiner Söhne. Je nachdem wie sich die Schotten entscheiden würden, variierten die damit zusammenhängenden weiteren Bedingungen.[63] So würde Edward III. auf die Leistung der Lehnshuldigung für Schottland verzichten, die Geiseln freilassen und das restliche Lösegeld erlassen, wenn er als Davids II. Erbe akzeptiert würde. Die beiden Königreiche sollten aber nicht unter einer Krone zusammengefasst werden, sondern Edward III. würde zwei distinkte Reiche regieren, zwischen denen „1 000 Jahre" Frieden herrschen sollten. Sollte die schottische Krone jedoch einem jüngeren Sohn Edwards III. versprochen werden, würde er weniger Zugeständnisse machen. Im März 1364 wurden alle Varianten von einem Parlament in Scone abgelehnt, um die Freiheit und Integrität des Königreiches zu erhalten.[64] Damit war die Angelegenheit weiter offen; Edward III. wollte keinen langen Waffenstillstand abschließen und beharrte auf seinen Lösegeldforderungen. Als Zwischenergebnis der fast permanenten Verhandlungen wurde im Mai 1365 ein Vertrag abgeschlossen, der das Lösegeld auf 100 000 Pfund festsetzte und einen Waffenstillstand bis Februar 1370 festsetzte. Beide Parteien waren berechtigt, nach seinem Ablauf die Kriegshandlungen – nach Ankündigung – wieder aufzunehmen.[65] Vor allem mit der Laufzeit des Waffenstillstands waren die schottischen Parlamentarier nicht zufrieden, denn sie hatten einen Waffenstillstand für 25 Jahre gefordert.

Im Mai 1366 brachten englische Gesandte einen neuen Vorschlag ins Spiel, mit dem die Grundlage für einen Frieden gelegt werden sollte. Es handelte sich dabei um die Huldigung, die Nachfolge auf dem schottischen Thron, territoriale Zugeständnisse und die gegenseitige Leistung von militärischer Hilfe bzw. Unterstützung. In den folgenden Jahren wurden diese Punkte immer wieder während der Parlamente in Schottland diskutiert, ohne dass man eine abschließende Entscheidung getroffen hatte. Noch im Juni 1368 formulierte man in einem Parlament, dass es nicht notwendig sei, über diese vier Punkte mit den Engländern ernsthaft zu verhandeln, denn der Waffenstillstand liefe ja noch bis Februar 1370.

Allerdings änderten sich die Verhandlungsgrundlagen im Jahr 1369 zugunsten von David II., weil König Karl V. in Frankreich offensiv wurde und die von

---

62 Curry, Krieg, 65. Edward III. verzichtete auf den Titel „König von Frankreich" für die Souveränität in Calais, dem Poitou, Aquitanien und der Grafschaft Ponthieu. Zudem wurde das Lösegeld für den französischen König auf drei Millionen Ecu festgelegt.
63 Nicholson, Scotland, 170–171. Texte der Vorschläge in Calendar of Documents relating to Scotland IV, Nr. 91 und 92.
64 RPS, 1364/1 [letzter Zugriff: 26.03.2019]; Penman, Royal Succession, 55–56.
65 Calendar of Documents relating to Scotland IV, Nr. 108.

Edward III. erzielten territorialen Erfolge in Gefahr gerieten.⁶⁶ Als David II. im Juni des Jahres mit seiner Gefolgschaft in London eintraf, konnte er mit einem englischen König verhandeln, der zu weitreichenden Zugeständnissen bereit war, um sich auf den wieder ausgebrochenen Krieg in Frankreich konzentrieren zu können. Sein Lösegeld wurde auf 56 000 Pfund reduziert, der Waffenstillstand um fünfzehn Jahre (also bis Februar 1385) verlängert und die Diskussion über die vier Punkte beendet. Damit wurde auch die mögliche Nachfolge eines Engländers auf dem schottischen Thron zu den Akten gelegt.⁶⁷ Danach entwickelte David II. ein freundliches Verhältnis zu Edward III. und blieb zugleich mit dem französischen König in Kontakt.

Nachdem sowohl die hochadeligen Gegner in die Schranken verwiesen waren als auch die Freiheit und Unabhängigkeit des Königreichs bis auf weiteres gesichert war, blieb das Problem des eigenen Thronerben ungelöst. Denn je länger Margarete Logie nicht schwanger wurde – was wohl nicht an ihr gelegen hat –, desto größer wurden die Hoffnungen von Robert Stewart doch noch König zu werden. David II. hat sich jedenfalls von ihr scheiden lassen und wollte sie mit einer jährlichen Pension von 100 Pfund abspeisen. Doch Margarete ist nach Avignon zu Papst Gregor XI. gereist und hat gegen die Scheidung an der Kurie eine Appellation eingereicht. Deshalb schwebte über Schottland die Gefahr eines Interdikts (das aber nicht verhängt wurde) bis sie im Jahr 1375 starb. König David II. hingegen plante eine dritte Hochzeit mit Agnes Dunbar, verstarb jedoch überraschend vor der Hochzeit am 22. Februar 1371.⁶⁸

Aufgrund des Exils in Frankreich und der Gefangenschaft in England musste David II. mehrfach die Autorität der Krone wiederherstellen. In den Zeiten seiner Abwesenheit haben Hochadelige wie Stewart und March versucht, die Herrschaftsordnung zu ihren Gunsten zu verändern. David II. war nur mit Mühe in der Lage, das Königtum für die Bruce-Dynastie zu sichern. Es ist Ironie des Schicksals, dass er schließlich daran gescheitert ist, einen Erben zu zeugen und so Robert Stewart als Robert II. 1371 doch noch König wurde – nach fast vierzig Jahren mehr oder weniger starken Aspirationen auf die Krone.

1.4 König Robert II. (1371–1390)

Mit 55 Jahren gelangte Robert Stewart an das Ziel seiner Wünsche und wurde am 26. März 1371 in Scone zum König von Schottland gekrönt. Aber noch vor der Zeremonie forderte William, 1. Graf Douglas, bei einer Versammlung in Linlithgow die Krone für sich mit dem Hinweis darauf, dass er diesen Anspruch von seiner Verwandtschaft mit der Balliol/Comyn-Familie herleite. Doch tatsächlich

---

66 Curry, Krieg, 67–68.
67 Calendar of Documents relating to Scotland IV, Nr. 154. Penman, David II, 384.
68 Penman, David II, 412.

1.4 König Robert II. (1371–1390)

hatte er keinen mit dem von Robert Stewart vergleichbaren Anspruch auf die schottische Krone. Wahrscheinlich diente die Versammlung bewaffneter Männer eher zur Demonstration von Widerstandsbereitschaft, sollte der neue König gegen die Interessen der Douglas im Süden vorgehen. Es ging ihm also nicht ernsthaft um die Krone, sondern darum, gegenüber dem neuen König Ansprüche zu formulieren und seine Bereitschaft zu demonstrieren, sie gegebenenfalls auch durchzusetzen.

Damit die Krönung zügig erfolgen konnte, musste Robert II. Magnaten wie William Douglas signalisieren, dass sie von seiner Herrschaft profitieren würden. Im Fall des Grafen von Douglas bedeutete das die Bestätigung und Verstärkung seiner dominanten Position im Süden und in den Borders (Grenzgebiete zu England). Tatsächlich hat Robert II. William Douglas zum Justiziar und „Warden of the Middle March" ernannt sowie mit Jahrgeldern bedacht. Sein Sohn James Douglas durfte im Herbst 1371 Roberts II. Tochter Isabella heiraten.[69] Auf diese Weise ist es dem neuen König gelungen, durch die Übertragung von neuen und die Bestätigung von alten Rechten, die wichtigen Magnaten zur Anerkennung seiner Herrschaft zu bewegen und die Herrschaftsstrukturen von David II. nach und nach zu zerschlagen.

Eine weitere Möglichkeit, sich die Loyalität von Magnaten zu sichern und zugleich einen Sohn zu versorgen, war es, schwache Ansprüche auf Grafschaften anzuerkennen und sich dafür eine Kompensation geben zu lassen. Anfang 1372 erkannte der König die Ansprüche von George und John Dunbar auf das Erbe der Randolphs in der Grafschaft Moray sowie den Herrschaften Annandale und Man an. Sie waren Söhne der Schwester des letzten Grafen von Moray, der ohne männlichen Erben 1346 bei Neville's Cross gefallen war. Ihr Anspruch war allerdings schwach, weil die Grafschaft 1312 an Thomas Randolph mit der Auflage der reinen männlichen Erbfolge mit Heimfall an die Krone übergeben worden war. David II. hatte deshalb seit 1368 die Grafschaft bei der Krone behalten. Aber im März 1372 gab Robert II. die Grafschaft Moray an John Dunbar und dessen Braut Marjory, einer weiteren Tochter des Königs. Sollten die keine Erben haben, würde Moray an Johns Bruder George, Graf von March, oder dessen Erben fallen. George erhielt aber sofort Annandale und Man. Im Gegenzug verzichteten die Dunbars auf ihre Herrschaft in und über die Grafschaft Fife, sodass fortan Robert Stewart, der dritte Sohn des Königs, den Titel „Graf von Fife und Menteith" führte.[70]

---

69 Penman, David II, 413; Boardman, Early Kings, 39–45.
70 Boardman, Early Kings, 51–52.

Robert II. und seine Söhne: ein familiengeführtes Königreich

Wie am Beispiel von David II. deutlich wurde, war für die Sicherung der Herrschaft über das Königreich Schottland in der Familie zwingend ein männlicher Erbe notwendig. Davids II. Handeln nach seiner Rückkehr aus englischer Gefangenschaft war von seinen verzweifelten Versuchen, einen Sohn zu bekommen, überschattet. Ganz anders präsentierte sich die Situation für König Robert II. Er hatte während seiner Wartezeit auf den Thron aus zwei Ehen dreizehn Kinder bekommen. Mit Elizabeth Mure, Hochzeit 1348, hatte er vier Söhne und fünf Töchter; mit Euphemia de Ross, Hochzeit 1355, hatte er zwei Söhne und zwei Töchter. Aus der ersten Ehe stammten John Stewart, der nachmalige Robert III. sowie – als dritter Sohn – Robert Stewart, der Graf von Fife und (seit 1398) Herzog von Albany und schließlich noch Alexander Stewart, der Graf von Buchan wurde. Deren legitime Geburt – und damit ihre Erbberechtigung – wurde angezweifelt, weil sie schon geboren worden waren, bevor Elisabeth und Robert geheiratet hatten.[71] Aber das Parlament stimmte 1373 der Nachfolgeregelung von Robert II. zu, wonach die Kinder aus der ersten Ehe erbberechtigt waren (siehe unten S. 143). Von den Kindern aus der zweiten Ehe hatte vor allem Walter, der 1. Graf von Atholl (gest. 1437), erheblichen Einfluss auf die politische Entwicklung in Schottland im 15. Jahrhundert.

Die Herrschaftszeit von Robert II. war durch drei große Probleme gekennzeichnet. Erstens wurde er von den meisten Magnaten weiter als einer der ihren wahrgenommen, denn er stand mit ihnen als regionaler Fürst (seit 1357 als Graf von Strathearn) Jahrzehnte lang auf einer sozialen Ebene. Ihm fehlte insofern die natürliche Autorität eines in eine Königsdynastie geborenen Herrschers. Zweitens wollten seine Söhne einen ihren Ansprüchen genügenden Anteil an der Herrschaft. Zwar war mit der Erbregelung die Frage der Thronfolge geklärt, doch zunächst ging es ihnen darum, adäquate Grafschaften oder ähnliche Herrschaftsgebiete zu erhalten. Die Herstellung administrativer und distributiver Gleichheit für alle Brüder war zunächst ihr Interesse.[72] Darauf konnte Robert II. meistens nur reagieren, denn für eine eigene Agenda blieben ihm nicht viel Spielraum und Ressourcen. Drittens gab es noch keinen Frieden mit England und der neue König musste sich eigentlich auch zu dem Bündnis mit Frankreich positionieren. Es stellte sich heraus, dass er auf den genannten Politikfeldern spätestens seit 1380 mehr kontrolliert wurde, als dass er die Kontrolle darüber hatte.

Doch in den 1370er Jahren war Robert II. noch weitgehend handlungsfähig. Er erneuerte die Allianz mit Frankreich 1371 und bemühte sich um den Ausgleich

---

71 Boardman, Early Kings, 8.
72 Zu dem Konzept der administrativen und distributiven Gleichheit als eine Option zum Ausgleich von individuellen Ansprüchen in Hochadelsfamilien, Rogge, Herrschaftsweitergabe, 319–320.

1.4 König Robert II. (1371–1390)

mit Edward III., indem er weiter die Raten des Lösegelds für David II. bezahlte.[73] Gleichzeitig ließ er jedoch in den Borders den Magnaten Douglas und Dunbar freie Hand. Diese konnten daher große Teile von Berwickshire wieder erobern und immer wieder kleinere Plünderungszüge nach Nordengland unternehmen. Die Delegation von Herrschaft praktizierte er auch gegenüber seinen Söhnen, denen er die Herrschaftsrechte über Grafschaften im Norden von Schottland übertragen hat. Sein zweiter Sohn, Robert, bekam die Grafschaften Fife und Menteith, Alexander, der vierte Sohn, erhielt die Grafschaften Buchan und Ross mit der Herrschaft Badenoch. Zudem wurde 1370 John MacDonald, Lord of the Isles (im Nordwesten) sein Schwiegersohn, als der seine Tochter Margarete heiratete. Allerdings hatte diese Herrschaftspraxis zur Folge, dass Robert II. nach und nach die Kontrolle über seine Söhne im Nordosten und die Magnaten im Süden seines Königreiches verlor.

Um seine Herrschaft ideologisch enger an die von Robert I. anzuschließen und sich damit in dessen Nachfolge zu stellen, beauftragte er John Barbour, den Archidiakon von Aberdeen, mit der Abfassung eines Heldenepos über den ersten Krieg gegen die Engländer. Zwischen 1372 und 1375 schrieb Barbour an dem *The Bruce* genannten Werk, in dem neben dem König Robert I. vor allem James Douglas und Walter Stewart, der Vater von Robert II., als Patrioten und Freiheitskämpfer stilisiert werden.[74] Damit wurden sie aber auch zu Vorbildern für die jüngere Generation, die ebenfalls mit den Franzosen gegen England kämpfen wollten.

Zur Konsolidierung der Königsherrschaft in Zentralschottland hat die Etablierung von Roberts II. zweiten Sohn Robert als Graf von Fife und Menteith beigetragen. Robert konnte seine starke Position weiter ausbauen, nachdem ihm sein Vater 1373 die Burg Stirling und vermutlich auch das Amt des Sheriffs von Stirling übertragen hatte. In Menteith ließ Graf Robert eine neue Burg bei Doune bauen. Diese Sicherung von finanziellen, rechtlichen und territorialen Ressourcen in den Regionen für seine Söhne und Verbündeten war typisch für die Politik Roberts II. Aufgrund seiner starken Position in Zentralschottland war der Graf von Fife ein wichtiger Antagonist für die mächtigen Grafen von Lennox und der Herren in Argyll.[75]

Sein dritter Sohn Alexander Stewart, der Herr von Badenoch in der Grafschaft Moray, war der Beauftragte des Königs im Norden. Auch wenn er von seinem Vater zunächst zugunsten seiner älteren Brüder nicht mit größeren Herrschaften oder Titeln (Graf von Moray) ausgestattet wurde, so gelang ihm dennoch der Aufstieg zu einer dominierenden Position im zentralen Hochland.

---

73 Penman, David II, 421.
74 Barbour, Bruce, 56 mit der Hymne auf die Freiheit. „Ah! Freedom is a noble thing/Freedom lets a man have pleasure/Freedom all solace to man gives […] If freedom fails, for free decision/Is longed for aboe al else." Dazu Hachgenei, Narratologie und Geschichte; Barbour hat vermutlich auch eine Genealogie der Stewarts entwickelt, die eine britonische Abstammung offeriert hat; Boardman, Early Kings, 59.
75 Boardman, Early Kings, 72.

Dazu beigetragen haben diverse Todesfälle, die ihm vorübergehend das Amt des Leutnants im Norden und die Verwaltung der Grafschaft Ross einbrachten und den Erwerb der Baronie Urquhart (auf Leihbasis) samt der Burg am Westufer von Loch Ness. Dennoch war er damit im Vergleich zu seinen Brüdern relativ schlecht ausgestattet. Aber 1382 eröffnete ihm der fast gleichzeitige Tod von Alexander Lindsay von Glen Esk und dessen Halbbruder Walter Leslie, Herr von Ross, neue Möglichkeiten, als er Leslies Witwe, Euphemia Ross, ehelichte. Mit dieser Hochzeit im Juli 1382 erhielt Alexander nicht nur die Besitzungen seiner Ehefrau (u. a. in Skye, Caithness, Sutherland, Atholl und Galloway), die sie zuvor dem König zurückgegeben hatte, sondern wurde auch Graf von Buchan sowie Graf von Ross auf Lebenszeit. Damit wurde seine Position als Leutnant des Königs im Norden sowie die indirekte Herrschaft des Königs durch seinen Sohn noch weiter gestärkt. Aber das geschah unter den kritischen Augen der Familien Lindsay und Leslie, denn Euphemia hatte einen kleinen Sohn aus der Ehe mit Walter Leslie, der ein Erbrecht an den Herrschaftsbereichen hatte.[76]

Aber nicht alle Adeligen im Norden haben diese Neuordnung der Herrschaftsverhältnisse zugunsten des Königssohns ohne Widerstand akzeptiert. Anfang November 1382 ermordete James Lindsay, Herr von Crawford, John Lyon, den königlichen Hofmeister und Schwiegersohn des Königs. Vermutlich war Lindsay unzufrieden, weil Lyon nicht nachdrücklich versucht hatte, in Lindsays Sinne, d. h. gegen den gestiegenen Einfluss von Alexander Stewart im Norden, auf den König einzuwirken. Weil Lindsay aber ein enger Gefolgsmann von John, des Grafen von Carrick und Kronprinzen, war, konnte ihn der König für den Mord nicht zur Verantwortung ziehen. Daran wird deutlich, dass zu diesem Zeitpunkt der Kronprinz über mehr Autorität verfügte als sein Vater und eine eigene politische Agenda verfolgte, die z. T. auch direkt gegen den König gerichtet war.

Eng verbunden mit dem Grafen von Carrick war auch William Douglas, der über seine Frau Margaret seit 1374 die Grafschaft Mar innehatte sowie faktisch die Grafschaft Angus kontrollierte. Roberts II. Politik und Förderung seiner jüngeren Söhne hat seinen Thronfolger John Stewart dazu animiert, sich eine Schattenregierung an seinem Hof aufzubauen.[77] Eine andere Problemquelle für die königliche Autorität war die Herrschaftspraxis von Alexander Stewart im Norden, der ja als königlicher Leutnant das Recht und den Frieden der Untertanen sichern sollte. Insbesondere mit den Bischöfen von Moray und Aberdeen war er jedoch immer wieder in Konflikte um Herrschaftsrechte und Landbesitz verwickelt. Deshalb appellierten die Bischöfe und weitere unzufriedene Adelige immer wieder an Robert II. und erbaten sein Eingreifen. Alexander setzte nämlich sogenannte „Caterans"(Söldner) ein, die z. B. das Land des Bischofs von Aberdeen in Birse besetzten und die Pächter so bedrängten und ausbeuteten, dass diese entweder ihr Land aufgaben oder sich nicht mehr wagten, es zu bear-

---

76 Boardman, Early Kings, 76–78.
77 Boardman, Early Kings, 82, argumentiert gegen die traditionelle Bewertung seines Handelns, dass Carrick darauf aus war, die Herrschaft zu übernehmen und sich auch darauf vorbereitet hat.

beiten. Oft führte das in der Folge zu einer ‚freiwilligen' Übergabe des Landes an Alexander.[78] Dieser rechtfertigte sein Handeln damit, dass er die königlichen Gesetze durchsetze und frevlerisches Verhalten bestrafe, um den Königsfrieden zu sichern. Die betroffenen Bischöfe und weltlichen Herrschaftsinhaber leisteten keinen offenen Widerstand, denn in diesem Fall hätte man sie auch des Angriffs auf den König beschuldigen können.

Konflikte und Krieg mit England

Robert II. verfolgte mit seiner Diplomatie gegenüber England das Ziel, einen englischen Angriff auf Schottland zu verhindern. Er lehnte das Angebot des französischen Königs Karls V. ab, der seine Truppen nach Schottland schicken wollte und bezahlte zunächst weiter jährlich 4 000 Mark Lösegeld ab (allerdings stellte er nach dem Tod Edwards III. 1377 die Zahlungen ein). Die Adeligen im Süden Schottlands waren jedoch daran interessiert, das von Engländern besetzte Land samt den Städten Roxburgh und Berwick zurückzuerobern. Auch Robert II. hat die englische Besetzung dieser Regionen Schottlands nicht akzeptiert, nur war er nicht in der Lage, persönlich die Truppen anzuführen. Seine Söhne John, Graf von Carrick, und Robert, Graf von Fife, führten die Verhandlungen und den Konflikt mit den Engländern nach dem Tod von Edward III. im Jahr 1377. Dadurch konnte Carrick seine politische Position stärken. Er hatte als einziger Stewart Herrschaftsinteressen im Süden des Königreiches und den Borders. Indem er die Beziehungen zu England gestaltete, erfüllte er ja bereits königliche Aufgaben und entwickelte enge Beziehungen zu den Magnaten an der Grenze. Folgerichtig wurde er im Juni 1381 zum Leutnant für die Marken (Marches) ernannt, er war damit für deren Verteidigung verantwortlich.[79]

Die 1380er Jahre waren durch Verhandlungen zur Verlängerung des offiziellen Waffenstillstandes gekennzeichnet, der bis Februar 1384 immer verlängert wurde. Das hinderte die Schotten aber nicht, Engländer und die von Engländern besetzte Teile von Berwickshire und Roxburghshire anzugreifen. Bis zum Beginn des Jahres 1384 hatten die Schotten aber keine durchschlagenden Erfolge erzielt. Deshalb erneuerten sie den Waffenstillstand nicht und bereiteten einen großen Angriff auf die von den Engländern besetzte Zone vor. Der war erfolgreich, denn die Burg in Lochmaben wurde ebenso erobert wie Teviotdale. Allerdings erfolgte – wie so oft in solchen Situationen – der englische Gegenschlag in Form eines Angriffs auf Edinburgh und der Verwüstung von Herrschaftsgebieten der Black Douglas in den Borders. James, 2. Graf Douglas, und Graf von Mar sowie John Dunbar, Graf von Moray, und James Lindsay waren deshalb bereit, weiter militärisch gegen die Engländer vorzugehen. Dabei fühlten sie sich mehr durch den Leutnant John von Carrick als von König Robert II. unterstützt, den sie deshalb

---

78 Boardman, Early Kings, 86.
79 Boardman, Early Kings, 114.

kritisierten. Dazu kam noch, dass alle drei Adeligen zu ihrem Nachteil von der rigiden Herrschaft Alexander Stewarts, des Grafen von Buchan, im Norden betroffen waren. Ihrer Ansicht nach wurde der Graf von seinem Vater nicht ausreichend kontrolliert. Als Gefolgsleute des Grafen John von Carrick haben sie den Thronfolger dabei unterstützt, König Robert II. im November 1384 mit der Begründung, er sei alt und gebrechlich, faktisch zu entmachten. Mit Zustimmung des Parlaments wurde die Ausübung der Königsherrschaft und insbesondere die Rechtsprechung im gesamten Königreich seinem Sohn und designierten Nachfolger Carrick zunächst für drei Jahre übertragen.[80] Allerdings wurde Carrick verpflichtet, dem König und dem Rat Rechenschaft abzulegen; er sollte also in seinem Handeln beschränkt werden.[81]

James Douglas, John Dunbar und deren Parteigänger haben mit der Installation von Carrick die Hoffnung verbunden, dass Buchans Umtriebe im Norden eingedämmt würden und sie Unterstützung für den geplanten Krieg mit England erhalten würden. Im April 1385 erfolgte der Angriff auf Alexander Stewart, Graf von Buchan und Ross, dem Mängel und Versäumnisse bei der Rechtsprechung und die Duldung der Aktivitäten der Caterans vorgeworfen wurden. Vor allem die Bischöfe von Aberdeen und Moray drängten Carrick, sich der Klagen im Norden anzunehmen und gegen Buchan und dessen Missbrauch seines Amtes Maßnahmen zu ergreifen. Allerdings enttäuschte der Regent seine Anhänger, denn er hat nicht nur nichts gegen Buchan unternommen, sondern ihn sogar noch unterstützt, sodass er Ende der 1380er Jahre noch mehr Einfluss hatte. Im Februar 1387 wurde er sogar von seinem Bruder zum Justiziar für den Norden von Schottland ernannt. Der Grund dafür war vermutlich, dass Carrick seinen jüngeren Bruder als notwendiges Übel angesehen hat, um in den Highlands eine Art von politischer Stabilität aufrecht zu erhalten. Der Preis dafür war jedoch der Vertrauensverlust bei seinen Anhängern im Süden.

Der Konflikt mit England in den Jahren 1385 bis 1388 wurde ohne Beteiligung König Roberts II. geführt. Im April 1385 landeten französische Truppen unter dem Kommando des Admirals Jean de Vienne in Schottland, um eine Invasion Englands aus dem Norden vorzubereiten und durchzuführen. Zeitgleich sollte eine Invasionsarmee in Südengland an Land gehen. Dieses Landungsunternehmen fand allerdings nicht statt und so trafen die schottisch-französischen Truppen auf eine englische Armee unter Richard II., die schwere Verwüstungen in den Grenzregionen und in Edinburgh anrichtete. Darauf verhandelten die Schotten mit den Engländern einen Waffenstillstand, der schließlich bis zum Juni 1388 immer wieder verlängert wurde. In der ersten Hälfte des Jahres 1388 gab es Anzeichen dafür, dass die englische Verteidigung des Nordens geschwächt war und in London erneut die Planungen für die Wiedereröffnung des Krieges in Frankreich getroffen wurden.[82] Diese Gelegenheit wollte die schottische Führung

---

80   *RPS*, 1384/11/4 [letzter Zugriff 03.06.2019].
81   Reid, Penman, Guardian, 214.
82   Die Autorität von Richard II. wurde zeitweise vom Parlament eingeschränkt und die Familien Percy und Neville, eigentlich mit der Verteidigung der Grenzen betraut, haben sich

1.4 König Robert II. (1371–1390)

unter Carrick ausnutzen und stellte zwei Armeen auf, die Strafexpeditionen (mit Plünderungen) in Cumberland und Northumberland ausführen sollten.[83]

Ende Juli 1388 marschierte eine Armee unter der Führung von James, 2. Graf Douglas, auf Newcastle zu, wo sie auf englische Truppen traf. Douglas wollte sich mit seinen Truppen nach Schottland zurückziehen. Allerdings wurden diese am 5. August bei Otterburn in Redesdale von den englischen Truppen unter Henry Percy gestellt. Zwar konnten die Schotten ihre Angreifer besiegen und Percy wurde gefangenen genommen, aber James Douglas ist auf dem Schlachtfeld gefallen. Die zweite Armee unter der Führung von Robert, Graf von Fife, und Archibald Douglas im Westen der Grenzregion verlief dagegen erfolgreich. Damit hatte sich Robert als Führer der militärischen Planungen und Aktionen in der Zukunft empfohlen, denn mit James, 2. Graf Douglas, hatte Carrick seinen wichtigsten Verbündeten verloren. Schlimmer noch: Es entwickelte sich ein Konflikt um das Douglas Erbe, in dem der Graf von Fife Archibald Douglas gegen die Vorstellungen von Carrick unterstützte (siehe unten S. 141). Zudem haben beide versucht, die königliche Autorität Roberts II. wieder zu stärken. Deshalb verlor Carrick bis zum Jahresende die Kontrolle über die Politik in Schottland.[84] Am 1. Dezember 1388 wurden ihm seine Kompetenzen wieder entzogen.

Während einer Sitzung des großen Rates in Edinburgh ließ König Robert II. erklären, dass er sich wie auch sein ältester Sohn und Thronerbe im Hinblick auf die Rechtsprechung und der Verteidigung dem Urteil des Rates stellen solle. Die Räte waren unzufrieden mit seiner Passivität gegenüber Buchan (Ausübung von Justiz) im Norden und trauten ihm nicht zu, den für 1389 erwarteten englischen Angriff erfolgreich abwehren zu können. Robert II. wollte oder konnte wegen seines hohen Alters die Regierung nicht mehr ausüben. Allerdings wurde sein ältester Sohn, der Graf von Carrick, nicht wieder mit der Regierung beauftragt. An seiner Statt wurde Robert, Graf von Fife und Carricks jüngerer Bruder, das Amt des Guardians übertragen.[85] Damit erhielt er wesentlich mehr Befugnisse als sein Bruder 1384, denn der Titel signalisierte, dass es aktuell keinen (regierungsfähigen) König in Schottland gab. Er sollte das Amt schließlich fünf Jahre ausüben – noch über die Thronbesteigung seines Bruders als Robert III. 1390 hinaus. In den folgenden Jahren stellte sich heraus, dass er der politisch fähigste aber auch der skrupelloseste Sohn von Robert II. war.

---

      gestritten. Dazu Nicholson, Scotland, 198.
83 Boardman, Early Kings, 142–148.
84 Boardman, Early Kings, 149: „his political control of the kingdom died alongside the earl of Douglas in Redesdale."
85 RPS, 1388/12/1 [letzter Zugriff 08.06.2019]; Nicholson, Scotland, 200; Reid, Penman, Guardian, 215.

Robert II. und Robert III. – Könige ohne Autorität (1388–1393)

In den Jahren bis zum Tod des alten Königs hatte der Guardian Robert, Graf von Fife, weiter mit den Problemen der Verteidigung des Königreichs gegen England und den andauernden Beschwerden über die Herrschaft seines Bruders Alexander im Norden von Schottland zu tun. Dazu kam als drittes großes Problem der Streit um das Erbe von James Douglas zwischen Archibald Douglas und Malcolm Drummond, den er allerdings 1389 zugunsten seines Favoriten Archibald Douglas lösen konnte (siehe unten S. 141). Während einer Sitzung des Rates in Edinburgh wurde zudem die Grafschaft Angus an James Douglas of Dalkeith gegeben, so dass die beiden wichtigen Grafschaften in den Händen von treuen Unterstützern des neuen Guardians waren. Das förderte zum einen seine persönliche Autorität in Schottland und zum anderen hatte er damit eine Allianz mit den wichtigen Grafen im Süden zur Verteidigung Schottlands.

In der Tat musste er zusammen mit Archibald, 3. Graf Douglas, im Juni 1389 eine englische Invasionsarmee zurückschlagen. Unterstützt wurden die englischen Truppen von Malcolm Drummond und dessen Gefolge, der gehofft hatte, mit englischer Hilfe wenigstens einen Teil seiner Herrschaftsbereiche wiederzuerlangen, die ihm durch den Rat im April 1389 zugunsten von Archibald Douglas entzogen worden waren. Allerdings waren die englischen Vorstöße nicht erfolgreich und schließlich kehrten die Truppen wieder über die Grenze zurück. Weitere militärische Konfrontationen blieben aus, denn im September 1389 erklärte sich Robert II. in Dunfermline bereit, einem Waffenstillstand auf drei Jahre beizutreten, der zwischen England und Frankreich ausgehandelt worden war. Indem der König hier als aktiver Politiker auftreten durfte, würde auch etwaige Kritik am Waffenstillstand ihn treffen und nicht den Guardian Fife oder Archibald Douglas.[86]

Im Gegensatz zu seinem Bruder Carrick ist der Guardian Fife schon wenige Tage nach seiner Ernennung gegen Alexander Stewart, den Grafen von Buchan und Ross, vorgegangen. Im Dezember 1388 wurde ihm vom Parlament wegen Unbrauchbarkeit (*inutilitas*) das Amt des Justiziars im Norden entzogen.[87] In den folgenden Monaten ging Fife dann Schritt für Schritt vor, um seinen jüngeren Bruder auch materiell zu schwächen. Fifes Sohn Murdoch wurde 1389 nicht nur zum Justiziar ernannt; sondern auch zum Herrn der Herrschaft von Appin Dull. Murdoch bzw. sein Vater errangen bis 1390 schließlich die Kontrolle über weitere Baronien und Herrschaften in Perthshire und Ross. Zudem vermittelte Fife einen Ausgleich zwischen dem Bischof von Moray und dem Grafen von Moray;

86　Boardman, Early Kings, 168, Curry, Krieg, 75.
87　RPS, 1388/12/3 [letzter Zugriff 12.06.2019]: „was accused at various other times before the king and council of being negligent in the execution of his office, namely that he had not administered in that office where and when he ought to have done, and where it seemed that for anyone else to hold the office of justiciar was useless to the community."

vermutlich auch zu dem Zweck, dass sie gemeinsam gegen Buchan vorgehen sollten.[88] Auch der alte König Robert II. brach nach Norden auf, um die neue politische Kräfteverteilung zu unterstützen. Die Anstrengungen der Reise waren aber wohl zu viel für den alten Mann – er starb im April 1390 auf Dundonald Castle (Ayrshire) und wurde in Scone beigesetzt.

Die Bewertung von Roberts II. Herrschaft fällt in der Forschung sehr uneinheitlich aus. Im Vergleich mit König David II., der sich um die Stärkung der Krone gegen die Magnaten mittels der Lairds bemüht hat, wirkt Robert II. schwach, weil er seine königliche Autorität nicht persönlich durchgesetzt, sondern den Magnaten in den Regionen, seinen Söhnen und Schwiegersöhnen königliche Herrschaftsrecht übertragen hat. Deshalb habe die Monarchie in Schottland finanzielle Einbußen und Ansehensverlust erlitten.[89] Wenn man aber davon ausgeht, dass dieser Regierungsstil gerade richtig für das dezentrale Königreich war und der innere Frieden damit gefördert wurde; dann kommt man, wie Grant und Boardman, zu einer positiveren Bewertung seines Königtums.[90]

1.5 König Robert III. (1390–1406)

John, Graf von Carrick, erhielt im Mai 1390 vom Parlament die Erlaubnis seinen Namen zu ändern und als Robert III. den Thron zu besteigen. Damit wollte er vermutlich die Verbundenheit der Stewarts und seine persönliche mit Robert I. deutlich machen. Sich auch namentlich mit dem verehrten Kriegskönig und Befreier von Schottland offensichtlich verbunden zu fühlen, mag seine Autorität gefördert haben. Seine Krönung fand jedoch erst am 14. August 1390 in Scone, dem traditionellen Krönungsort, statt. Ein Indiz dafür, dass vorher sein Bruder Robert, der Guardian und Graf von Fife zusammen mit Archibald, 3. Graf Douglas, Vorkehrungen zur Sicherung ihrer Positionen im Süden und Norden getroffen hatten. Dazu gehörte auch, dass Fife, in seinem Amt als Guardian noch vor der Krönung Roberts III. von einem Rat bestätigt worden war. Über die Gründe dafür ist wenig bekannt. Der neue König war zwar schon 53 Jahre alt, aber keineswegs senil. Allerdings war Robert III. seit 1388 nach einem Tritt von einem Pferd stark gehbehindert. Dennoch war er wohl in der Verfassung, die Regierung selbständig auszuüben. Wahrscheinlich wollten die Räte auf diese Weise verhindern, dass der neue König die aktuelle Verteilung der politischen Einflusssphären der Magnaten im Königreich in Frage stellen würde.

Nur Alexander Stewart, der Graf von Buchan, war mit dieser Entwicklung unzufrieden, denn er hatte sich von der Thronbesteigung seines Gönners Carrick vermutlich die Wiederherstellung seiner Dominanz im Norden versprochen.

---

88 Boardman, Early Kings, 170.
89 Für diese Wertung steht Nicholson, Scotland, 184, 203.
90 Grant, Independence, 177–199; Boardman, Early Kings, 172.

Aber mit der Ernennung von Fife zum Guardian musste er diese Hoffnungen begraben. Seine Reaktion darauf hat ihn den zweifelhaften Beinamen „Wolf of Badenoch" eingebracht. Im Juni 1390 nämlich griff er Städte der Unterstützer des Grafen von Fife an: Forres wurde verwüstet und die Stadt Elgin samt der Bischofskirche in Brand gesetzt. Damit rächte er sich einerseits am Bischof Alexander Bur, der seit zwei Jahren an der Seite von Fife und dem Grafen von Moray gegen ihn agiert hatte. Er wollte andererseits aber auch signalisieren, dass Ruhe und Frieden im Norden nur aufrechterhalten werden, wenn er angemessen von seinen Brüdern mit Land und Titeln bedacht würde.[91]

Allein seine Anstrengungen waren vergeblich: Murdoch Stewart blieb Justiziar im Norden und sein Vater Robert, Graf von Fife, amtierte weiter als Guardian. Und sie arbeiteten weiter an der Schwächung von Buchan. Im Oktober 1391 übernahm Thomas Chisholm als Vogt des Königs (d. h. faktisch im Auftrag von Fife) die Burg Urquhart am Loch Ness und damit einen strategisch wichtigen Ort in den Highlands. In den Jahren 1392 bis 1394 gelang es ihnen schließlich, dem Grafen von Buchan die Grafschaft Ross zu entwinden. Doch damit war ein Garant für relativen Frieden im Norden weggefallen und die Rivalitäten zwischen lokalen Adligen und die Ambitionen von einigen Anführern, ihren Herrschaftsbereich zu erweitern, führten zu Fehden und bedrohten auch die Interessen des Königs am Great Glen. Alexander, Lord of Lochaber, verdrängte 1395 oder 1396 den königlichen Burgvogt Chisolm aus Urquhart Castle. Um Handlungsfähigkeit zu demonstrieren, schickte Robert III. im Spätsommer 1396 seinen Sohn David, Graf von Carrick, nach Norden. Gemeinsam mit David Lindsay sollte er den Konflikt zwischen den Clans Chattan/Mackintosh und Kay/Qwhele befrieden. Die Anführer waren jedoch nicht zu einem friedlichen Schiedsspruch zu bewegen. Deshalb wurde ein Kampf zwischen jeweils dreißig Kämpfern vereinbart, dessen Ausgang als Gottesurteil akzeptiert wurde. Der Kampf zwischen den beiden Aufgeboten fand im September 1396 in Perth unter der Aufsicht von David, dem Thronfolgers und ältesten Sohn von Robert III., statt.[92] Dabei kamen fast alle Kämpfer ums Leben; und der Ausgang dieses Gemetzels hatte nur eine kurzfristige befriedende Wirkung in der Region.

Die Präsenz des Sohnes Roberts III., David, der als Thronfolger den Titel „Graf von Carrick" erhalten hatte, im Norden war ein Indiz für die Bedeutung des jungen Prinzen für die Durchsetzung von königlicher Autorität im Auftrag seines Vaters. Robert III. hatte nach seiner Krönung noch seinen dominanten Bruder Robert, Graf von Fife, als Guardian ‚vor der Nase'. Um seine persönliche Autorität zu verbessern und seiner Königsherrschaft Durchsetzungskraft zu verschaffen, baute Robert III. zunächst eine eigene Gefolgschaft auf. Im Gegenzug für die Verpflichtung zum Dienst für den König erhielten Adelige erbliche Jahrgelder (Renten). Dazu gehörten David Lindsay von Glen Esk, William Davidson und der Graf von Moray. Diese Männer haben seit 1392 zeitweise den Kronprinzen David bei seiner Entwicklung hin zu einem aktiven Politiker unter-

---

91 Boardman, Early Kings, 175–176.
92 Boardman, Early Kings, 202–203.

1.5 König Robert III. (1390–1406)

stützt. Der wichtigste Berater war James Lindsay, ein Unterstützer von John von Carrick – bereits lange bevor dieser den schottischen Thron als König Robert III. übernahm. James Lindsay wurde von Robert III. für seine Treue im Jahr 1398 zum Grafen von Crawford erhoben.[93]

Als Roberts III. ältester Sohn David fünfzehn Jahre alt geworden war, erübrigte sich die Funktion des Guardians, denn der alternde König hatte nun einen handlungsfähigen Thronfolger. Im Februar 1393 entließ der König mit der Unterstützung seiner alten und neuen Gefolgsmänner Robert, Graf von Fife, aus dem Amt des Guardians. Vermutlich als eine Kompensation erhielten er und sein Sohn Murdoch jährlich eine Pension von 200 Mark bzw. 100 Mark. Sie mussten sich dafür allerdings zum Dienst für David, den Thronerben, verpflichten.[94] Damit wurde signalisiert, dass sich Fife in die Familie einordnen und seine Ambitionen zugunsten Davids aufgeben musste. David, Graf von Carrick, war in den folgenden Jahren der aktive Repräsentant der Krone (wie 1396 in Perth). Für die zukünftige Entwicklung der Königsherrschaft und das Verhältnis zum Adel war auch die Wahl der Ehefrau durch oder für David ausschlaggebend. Wohl deshalb wurde die Vermählung des Kronprinzen zu einem schwierigen Unterfangen.

Vermutlich im August 1395 heiratete David Elisabeth Dunbar, eine Tochter von Georg, Graf von March. Für diese Eheschließung war ein päpstlicher Dispens notwendig, der in Schottland aber offenbar erst nach der Hochzeit und Vollzug der Ehe bekannt wurde. Außerdem wurde die wichtige Angelegenheit der Eheschließung des Kronprinzen weder im königlichen Rat noch im Parlament verhandelt. Robert III. fühlte sich von seinem Sohn übergangen. Die Hochzeit hatte nämlich weitreichende Folgen für die politischen Netzwerke, zumal im Norden des Königreiches. George, Graf von March, im Süden Schottlands war der Onkel von Thomas, Graf von Moray, einem wichtigen politischen Akteur im Norden. Für Robert, Graf von Fife und dessen Anhänger drohte damit die Schwächung, wenn nicht gar die Verdrängung aus ihren Positionen im Norden durch das March/Moray/Carrick-Netzwerk.

In der Forschung konnte nicht geklärt werden, warum der König im Herbst 1396 sogar militärisch gegen den Grafen March vorgegangen ist und die Burg Dunbar belagert hat. Walter Bower schreibt, der König hätte die Burg wegen der irregulären Ehe seines Sohnes mit Elisabeth Dunbar belagert.[95] Als „irregulär" wurde die Ehe von Walter Trail, dem Bischof von St. Andrews qualifiziert, weil das Paar den Eingang des Dispenses nicht abgewartet hatte. Die beiden waren im dritten Grad blutsverwandt und haben die Ehe vollzogen, nachdem sie ihr Aufgebot an drei Sonntagen hintereinander veröffentlich hatten. Der Bischof von St. Andrews kritisierte diese Verbindung wegen des Verwandtschaftsgrades, worauf die Eheleute an den Papst appellierten.[96] Es ist wahrscheinlich, dass Robert III. seinem 19-jährigen Sohn deutlich machen wollte, dass er nicht völlig

---

93 Boardman, Early Kings, 196.
94 Boardman, Early Kings, 197.
95 Bower, Scotichronicon 8, Buch 5, 31.
96 Parker, Formation, 82–83.

selbständig solche Entscheidungen treffen durfte. David stand jedoch zu Elisabeth, denn im März 1397 ließ Papst Benedikt XIII. verkünden, dass er die Bitte um Absolution von David und Elisabeth wegen der „Frühehe" gewährt habe. Nach einer Weile der Trennung sollten sie eine rechtsgültige Ehe schließen dürfen. Wie sich die Beziehung in den folgenden Jahren entwickelt hat, ist nicht bekannt. Allerdings hat David schließlich, vermutlich aus politischen Motiven, Anfang des Jahres 1400 Mary Douglas, eine Tochter von Archibald, 3. Graf Douglas, geheiratet.[97]

Es ist König Robert III. in den folgenden Jahren nicht gelungen, die Aktivitäten seines Sohnes David einzuschränken und dessen Gefolgsleute zu kontrollieren. Seit Beginn des Jahres 1398 vertrat er den König bei Verhandlungen mit England wegen einer Verlängerung des Waffenstillstandes sowie bei den Gerichtstagen in den Marken. Dabei erwies er sich als zäher Verteidiger der schottischen Interessen. Diese Haltung zusammen mit seinem schon erwähnten Eingreifen in Nordschottland und den Highlands war für seine Zeitgenossen ein Beleg, dass er in der Lage sein würde, die wichtigsten Aufgaben eines Königs zu erfüllen: Konflikte zwischen lokalen Adeligen ausgleichen, Frieden und Ordnung im Norden sichern, falls notwendig die Angriffe der Fürsten von den Inseln abwehren und die Freiheit des Königreiches gegen England verteidigen.

Seine Bedeutung wurde im April 1398 auch symbolisch betont, als er in Scone feierlich zum Herzog von Rothesay erhoben wurde; sein Onkel Robert, der Graf von Fife, zugleich zum Herzog von Albany.[98] Eine Woche vorher war David Lindsay von Glen Esk, ein sehr wichtiger Unterstützer des Kronprinzen, zum Grafen von Crawford erhoben worden. Diese neuen Titel zielten nicht so sehr darauf ab, bei den Verhandlungen mit den Engländern ebenfalls Herzöge (wie auf englischer Seite den Herzog von Lancaster) aufbieten zu können und so eine Art von Gleichheit zu schaffen, denn bis dahin hatten die Schotten auch erfolgreich ohne diese Titel mit den Engländern verhandelt. Die beiden neuen Herzöge wurden damit auch rangmäßig als die zentralen Akteure in der Regierung sichtbar. Weil die beiden um die Führung konkurriert haben, erhielten sie zeitgleich die neuen Würden. Darüber hinaus zeigten die beiden Titel den Anspruch der Stewarts an, auch über die gälischen Regionen Schottlands herrschen zu können. Sie waren ein Element in dem Kampf gegen Donald, Lord of the Isles, und dessen Verbündete um die Herrschaft über die Inseln. Dabei wollten sie sich nicht als Verfolger der Gälen, sondern vielmehr als deren legitime Führer inszenieren, um z. B. Adelige wie Colin Campbell of Loch Awe auf ihre Seite zu ziehen. Zudem waren die Herzogtitel ein Versuch, die königliche Präsenz nördlich und südlich des Clyde mittels der beiden Träger zu intensivieren. Sie hatten nämlich die Mittel, um mit den Lords of the Isles (Clan Donald) um die Gefolgschaften auf den westlichen Inseln und dem zentralen Hochland (Argyll, Lennox, Perthshire) zu ringen.[99] Allerdings war der Erfolg des Feldzugs gegen den Clan Donald im

---

97 Boardman, Early Kings, 203–204.
98 Bower, Scotichronicon 8, Buch 15, 11.
99 Boardman, Early Kings, 208–209.

1.5 König Robert III. (1390–1406)

Herbst 1398 gering und brachte keinen langfristigen Gewinn für die Krone. David, der neue Herzog von Rothesay, erhielt aber noch während der Kampagne Anfang September die Grafschaft Atholl. Damit wurde auch seine Position gegen seinen Onkel, den Herzog von Albany, gestärkt.

Immer deutlicher wurde, dass der Thronerbe und nicht der König der eigentliche Repräsentant der Stewart Hauptlinie in den letzten Jahren des Jahrhunderts war. Robert III. hatte alles Ansehen und den Respekt seiner Adeligen verloren, und seine Unfähigkeit noch einmal bei der langen, aber erfolglosen Belagerung von Dumbarton Castle bewiesen. Es ist ihm nicht gelungen Walter Danielson, den gegen die Krone handelnden Burginhaber, zur Übergabe der Festung zu bewegen.

Herzog David von Rothesay, der Thronerbe, wird Leutnant und Regent

Für die Adeligen und hohen Geistlichen war klar, dass die Regierung des Königreichs neu aufgestellt werden musste. Im November 1398 trafen sich der Herzog Albany, der Kanzler Gilbert Greenlaw (Bischof von Aberdeen), Archibald Douglas und weitere führende Männer mit Herzog David von Rothesay in Falkland (Fife). Das Ergebnis ihrer Beratungen wurde im Januar 1399 während einer Versammlung des Großen Rates in Perth öffentlich gemacht: Der König trat von der aktiven Regierung zurück und sein Sohn und Thronerbe Rothesay wird für drei Jahre zum Leutnant für das Reich ernannt. Er sollte von einem Ratsgremium unterstützen werden, in dem auch Archibald Douglas und Albany vertreten waren.[100] Dass sich der Thronfolger mit seinen Konkurrenten Albany zusammenschließen würde, hatte Robert III. nicht erwartet oder vorhergesehen. Steve Boardman meint, dass „the young prince had been transformed from a symbol of the king's success to an agent of his downfall."[101] Es stellt sich aber die Frage, welche Alternative der Thronerbe David in der Situation hatte?

Es ist wahrscheinlich, dass bei der Beratung im November 1398 die Übernahme der Krone durch Albany in das Spiel gebracht wurde, sollte sich der Thronfolger weiter hinter seinen Vater stellen. Die Adeligen waren entschlossen, für Schottland eine neue Regierung ohne den aktuellen König zu installieren,

---

100 RPS, 1399/1/3 [letzter Zugriff 03.07.2019]: „Item, since it is well seen and known that our lord, the king, on account of the sickness of his person may not exert himself to govern the realm, nor restrain trespassers and rebels, it is seen as most expedient by the council that [David Stewart, 1st] duke of Rothesay, be the king's lieutenant generally through the whole kingdom for the term of three years, having full power and commission of the king to govern the land in all ways as the king should do in his person if he were present".
101 Boardman, Early Kings, 215.

verzichteten jedoch auf eine formelle Absetzung.[102] In den ersten Monaten des Jahres 1399 arbeiteten Albany, die Königin Annabella und Rothesay soweit ersichtlich reibungslos zusammen. Es schienen sich günstige Zukunftsaussichten abzuzeichnen, denn die wichtigsten politischen Akteure arbeiteten miteinander und nicht mehr gegeneinander. Mit dem Thronfolger als Leutnant waren die Voraussetzungen für eine effektive königliche Herrschaft eigentlich gegeben. Doch wurden die an diese Konstellation geknüpften Erwartungen und Hoffnungen im Herbst 1399 weitgehend enttäuscht.

Dazu beigetragen haben die Entwicklungen in England. Ende September 1399 wurde König Richard II. zur Abdankung gezwungen und am 13. Oktober wurde Heinrich Bolingbroke zum König gekrönt. Weil er von Teilen des englischen Adels als Usurpator angesehen wurde, lag ihm viel an dem Erhalt des Waffenstillstands mit Schottland. Allerdings nutzten schottische Adelige in den Grenzmarken die unübersichtliche Situation in England, um Raubzüge in die nordenglischen Regionen zu unternehmen, wobei sie u. a. die Burg Wark eroberten. Dennoch bemühte sich der englische König um Deeskalation und schlug vor, Anfang Januar 1400 in Kelso weiter über einen Friedensvertrag zu verhandeln. Doch die Chancen auf eine friedliche Lösung des Dauerkonfliktes waren schlecht, weil das Verhältnis zu England wieder einmal von innerschottischen Konflikten beeinflusst wurde.

Der Anlass war die für die Familie Dunbar überraschende Hochzeit des Herzogs David von Rothesay mit Maria Douglas, einer Tochter Archibalds, 3. Graf Douglas, Anfang des Jahres 1400. Durch diese Ehe entstand zwar eine engere Bindung der mächtigsten Adelsfamilie in den Borders mit der Königsdynastie. Doch George Dunbar, der Graf von March, sah sich hintergangen, denn er rechnete damit, dass David seine Tochter Elisabeth, mit der er seit 1395 zwar nicht rechtmäßig verheiratet aber liiert war, nach der vom Papst verordneten Trennungszeit offiziell heiraten würde. Der Graf von March soll laut Walter Bower von König verlangt haben, die versprochene Ehe mit seiner Tochter zuzulassen oder ihm wenigstens seine Auslagen zurückzuzahlen. Falls der König jedoch diese Vereinbarung nicht einhalten würde, werde er etwas bis dahin im Königreich Unerhörtes unternehmen.[103] Der Graf von March bot dem englischen König Heinrich IV. seine Dienste an, wenn der ihm in Schottland zu seinem Recht verhelfe. Das hätte bedeutet, dass der englische König einen Einmarsch nach Schottland durch die Grafschaft March in Richtung Edinburgh ohne Gegenwehr durchführen könnte. Für Rothesay war das Verhalten von George Dunbar Hochverrat, denn der Graf verhandelte tatsächlich im Februar 1400 mit Heinrich IV. über ein mögliches gemeinsames Vorgehen in Schottland. Für den englischen

---

102 Erinnert an die Haltung von Heinrich V. gegenüber seinem Vater Heinrich IV. in den Jahren 1105/06 im Reich. Auch in diesem Fall wollte der Thronfolger die Krone für die Dynastie sichern und hat sich der Opposition gegen den König angeschlossen; Boshof, Königtum, 50–51; Rogge, Könige, 20–21.
103 Bower, Scotichronicon 8, Buch 15, 31.

1.5 König Robert III. (1390–1406)

König war das eine Einladung, wieder die alte Forderung nach Oberherrschaft über Schottland zu aktivieren.

Wohl Anfang Juli brachten der Leutnant Rothesay und sein Schwager, Archibald Douglas, die Burg Dunbar unter ihre Kontrolle. Damit verlor Georg Dunbar, Graf von March, eine wichtige Garnison.[104] König Heinrich IV. bereitete indes seinen Einmarsch vor. Dazu gehörte auch ein Brief an Robert III. mit der Aufforderung, dass er und seine Magnaten am 23. August in Edinburgh erscheinen sollten, um nach altem Recht die Oberherrschaft der englischen Krone über Schottland anzuerkennen und ihm Treue zu schwören. Er hoffe, dass man dadurch Blutvergießen und Zerstörungen vermeiden könne. Heinrich IV. war sich darüber im Klaren, dass dieser Appell von der schottischen Regierung ignoriert werden würde, sollte aber seine Bereitschaft zur Demonstration von königlicher Milde signalisieren. Tatsächlich aber konnte der englische König nur damit rechnen, dass der Graf von March zu dem gesetzten Termin in Edinburgh erscheinen würde.

Als Heinrich IV. schließlich mit einer großen Armee (15 000 bis 20 000 Mann) nach Edinburgh zog, war das eine Demonstration militärischer Stärke und er veranschaulichte damit drastisch, dass der englische Anspruch auf Oberherrschaft über Schottland tatsächlich nicht vergessen war. Er hoffte, dass weitere hohe schottische Adelige auf seine Seite wechseln würden, und hat darum keine Übergriffe seiner Soldaten erlaubt. Die Soldaten sollten sich friedlich verhalten. Der König begründete seine Anweisungen, die Disziplin in der Armee aufrecht zu halten, mit seinen persönlichen und familiären Verbindungen zu Schottland. Er belohnte die Mönche von Holyrood dafür, dass sie seinem Vater Johann von Gent 1381 Exil gewährt hatten. Er wollte nicht als Feind Schottlands agieren, sondern deutlich machen, dass er gekommen war, um seine legitimen Ansprüche dem schottischen Adel direkt vorzutragen.

Der Regent Rothesay hatte sich auf die Burg in Edinburgh zurückgezogen und wollte eine direkte militärische Konfrontation vermeiden. Der Herzog Albany, der Davids Wechsel der Bräute nicht unterstützt hatte, war nicht bereit, eine Armee gegen den englischen König (und damit auch gegen Georg Dunbar, Graf von March) in das Feld zu führen. Schließlich zog Heinrich IV. am 29. August wieder ab, nachdem die Schotten ihm versprochen hatten, die Frage der Lehnseide weiter zu bedenken. Aus englischer Sicht war die Expedition ein Fehlschlag. Zwar konnte der König eine große Armee aufstellen, doch war es nicht möglich, sie über längere Zeit zu versorgen, wenn man wie Heinrich IV. keine Plünderungen in den Regionen erlauben wollte, durch die die Armee marschierte.[105]

---

104 Boardman, Early Kings, 228–230.
105 Mortimer, Henry IV, 220–225 mit einer Darstellung und Bewertung des Feldzuges aus englischer Perspektive.

Der Tod des Thronfolgers Herzog David von Rothesay

Die englische Invasion hatte zunächst keine unmittelbaren Folgen für die politische Position von Rothesay. Allerdings war der Konflikt mit George Dunbar, dem Grafen von March, nicht gelöst und damit stand ein enormes Hindernis vor der Herstellung eines stabilen Waffenstillstandes oder gar Friedens mit England. Aber auch die bisher nur mühsam unterdrückten Spannungen zwischen den führenden Magnaten in Schottland brachen sich Bahn. Aus dem wegen ihrer Konkurrenz um die Leitung der Politik angespannten Verhältnis von Rothesay und Albany entwickelte sich im Herbst 1401 ein schwerer Konflikt. Dazu beigetragen hat der Tod von drei politischen Akteuren, die Einfluss auf den Regenten Rothesay hatten. Seine Mutter, die Königin Annabella Drummond, starb im Herbst 1401, Walter Trail, der Bischof von St. Andrews, starb Ende Juni und Archibald, 3. Graf Douglas, verstarb nach längerer Krankheit um Weihnachten 1401. Offensichtlich übten diese Personen einen mäßigenden Einfluss auf den Regenten aus, der nach ihrem Hinscheiden weggefallen ist. Rothesay hat seine politischen und ökonomischen Möglichkeiten als Leutnant und Regent seitdem jedenfalls rigoroser und rücksichtsloser genutzt.

Nach dem Tod von Walter Trail wollte er die Burg des Bischofs und die Stadt St. Andrews unter seine Kontrolle bringen. Er wollte die Einnahmen des reichsten Bistums in Schottland solange kassieren, bis ein neuer Bischof eingesetzt war (siehe unten S. 112–118). Dagegen hat sich aber John Wemyss of Reres gewehrt, dessen Familie seit 1383 für die Bischöfe als Vögte und Burghauptleute der bischöflichen Burg amtierten. Der Regent Rothesay ließ deshalb auch Reres Castle belagern. Anfang des Jahres 1402 kapitulierte die Besatzung der Bischofsburg. Aber weil John Wemyss zu der Klientel von Albany gehörte, hat das dem Onkel des Regenten nicht gefallen. Albany war außerdem darüber verärgert, dass Rothesay von einigen Städten im Nordosten (Dundee, Montrose, Aberdeen) die Zolleinnehmer unter Androhung von Gewalt dazu gezwungen hat, ihm ihre Einnahmen direkt auszuhändigen. Damit wurde Albany als Hofmeister mit Verantwortung für die Finanzen übergangen. Die zeitgenössischen Beobachter wie Walter Bower werteten das Verhalten von Herzog David als renitent und unseriös, Rothesay aber war entschlossen, die ihm vom Rat auferlegten Grenzen zu ignorieren, denn er würde ja in absehbarer Zeit als David III. seinem Vater auf dem Thron folgen. Der Herzog von Albany wiederum wäre für längere Zeit, vielleicht für immer von der politischen Macht und Einfluss abgeschnitten. Wollte er das verhindern, musste er gegen seinen Neffen vorgehen. Und das tat er: Es ist ihm gelungen, zwei Ritter aus dem Haushalt von Herzog David anzustiften, diesen zu verhaften. William Lindsay of Rossie und John Ramornie haben David Ende 1401 in der Nähe von St. Andrews festgenommen und zunächst in der Burg von St. Andrews eingesperrt.[106] Fast zeitgleich wurde die Anhängerschaft

---

106 Boardman, Early Kings, 235–236.

1.5 König Robert III. (1390–1406)

des Herzogs zerschlagen. Wer ihn nicht freiwillig verließ wurde, wie Malcolm Drummond, Herr von Mar, in seiner Burg Kildrummy verhaftet.

Ob Albany mit seinem Anschlag auf David Erfolg haben würde, hing von der Reaktion Archibalds, 4. Graf Douglas, Rothesays Schwager ab. In Culross trafen sich die beiden Männer, um die Lage zu besprechen. Douglas hat sich schließlich für Albany entschieden, denn dieser konnte ihm substanzielle Hilfe und Unterstützung gegen den Grafen von March zusagen und war bereit, ihm die Verhandlungen mit England über einen Waffenstillstand zu überlassen; praktisch also zu verzögern, um weiterhin Beutezüge in Nordengland durchführen zu können. König Robert III. war zu dieser Zeit kein politischer Faktor mehr und konnte in den Konflikt nicht eingreifen. Somit war das Schicksal von Rothesay besiegelt. Er wurde von St. Andrews in die Burg von Falkland in Fife verlegt, wo er Ende März 1402 starb; er wurde schnell im nahen Kloster Lindores beigesetzt.[107] Ob er verhungert ist oder an den Folgen von Ruhr starb, lässt sich nicht aufklären. Die Chronisten haben seine Beseitigung positiv bewertet; Albany und Douglas hätten das Königreich vor Schaden bewahrt, weil sie einen tyrannisch agierenden Herrscher ausgeschaltet haben. Ob David tatsächlich so „tyrannisch" agierte, ist nicht zu verifizieren. Das kann auch eine Zuschreibung an einen politischen Akteur sein, der das Spiel um die Macht im Reich verloren hat. Seine Gegner mussten ihr Vorgehen gegen den Thronerben jedenfalls als legitim erscheinen lassen. Sie konnten ihn auch nicht am Leben lassen, denn es wäre unmöglich gewesen, Rothesay nach dem Tod seines Vaters weiter gefangen zu halten. Es gab immer noch Anhänger, die Davids Krönung gefordert hätten.

Albany konnte sich seines Sieges aber erst sicher sein, wenn seine Begründung für sein Vorgehen gegen den Thronfolger auch vom Parlament und von König Robert III. akzeptiert worden war. Und tatsächlich hatte er Erfolg. Im Mai 1402 sprach Robert III. in einem Parlament in Edinburgh die Beschuldigten Albany und Archibald Douglas vom Vorwurf des Mordes an Rothesay frei. Sein Sohn David sei nach Gottes Vorsehung gestorben und auf keine andere Weise. Diese Begründung für den Tod konnte so interpretiert werden, dass Gott mit der Regierung und dem Lebensstil des Herzogs nicht einverstanden war.[108] Deshalb sollten auch keine anderen Gerüchte über Albany und Douglas verbreitet werden. Außerdem wurde Albany als Nachfolger von Rothesay zum Leutnant des Königreiches und somit zum Regenten bestellt. Er war der nächste männliche Verwandte des Königs, so dass diese Beförderung praktisch zwangsläufig erfolgen musste. Roberts III. zweiter Sohn James war 1402 erst sieben Jahre alt und kam für die Regentschaft nicht in Frage.

---

107 Boardman, Early Kings, 244.
108 *RPS*, 1402/5/1 [letzter Zugriff: 20.01.2020].

Robert, Herzog von Albany, als Regent für König Robert III.

Robert III. war in den Jahren 1401 bis 1404 politisch ohne Einfluss und körperlich in einem schlechten Zustand. Seine externe und marginale Stellung in diesen Jahren wurde auch durch seinen Aufenthaltsort deutlich. Er hielt sich mit seinem Hof am westlichen Rand des Königreichs auf: Southannan (North Ayrshire) und auf den Inseln im Firth of Clyde. Seine persönlichen Vertrauten hatten keinen politischen Einfluss und einige Mitglieder seines Hofes (John Wemyss of Reres, Thomas Dischington of Ardross) waren quasi Agenten von Albany, die über die Vorgänge und Aktivitäten am Hof des Königs berichten sollten. Albany hatte zwar den König unter Kontrolle, doch die Konflikte im Süden mit der englischen Krone und im Norden des Königreiches gegen die Lords of the Isles stellten ihn in den Jahren bis 1404 vor große Herausforderungen.

Die Grenzgebiete zwischen Schottland und England waren in der zweiten Hälfte des Jahres 1402 wieder Schauplatz von Plünderungen und kleine Scharmützeln, die auch aufgrund der noch nicht beigelegten Konflikte zwischen Georg Dunbar, Graf von March, und den Grafen Douglas, die von der englischen respektive der schottischen Krone unterstützt wurden, mit Härte und Erbitterung geführt wurden. Georg Dunbar, ein Sohn des Grafen von March, besiegte eine schottische Truppe bei Nesbitt Moor (Berwickshire), als sie von einem Raubzug aus Northumberland zurück nach Schottland marschierte. Diese Niederlage wollte Archibald, 4. Graf Douglas und erklärter Feind Dunbars, rächen. Mit einer etwa 10 000 Mann starken Armee zog er im September 1402 nach Süden in Richtung Newcastle. Am 14. September wurden sie von englischen Soldaten bei Homildon Hill unter der Führung von Henry Percy, Graf von Northumberland, dessen gleichnamigen Sohn, der den Beinamen „Hotspur" führte, und dem Grafen von March angegriffen und vollständig besiegt. Die meisten schottischen Heerführer und Douglasunterstützer wurden gefangengenommen. Darunter waren Archibald, 4. Graf Douglas, George Douglas, 1. Graf von Angus, und Albanys Sohn, Murdoch Stewart. Die Grenzmarken und der Süden Schottlands waren damit offen für eine englische Invasion, auf die der Graf von March gehofft hat. Der englische König scheint auch entsprechende Vorbereitungen getroffen zu haben und hat Henry Percy Anfang März 1403 die Herrschaftsgebiete des gefangengenommenen Archibald Douglas übertragen.[109] Wenig später begann Henry „Hotspur" Percy, der Sohn des Grafen, die militärische Offensive mit der Belagerung von Cocklaw in Teviotdale (Northumberland). Mit dem Verteidiger der Burg wurde vereinbart, dass er sie an Percy übergeben würde, wenn bis zum 1. August kein schottisches Ersatzheer erschienen war.

Dass die schottische Militärkunst nicht noch einmal von den Percys auf die Probe gestellt wurde und sie ihre Pläne in Schottland aufgegeben haben, war

---

109 Boardman, Early Kings, 267.

1.5 König Robert III. (1390–1406)

nicht das Verdienst der Politik von Albany, sondern lag daran, dass die Grafen von Northumberland im Juli 1403 gegen ihren König Heinrich IV. rebellierten und die Schlacht von Shrewsbury gegen ihn verloren.[110] Weil zu dieser Zeit auch noch der Waliser Owen Glendower für die Befreiung von englischer Oberherrschaft kämpfte, verfolgte Heinrich IV. in der zweiten Hälfte des Jahres kein aktives militärisches Vorgehen gegen Schottland.[111] Diese Konstellation war für Albany günstig, der auf diese Weise ohne großen Aufwand und Gefahr die Burg Cocklaw befreien konnte. Auch wenn die Chronisten Bower und Wyntoun Albanys persönliche Tapferkeit betonen, so war es doch ein genau kalkuliertes Vorgehen, denn Albany rechnete nicht mit Widerstand durch eine englische Armee. So konnten seine Truppen einige Burgen (Innerwick) und Orte zurückerobern, die nach der Schlacht bei Homildon Hill von Engländern besetzt worden waren. Die Befreiung von Cocklaw war faktisch nur eine Inszenierung von Albanys Fähigkeit, die Grenzen Schottlands vor englischen Angriffen effektiv schützen zu können. Zu diesem Zeitpunkt gab es nämlich außer ihm de facto keine schottische militärische Führung in den Borders, denn die wichtigen Heerführer waren entweder in englischer Gefangenschaft oder tot. Albany hatte seine Truppen für die Demonstration seiner militärischen Fähigkeiten aus seinem Herrschaftsgebieten nördlich des Forth mitgebracht.[112] Doch in innenpolitischer Hinsicht war der Ausfall von wichtigen politischen Akteuren im Süden in den Grenzregionen zu England für Albany problematisch, weil er in diesen Jahren im Norden persönlich präsent sein wollte. Welche Gründe hatte er dafür?

Die politische Stabilität im Norden des Königreichs geriet ins Wanken, als Anfang Mai 1402 Albanys Schwiegersohn, Alexander Leslie, Graf von Ross, unerwartet starb. Seine Tochter Euphemia war die Erbin der Grafschaft. In den folgenden Wochen versuchte Albany die Kontrolle über das Mädchen und die Grafschaft zu erlangen. Zwar konnte er die Burg Dingwall besetzten und dort Urkunden etc. ausstellen. Allerdings wurde er schon bald von Donald, dem Lord of the Isles, herausgefordert. Donald leitete seine Ansprüche auf die Grafschaft Ross von seiner Ehe mit Alexander Leslies Schwester Mariota ab, die Euphemias Tante war. Dieser Konflikt führte dazu, dass Albany faktisch nur die östlichen Teile der Grafschaft Ross kontrollieren konnte. Besser lief es im Hinblick auf die Grafschaft Atholl.

Atholl war nach dem Tod des Herzogs von Rothesay im März 1402 an die Krone zurückgefallen. Robert III. übertrug sie im September an Albany als Regalität für die Dauer des Lebens des Königs. Aber schon Ende April 1404 gab Albany die Grafschaft Atholl an seinen Bruder Walter Stewart, der seit langen Albany unterstützt hatte, weiter.[113] Besondere Aufmerksamkeit musste Albany auch den nordöstlichen Grafschaften Moray und Mar widmen, die immer wieder von den Soldaten der MacDonalds, den Lords of the Isles, attackiert wurden. Im Juli 1402

---

110 Mortimer, Henry IV, Kap. „A bloody field by Shrewsbury".
111 Davis, Owain Glyn Dwr, 53–60.
112 Boardman, Early Kings, 272.
113 Boardman, Early Kings, 259.

wurde Elgin von den Truppen Alexanders, dem Herrn von Lochaber, in Brand gesetzt. Auch wenn Alexander dafür vom Bischof von Moray exkommuniziert wurde und im Oktober um Vergebung bat, stabilisierte sich die Lage in der Region nicht. Denn aus nicht bekannten Gründen entschloss sich Thomas Dunbar, Graf von Moray, im September 1402 mit auf den Kriegszug gegen England zu gehen, geriet bei Homildon Hill ebenfalls in Gefangenschaft und fiel als politischer Akteur im Norden erst einmal aus. Deshalb fehlte Albany ein verlässlicher Verbündeter im Norden, der sowohl fähig war, die Angriffe auf Ross und Moray abzuwehren als auch die Anerkennung der lokalen Adeligen hatte bzw. leicht gewinnen konnte. Albany hoffte, dass dieser Mann sein Bruder Alexander Stewart, Graf von Buchan und Herr von Badenoch, sein würde – der bis dahin „forgotten man of the Stewart dynasty".[114] In den Jahren 1403/4 übertrug Albany seinem Bruder nach und nach Kompetenzen und Aufgaben. Wichtig war die Übertragung von Inverness an Alexander, der damit den Grafen von Mar als Burghauptmann der strategisch wichtigen Festung ablöste. Weil Albany die Badenoch Stewarts für die Kontrolle der Region dringend benötigte, musste er – wenngleich wohl mit zusammengebissenen Zähnen – akzeptieren, dass seine Statthalter in Mar von Alexander Stewart abgeschoben wurden. Anlass dafür war die Ehevereinbarung zwischen Buchans Sohn Alexander und Isabella, der verwitweten Gräfin von Mar, im August 1402. Danach würde die Grafschaft Mar samt allem Zubehör dauerhaft in den Besitz von Alexander Stewart und dessen Erben gelangen. Zugleich wurde auch den Ansprüchen von Thomas und Robert Erskine auf Mar ein Riegel vorgeschoben, die bis dahin von Albany unterstützt wurden. Ihr Problem war allerdings, dass sie ihre Ansprüche nicht persönlich vertreten konnten, denn auch sie waren im September bei Homildon Hill gefangen genommen worden.

Nun hätte der Einfluss von Albany vermutlich ausgereicht, um diese Ehe zu verhindern und die Ansprüche der Erskines zu verteidigen, wenn das Vorgehen Alexanders nicht von einflussreichen lokalen Familien (Forbes, Irvine of Drum, Chalmers) und dem Bischof von Ross unterstützt worden wäre.[115] Um ein Blutvergießen zu verhindern, sollte zunächst eine Lösung des Streits um die Grafschaft Mar mittels Schiedsverfahren versucht werden. Und als Schiedsrichter erschien König Robert III. wieder auf der politischen Bühne. Vermutlich wollte Alexander Stewart seinen Onkel als Schlichter einsetzten und so zog der König mit seinem Hof Ende November 1404 nach Perth. Nach einigen Verhandlungen wurde das Ergebnis am 9. Dezember vor den Toren von Kildrummy Castle veröffentlicht.[116]

Die Gräfin Isabella hielt ein Treffen mit ihren Räten ab und beratschlagte verschiedene Angelegenheiten. Dann trat Alexander Stewart auf und übergab der Gräfin die Burg mit allen Urkunden und Silber darin. Darauf ‚wählte' sie Alexander als ihrem Ehemann und übertrug ihm die Grafschaft Mar samt Zubehör.

---

114 Boardman, Early Kings, 260.
115 Boardman, Early Kings, 262.
116 Boardman, Early Kings, 264.

Der Erbgang wurde gegenüber dem Entwurf vom August noch modifiziert. Falls aus der Ehe keine Erben hervorgehen sollten, würde die Grafschaft nicht an Alexanders nächste Verwandte fallen, sondern an die von Isabella, womit die Erskines wieder im Spiel waren. Für die Akzeptanz von Alexander als Graf von Mar war auch die Zustimmung der freien Pächter und Lairds wichtig. Diese Personen waren auch anwesend, als der neue Graf ernannt wurde, und haben Alexander die Treue geschworen. Wie sich herausstellen sollte, war das eine gute Wahl, denn Alexander Stewart bot den lokalen Lairds und Gemeinschaften in den folgenden Jahren eine effektive Herrschaft und Verteidigung gegen die Lords of the Isles. Vor allem seine Erfolge im Kampf gegen die An- und Übergriffe der MacDonalds haben ihm bei den Bewohnern von Moray, Mar und Angus, vor allem nach der Schlacht bei Harlaw 1411 (siehe unten S. 63) viele Sympathien eingebracht. In dieser Hinsicht konnte sich auch der Leutnant Albany auf ihn verlassen; der neue Graf von Mar wurde kein „Wolf of Badenoch" wie sein Vater.

Die letzten Jahre König Roberts III. (1404–1406)

Die wieder erwachte politische Aktivität des Königs hing mit Entwicklungen an seinem Hof zusammen. Dort hatten neue Ratgeber Fuß gefasst, die weder mit Albany noch Douglas verbandelt waren oder von ihnen abhängig gewesen sind. Sie haben ihre Position am Hof genutzt, um ihre eigenen Interessen zu verfolgen, gleichzeitig aber damit den König wieder zu einem wichtigen politischen Akteur gemacht. Henry Wardlaw wurde Ende 1402 Bischof von St. Andrews. Er wurde gegen den von Albany unterstützen Kandidaten vom Papst in seine Würde eingesetzt. In den Jahren 1405/06 war er für mehrere Monate auch für die Sicherheit des zweiten Sohns Roberts III. und Thronerben James verantwortlich. Eine wichtige Rolle spielte auch Henry Sinclair, Graf von Orkney, der sich vor allem im Süden auf seinem Anwesen in Rosslyn (bei Edinburgh) aufgehalten hat. Er nutzte das politische Vakuum, das mit der Gefangennahme der politischen und militärischen Führung von Lothian nach der Schlacht bei Homildon Hill entstanden war, und konnte sich bis Mitte 1405 als Kommandant der königlichen Truppen im Süden etablieren. Der dritte wichtige Ratgeber war David Fleming, der mehrfach die Aufgabe erhielt, mit den Engländern über die Freilassung der Gefangenen und/oder einen Friedensvertrag zu verhandeln.

Die drei Ratgeber nutzten nicht nur die wieder erstarkte Autorität des Königs, sondern setzten vor allem darauf, nach dem Tod Roberts III. Einfluss auf den zehn Jahre alten Prinzen nehmen zu können. Sie entwickelten sich zu einem politischen Gegengewicht zu Albany und dessen Anhängern; allerdings war der Leutnant in den Jahren 1404/05 auch stark im Norden gebunden. Der König und seine Ratgeber arbeiteten seit Ende 1404 an der Wiederherstellung effektiver politischer Herrschaft im Süden und Westen des Landes, wodurch sie die im Süden mächtigste Familie der Black Douglas herausforderten. Der erste Schritt war dabei die Einrichtung einer großen Regalität für den Prinzen James am 10. Dezember 1404. Darin wurden die Baronien Renfrew, Cunningham, Kyle-Stewart, die Inseln Bute und Arran, die Grafschaft Carrick und die Baronien Ratho und Innerwick in Lothian zusammengefasst. Damit wurde dieses Herrschaftsgebiet persönlicher Besitz des Kronprinzen, das ihm nicht von anderen entwendet werden konnte. Zugleich wurde das Gebiet vor dem Zugriff von Albany geschützt. Außerdem wurde dieses Gebiet dem Justiziar im Süden entzogen, denn die Regalität war von königlicher Rechtsprechung exemt. Das war ein weiterer Schlag gegen James Douglas von Balvenie, der das Amt in Abwesenheit von Graf Archibald Douglas innehatte. Seine Konkurrenten Fleming und Sinclair hingegen gewannen damit neue Möglichkeiten, denn sie haben für den Prinzen die Rechte ausgeübt.[117]

Zu Beginn des Jahres 1405 stiftete Robert III. an einige Kirchen, um u. a. die Memoria für den Herzog von Rothesay und Königin Isabella zu fördern. Dieses Zeichen der Fürsorge für die Seelen seiner Familienangehörigen fiel zusammen mit der dauerhaften Präsenz des Königs in den Regionen um Perth und Linlithgow. Das war kein Zufall, denn mit dem Tod seines Sohnes, Herzog David von Rothesay, den er nicht vor Albany schützen konnte, war sein politischer Tiefpunkt erreicht. Aber zu Beginn des Jahres 1405 ergaben sich für ihn neue Handlungsmöglichkeiten, bei denen er von seinen drei Ratgebern unterstützt und vermutlich auch geleitet wurde. Als eine ‚weiche' Waffe gegen Albany diente die Förderung der Memoria von Rothesay, an dessen Grab sich angeblich Wunder ereigneten. Er sei ein königlicher Märtyrer, für dessen Tod Albany verantwortlich war. Auch wenn das nur Gerüchte waren, so konnten sie dazu beitragen, dass Adelige und andere Untertanen dem Leutnant Albany die Unterstützung verweigerten.

Die Verhandlungen mit dem englischen König Heinrich IV. wurden Ende Mai 1405 abgebrochen, als Henry Percy, Graf von Northumberland, Thomas Bardolph und der Erzbischof Scrope von York gegen ihren König rebellierten und Robert III. ihnen Unterstützung zusagte. Heinrich IV. schlug die Rebellion nieder und der Erzbischof wurde hingerichtet. Northumberland und Bardolph hingegen wurden von Fleming in Schottland in Sicherheit gebracht. Im August des Jahres wurden Verhandlungen aufgenommen, um auszuloten, ob die beiden englischen Rebellen gegen die in England noch gefangenen Schotten (Douglas, Murdoch Stewart) ausgetauscht werden könnten. Diese Verhandlungen wurden allerdings von David Fleming zunichte gemacht, der Percy und Bardolph von den Verhandlungen berichtete und ihnen die Flucht nach Wales ermöglichte. Das hatte nicht nur negative Folgen für die schottisch-englischen Verhandlungen, sondern zudem die Abneigung der Douglas gegen Fleming noch gesteigert.

Im Herbst 1405 zog sich Robert III. wieder in den Westen auf die Burg Dundonald zurück, vermutlich weil er zu diesem Zeitpunkt schon krank war. Seine Ratgeber – vor allem Fleming und Bischof Wardlaw – sollten sich weiter um die politischen Belange des Reiches und den Schutz des Prinzen James kümmern.

---

117 Boardman, Early Kings, 282.

Aber die beiden verloren im Februar 1406 das Spiel um die Vorherrschaft im Süden des Reiches. In diesem Monat erschienen nämlich Fleming und Sinclair mit dem Prinzen und einem bewaffneten Gefolge in dem Herrschaftsgebiet der Grafen von Angus, einem Zweig der Douglasfamilie. Vermutlich wollten sie die widerspenstige Gräfin Margarete von Angus beeindrucken und zur Zustimmung zu allen Veränderungen in der Grafschaft (vor allem die Übergabe der Baronie Cavers an Fleming) bewegen. Doch dieser Versuch endete mit dem Tod von Fleming am 14. Februar 1406, der von Soldaten des James Douglas von Balvenie, dem jüngeren Bruder des seit 1402 in englischer Gefangenschaft sitzenden Archibald, 4. Graf Douglas, im Kampf erschlagen wurde. Vermutlich haben Sinclair und Bischof Wardlaw noch an dem Tag entschieden, den Prinzen in Sicherheit zu bringen und ihn auf den Bass Rock in der Bucht vor Edinburgh gerudert.[118] Für König Robert III. war das eine Katastrophe: David Fleming, sein wichtigster Ratgeber und Agent im Süden, war tot und der Graf von Orkney saß mit dem Prinzen auf dem Bass Rock. Im Süden, und in den Grenzregionen zu England hatten die Douglas wieder die Oberhand gewonnen. In dieser Lage war die oberste Priorität seiner Anhänger zu verhindern, dass Prinz James dem Herzog von Albany in die Hände fiel. Schließlich war nicht auszuschließen, dass auch Roberts III. zweiter Sohn von Albany als Hindernis auf seinem Weg zum Thron angesehen wurde. Deshalb entschloss er sich, James nach Frankreich zu schicken. Allerdings war erst um den 20. März 1406 ein Schiff vorhanden, das nach Frankreich segeln und den Prinzen mitnehmen wollte. Die *Maryenknycht* wurde aber am 22. März von englischen Schiffen aufgebracht und der Prinz gefangen genommen. Wenige Tage nachdem der König diese Nachricht erhalten hatte, ist er am 4. April 1406 in der Burg Rothesay gestorben. Er wurde in der Abtei Paisley beigesetzt.

1.6 *König in Gefangenschaft – Regierung der Albany Stewarts (1406–1424)*

Robert, Herzog von Albany als Gouverneur (1406–1420)

Im Juni 1406 wurde der Herzog von Albany zum Gouverneur des Königreiches (*generalis gubernatoris regni Scotie*) ernannt. Seine Autorität wurde ihm von der „Gemeinschaft des Reiches", repräsentiert durch einen großen Rat in Perth, übertragen.[119] Er sollte Gouverneur mit „tytyle and sele" sein.[120] Er war nach dem

---

118 Boardman, Early Kings, 295–296.
119 *RPS*, A1406/1 [letzter Zugriff: 23.08.2019].
120 So Wyntoun, Cronykal, 99. Die Verhandlungen während der Ratsversammlung sind ausführlicher nur in dem zeitgenössischen Bericht von Andrew Wyntoun überliefert.

in England gefangenen James, der von der Versammlung als König anerkannt wurde, der Nächste in der Thronfolge und übernahm die Regierung.

Die zentrale Aufgabe des Gouverneurs war es, die Autorität der Krone bis zur Rückkehr des Königs zu sichern. Er besiegelte seine Urkunden mit einem eigenen Siegel und datierte sie nach den Jahren seiner Regierung, nicht nach den Regierungsjahren von James I.[121] Diese Praxis war eine Folge der Gefangenschaft von James I., der noch nicht gekrönt war und somit als nicht handlungsfähig galt. Es fällt schwer zu beurteilen, welchen Qualitätsunterschied das Amt des Gouverneurs zu dem des Guardians hatte, denn Guardians hatten bei Abwesenheit des Königs seit Ende des 13. Jahrhunderts ebenfalls die Regierungsgeschäfte geführt. Die Autorität Albanys als Gouverneur beruhte allein auf der Übertragung des Amtes durch die Stände und nicht auf seiner Position in der Erbfolge. Jährlich traten große Ratsversammlungen zusammen, die von Albany Rechenschaft verlangten.[122] Er konnte zudem kein Parlament einberufen, denn er verfügte als Statthalter eben nicht über alle königlichen Rechte (wie Titelvergabe, Ausgabe von königlichem Besitz oder die Zahlung von Jahrgeldern). Deshalb waren seine Handlungsmöglichkeiten auf drei zentrale Politikfelder, nämlich die Verteidigung gegen England, Friedenswahrung im Reich und Schutz der Kirche beschränkt.

Die Außenpolitik wurde nicht von ihm allein, sondern vom Großen Rat (General Council) konzipiert und durchgeführt. Die Verhandlungen mit der englischen Seite über die Bedingungen für die Freilassung von James I. scheiterten vor allem daran, dass der Rat nicht bereit war, englische Ansprüche auf Oberherrschaft über Schottland auch nur zu verhandeln.[123] Aus diesem Grund wurden in den Jahren 1412, 1414 und 1416 die Erwartungen, James I. könnte entlassen werden, nicht erfüllt. Die englische Regierung weigerte sich nämlich, die Unabhängigkeit von Schottland anzuerkennen. Für die Schotten war das aber eine zwingende Voraussetzung für Verhandlungen, die der Große Rat und der Gouverneur um keinen Preis aufgeben konnten. Die englischen Könige aber machten die Anerkennung ihrer Oberhoheit über Schottland zur Voraussetzung für James' Freilassung.

Die Herstellung und/oder Sicherung des Friedens im Reich wurde durch zwei große Konflikte erschwert. Im Norden und den Highlands war Donald MacDonald, der Lord of the Isles, weiter darauf aus, die Grafschaften Ross und Buchan unter seine Kontrolle zu bringen. Er war der Ansicht, dass Buchan als Erbe seiner Frau Mariota Leslie an ihn gelangen sollte. Jedoch übertrug Albany die Herrschaft in Buchan im September 1406 an seinen zweiten Sohn Alexander Stewart. Auf diese Weise wollte er eine Front gegen die Männer von den Inseln errichten, an der vor allem Alexander Stewart, der Graf von Mar, beteiligt war. Seit 1402 stritten sich Albany und sein Neffe Donald MacDonald zudem über die Grafschaft Ross, an der ebenfalls seine Frau Mariota (Margaret), die eine

---

121 Grundlegend Hunt, Governorship, 126–154.
122 Hunt, Governorship, 133.
123 Hunt, Governorship, 136–137.

Schwester des Grafen von Ross war, Erbrechte hatte. Albany sicherte sich jedoch die Vormundschaft über Euphemia Leslie, der Erbtochter des Grafen von Ross, die in der Erbreihenfolge vor Mariota stand. Schließlich entschloss sich Donald, seine Ansprüche mit Gewalt durchzusetzen und Ross zu erobern. Nachdem er Inverness erobert hatte, zog er im Sommer 1411 mit seinen Truppen nach Osten, um das Land in den Bezirken Banff, Aberdeen und Kincardine zu erobern. In der Stadt Aberdeen fürchteten die Einwohner, dass Donald die Stadt plündern würde. Am 24. Juli 1411 trafen seine Truppen bei Harlaw, etwa 35 Kilometer von Aberdeen entfernt, auf ein Aufgebot unter der Führung von Alexander Stewart, dem Grafen von Mar. Alexanders Truppen waren in Mar, Angus und Buchan rekrutiert worden. Hinzu kam noch ein Aufgebot der Bürger von Aberdeen. Als der Kampf zu Ende war, herrschte keine Klarheit darüber, wer der Sieger war.[124] Allerdings war für einen ‚zivilisierten' Schotten aus dem Süden wie Walter Bower klar, dass die ‚wilden' Schotten aus dem Norden in die Flucht geschlagen worden waren.[125] Für den Besitzanspruch und die faktische Herrschaftsausübung in der Grafschaft Ross war die Schlacht aber nicht entscheidend. Auch in den folgenden Jahren gab Donald seinen Anspruch nicht auf.

Im Juni 1415 gab Euphemia Leslie, die jüngste Tochter des 1402 verstorbenen Alexander Leslie, Graf von Ross, ihren Anspruch an der Grafschaft auf und trat in ein Kloster ein. Damit ging der Anspruch auf die Grafschaft vermutlich auf die Stewarts über. John Stewart nannte sich jedenfalls seither Graf von Buchan und Ross, aber es ist nicht sicher, dass er Ross auch tatsächlich beherrschen konnte.[126] Bis zu seinem Tod 1435 blieb Alexander Stewart, der Graf von Mar der wichtigste Vertreter der Krone im Norden und sorgte für eine mehr oder weniger gut funktionierende Sicherung der Herrschaftsbereiche gegen die weiter bestehenden Ambitionen von Donald MacDonald auf das Land und die Herrschaftsrechte in der Region.

Auch im Süden, in den Grenzregionen zu England, musste sich Albany um die Herstellung einer Machtbalance bemühen. George Dunbar sollte wieder in die Grafschaft March eingesetzt werden, die ihm nach seiner Flucht nach England entzogen worden war. Seine Herrschaft Annandale hatte seit seiner Flucht im Jahr 1401 Archibald, 4. Graf Douglas, inne und auch die wollte George zurückhaben. Albany schätze ihn als wichtig für die Sicherheit an der Grenze ein und hat deshalb seinen Schwiegersohn Walter Haliburton mit der Vermittlung zwischen Dunbar und Douglas beauftragt. Im Jahr 1409 kehrte George Dunbar nach Schottland zurück und wurde wieder in den Besitz der Grafschaft March gesetzt. Die Herrschaft Annandale blieb allerdings bei den Douglas.

Eine wesentliche Aufgabe aller Könige und Regenten war die Verteidigung der Kirche (*Ecclesia Scoticana*) gegen die Versuche von Fremden (Engländern),

---

124 Nicholson, Scotland, 234–235; Bannerman, Lordship, 337–339.
125 Bower, Scotichronicon 8, Buch 15, 75. Eine Zusammenstellung der Quellen und Forschung zur Schlacht bietet Olson, Realities.
126 Hunt, Governorship, 144; Nicholson, Scotland, 236.

sich dort Pfründe oder Besetzungsrechte zu sichern.[127] Albany engagierte sich auch im Kampf gegen Häresien. Im Jahr 1408 fand in Perth eine Synode statt, auf der u. a. ein Prozess gegen den Engländer James Resby geführt wurde. Resby wurde zum Tode auf dem Scheiterhaufen verurteilt, weil er die Lehre von John Wycliff verteidigt hatte. Der Delinquent wurde der weltlichen Justiz zur Ausübung des Urteils übergeben und verbrannt. Albany, der sich als Verteidiger der katholischen Orthodoxie verstand bzw. sich so präsentierte, hat die schottischen Geistlichen bei ihrem Kampf gegen Lollarden und andere Häretiker unterstützt.[128] Er war sich mit dem hohen Klerus in Schottland auch darin einig, während des seit 1378 andauernden Kirchenschismas die Päpste in Avignon (Clemens VII. 1378 bis 1394 und Benedikt XIII. 1394 bis 1423) zu unterstützen bzw. sich unter deren Observanz zu stellen. Die Treue zu Benedikt XIII. zahlte sich insofern aus, als dass dieser die Gründung der Universität von St. Andrews 1413 genehmigte. Erst im Jahr 1419 erkannten die schottische Kirche und Albany den im November 1417 auf dem Konzil von Konstanz gewählten Papst Martin V. an (siehe auch unten S. 117).[129]

Robert Stewart, Herzog von Albany, starb Anfang September 1420 in der Burg Stirling und wurde in Dunfermline begraben. Die Zeitgenossen Bower und Wyntoun lobten die Herrschaftspraxis Albanys und stellten ihn als einen fähigen Regenten dar.[130] In der Forschung hält sich die Auffassung, dass Albany als Thronerbe darauf hin gearbeitet habe, selber König zu werden oder seinem Sohn Murdoch die Krone zu verschaffen, denn er war schließlich in den Tod des Herzogs von Rothesay 1402 aktiv involviert. Deshalb habe er sich auch nicht um die Freilassung von James I. bemüht. Weiter wird er für die (vermeintliche) Zunahme an Friedensstörungen und Konflikten innerhalb des hohen Adels verantwortlich gemacht. Er sei nicht in der Lage gewesen, die ambitionierten Grafen von Douglas, March, Mar und die MacDonalds zu zügeln. Zudem habe er Einnahmen der Krone für seine privaten Zwecke umgeleitet und nicht verhindert, dass sich hohe Adelige direkt bei den Zöllnern bedient haben. So soll der Graf von Douglas zwischen 1409 und 1420 den Zöllnern in Edinburgh gewaltsam etwa 5 000 Pfund entwendet haben.[131] Es wird sich nicht mehr zweifelsfrei klären lassen, ob Albany tatsächlich die Krone angestrebt hat. Seine Position als Gouverneur war ihm jedenfalls von den Ständen übertragen worden, die ihm in der Außenpolitik Vorgaben gemacht haben. Zudem waren seine Handlungsmöglichkeiten als Statthalter eingeschränkt, und er war gezwungen, die ihm fehlenden königlichen Rechte in der täglichen Regierungspraxis durch geschicktes Handeln und Verhandeln zu kompensieren. Das ist ihm jedoch nicht immer gelungen. Vor allem die hochadeligen Friedensbrecher vermochte er nicht angemessen zu bestrafen. Doch auch wenn er bei der Sicherung des Friedens im Reich Probleme

---

127 Hunt, Governorship, 139–142.
128 Watt, Konzilien, 150–151.
129 Watt, Konzilien, 158.
130 Die Belege bei Nicholson, Scotland 252–253.
131 Nicholson, Scotland, 255.

1.6 König in Gefangenschaft – Regierung der Albany Stewarts (1406–1424)

hatte, so hat er die Unabhängigkeit Schottlands gegen englische Ansprüche erfolgreich gesichert.

Sein Nachfolger als Statthalter (mit 1 000 Pfund Jahressold) und Herzog von Albany wurde sein Sohn Murdoch Stewart. Murdochs Amtsführung und das Handeln seiner Söhne waren jedoch so offensichtlich auf ihre eigenen Vorteile ausgerichtet, dass wichtige Magnaten wie Alexander Stewart, Graf von Mar, und Archibald, 4. Graf Douglas, sie nicht unterstützten. Bei der Rechnungslegung 1422 wurde zudem klar, dass der Finanzhaushalt der Regierung wahrscheinlich als Folge von Missmanagement, Korruption und Erpressung kollabiert war.[132] In dieser Situation sah Murdoch in dem Angebot der Engländer, wieder über die Bedingungen für die Freilassung von James I. zu verhandeln, eine Chance, um von der Finanzmisere ablenken zu können.

James I. in englischer Gefangenschaft

Die Gefangennahme und Inhaftierung des jungen James durch den englischen König Heinrich IV. im März 1406 war zwar ein Bruch des noch bestehenden Waffenstillstands zwischen den beiden Königreichen. Allerdings wurde dieser – wie schon die vorherigen Verträge – von beiden Seiten nicht gewissenhaft eingehalten. Für den englischen König war der Gefangene von großem politischem Wert, denn James wurde nach dem Tod seines Vaters Roberts III. am 4. April 1406 rechtlich König von Schottland. Die Regierung führte faktisch jedoch sein Onkel, der Herzog von Albany. Heinrich IV. konnte in den Verhandlungen mit dem schottischen Gouverneur James als Druckmittel einsetzten und drohen, ihn nach Schottland zurückzuschicken, wodurch die Regierung von Albany an Einfluss und Unabhängigkeit verloren hätte.

James I. war in den ersten Jahren seiner Gefangenschaft in einem Appartement im Tower in London untergebracht. Vermutlich wohnten dort auch seine Begleiter Henry Sinclair, Graf von Orkney, Alexander Seton und William Giffard. Außer dieser Gruppe waren seit der Schlacht von Homildon Hill weitere Schotten in englischem Gewahrsam, darunter Archibald, der 4. Graf Douglas, und Murdoch Stewart, der Sohn des Gouverneurs Albany und somit James' Cousin.[133] In dieser Phase seiner Gefangenschaft hatte James I. zudem immer wieder Kontakt zu Schotten, die ihn besuchten und über die Entwicklungen in Schottland berichtet haben. In den Jahren bis 1413 wurde der junge James ausgebildet, um die notwendigen Fähigkeiten für die Ausübung des Königsamts zu erlangen: körperliche Ertüchtigung, militärische Ausbildung einschließlich Bogenschießen, aber auch Musik und Dichtung.

Nach einem Jahr im Tower wurde James mit seinem kleinen Gefolge auf die Burg in Nottingham verlegt, wo er 1413 vom Tod Heinrichs IV. erfahren hat. Bis

---

132 Nicholson, Scotland, 258.
133 Brown, James I, 18–19.

dahin war der junge Schotte nicht als Gefangener, sondern eher wie ein Ziehsohn vom englischen König behandelt worden. Mit dem Regierungsantritt von Heinrich V. änderte sich das Verhältnis jedoch grundlegend. Zusammen mit Murdoch Stewart wurde James wieder in den Tower gebracht, wo sie nicht mehr standesgemäß untergebracht wurden. So beklagte sich Murdoch darüber, dass Matratzen und Bettwäsche nicht mehr regelmäßig gewechselt würden und deshalb abgenutzt und faulig seien. Trotz dieser Behandlung hat James für den energischen neuen englischen König Bewunderung entwickelt.

Heinrich V. war es gelungen, seine Herrschaft in England zu festigen und den Vorwurf der Usurpation, mit dem sein Vater leben musste, mittels klugen Handelns zu relativieren.[134] In einigen Briefen, die James I. 1414 und/oder 1415 schrieb, würdigt und lobt er Heinrich V. als exzellenten und mächtigen König.[135] Albany hingegen kritisierte er und warf ihm vor, nicht konsequent für seine Freilassung zu arbeiten. In der Tat hat sich der Gouverneur stärker für die Freilassung seines Sohnes Murdoch eingesetzt als für den jungen König. Tatsächlich wurde Murdoch im Mai 1415 im Austausch für Henry Percy freigelassen. Für den weiter unter Aufsicht stehenden James I. verbesserten sich die Aufenthaltsbedingungen erst seit 1418 wieder, als er in das zwar gut befestigte aber durchaus komfortable Schloss Kenilworth verlegt wurde. Im September 1420, als der Herzog von Albany starb und sein Sohn Murdoch Stewart die Regierung in Schottland übernahm, verbesserten sich die Umstände seiner Gefangenschaft nochmals signifikant. James I. wurde nicht mehr als Geisel und Gefangener behandelt, sondern als ein Gast am Hof. Der ausschlaggebende Grund dafür war jedoch nicht der Regierungswechsel in Schottland, sondern die politische Situation in Frankreich.

Heinrich V. war zwar militärisch sehr erfolgreich, doch gelang es ihm nicht, den Widerstand der Franzosen vollständig zu brechen und seine Kriegsziele (französische Krone und/oder Besitz der Normandie und Aquitanien) zu erreichen. Die Franzosen wurden dabei seit 1419 aufgrund der „Auld Alliance" von 6 000 schottischen Soldaten unter dem Kommando von John Stewart, Graf von Buchan, einem Sohn von Albany, unterstützt.[136] Heinrich V. wollte James mit nach Frankreich nehmen, um die schottischen Truppen vom Kampf abzuhalten. James sollte als schottischer König auftreten und wurde deshalb samt seinem Gefolge repräsentativ mit Kleidung, Waffen, Pferden, Zelten etc. ausgestattet.[137] Allerdings ging der Plan nicht auf, denn die schottische Garnison in Melun, das englische Truppen von Mai bis November 1420 belagerten, verweigerte die Kapitulation. James' Aufforderung an die schottischen Soldaten, sich ihm anzuschließen, lehnten diese ab, da er ein englischer Gefangener sei, und sie ihm deshalb nicht dienen könnten. Sie haben erst aufgegeben und kapituliert, als es in der

---

134 Dazu Allmand, Henry V. und Matusiak, Henry V.
135 Die Briefe sind gedruckt in Fraser, The Red Book of Menteith I, 284–287.
136 Brown, James I, 21.
137 Matusiak, Henry V, 223.

1.6 König in Gefangenschaft – Regierung der Albany Stewarts (1406–1424)

Stadt keinen Proviant mehr gab. Heinrich V. ließ zwanzig schottische Kämpfer hinrichten, weil diese sich gegen ihren Lehnsherrn und König gestellt hätten.[138]

In den folgenden Jahren konnte sich James am englischen Hof weitgehend frei bewegen und wurde bei Feiern (Krönung von Katharina von Valois, Heinrichs V. Ehefrau 1421) durch die Zuweisung von Ehrenplätzen ausgezeichnet. Im 23. April (Georgstag) 1421 schlug ihn der englische König auf der Burg Windsor zum Ritter. Damit wurde die besondere Beziehung von James I. zu England und zum englischen König deutlich gemacht. James I. war mit Heinrich V. im Jahr 1422 wieder in Frankreich und musste erleben, dass der englische König Ende August in Vincennes bei Paris starb.[139] James I. nahm an dem Leichenzug teil, der den toten König nach England begleitete.[140] Über das weitere Schicksal von James I. musste ein Regentschaftsrat entscheiden, der für Heinrichs V. neun Monate alten Sohn die Regierung übernahm. Der Regentschaftsrat sah eine Priorität darin, Schulden abzubauen, die durch die Feldzüge und Belagerungen in Frankreich aufgelaufen waren. Dazu sollte auch das Lösegeld für James I. beitragen. Deshalb führten Gesandtschaften, zu denen auch James I. persönlich gehörte, ab dem Sommer 1423 in Schottland Verhandlungen.[141]

Es wurde auch eine Hochzeit des schottischen Königs mit einer Dame aus der königlichen Familie vereinbart, um die Verbundenheit von James I. mit der englischen Krone auch nach seiner Entlassung zu sichern. Die Wahl fiel auf Joan Beaufort, einer Cousine von Heinrich V. In diesem Fall spricht aber einiges dafür, dass sich die beiden, die sich vermutlich bei der Krönung von Katharina von Valois 1421 kennengelernt hatten, schon vorher persönlich zugetan waren. Der Heiratsvertrag wurde in York abgeschlossen und im Dezember 1423 wurden die Bedingungen für die Entlassung James' I. in London vertraglich besiegelt. Von einem Lösegeld war nicht mehr die Rede, sondern die geforderten 40 000 Pfund wurden als Kosten für den Unterhalt („maintenance") des schottischen Königs während seiner achtzehn Jahre in England bezeichnet. Von dieser Summe wurden 10 000 Pfund als Mitgift für Joan Beaufort abgezogen. Zudem sollte James I. die Franzosen nicht mehr unterstützen. Die finanzielle Forderung wurde durch die Stellung von schottischen Geiseln abgesichert.

Die Rückkehr des Königs

Die Ergebnisse der Verhandlungen wurden ab Januar 1424 nach und nach mittels Ritualen und symbolischen Handlungen öffentlich gemacht. Zunächst wurde die Hochzeit standesgemäß und prächtig gefeiert; Joans' Onkel Henry Beaufort, der Bischof von Winchester nahm die Trauung vor. Am 28. März 1424 war das kö-

---

138 Brown, James I, 23; Hunt, Governorship, 137.
139 Allmand, Henry V, 174.
140 Rogge, Trauer, 113–115.
141 Während einer Ratsversammlung im August 1423 in Inverkeithing (Fife) wurden die schottischen Verhandler nominiert. *RPS*, 1423/8/1 [letzter Zugriff: 23.08.2019].

nigliche Paar in Durham, wo die Geiseln für England gestellt wurden. James I. schwor, das vereinbarte Geld zu bezahlen und willigte in einen siebenjährigen Waffenstillstand ein, der weitere schottische Hilfe für die Franzosen ausschloss. Am 5. April 1424 war der König samt Gefolge in der Zisterzienserabtei von Melrose und damit wieder auf schottischem Boden. Mit dem Tag übernahm er die Herrschaft in Schottland, was symbolisch deutlich gemacht wurde, indem Murdoch Stewart ihm das Amtssiegel übergab.[142] Die feierliche Krönung von James I. und Joan erfolgte am 21. Mai 1424 in Scone, wo ihm von Murdoch Stewart, dem Grafen von Fife, die Krone aufgesetzt wurde. Dieses Privileg war mit dem Titel „Graf von Fife" verbunden.

1.7 König James I. (1424–1437)

Die aktive Regierungszeit von James I. war in mancher Hinsicht spektakulär. Er begann seine Regierung mit Gewalt gegen seine Verwandten, die Albany Stewarts und seine Herrschaft wurde gewaltsam durch das Attentat auf ihn in Perth beendet. In gewisser Weise waren diese Ereignisse die Konsequenz seiner Herrschaftsauffassung und seiner Vorstellung vom Amt des Königs, dessen Autorität er verstärken wollte. Seine Vorstellungen von der Königsherrschaft wurden geprägt durch seinen Aufenthalt am Hof von Heinrich V. von England. Er diente ihm als Vorbild dafür, wie man die Autorität des Königtums nach einer Zeit der Schwäche wiederherstellen konnte. Von Heinrich V. konnte er auch lernen, dass sich die Adeligen um den Königshof herum orientieren und sie ihre politischen Hoffnungen im Kontakt mit ihm zu verwirklichen suchten. Daher war es James I. wichtig, den Königshof zum Zentrum der politischen Kultur zu machen. Der hohe Adel sollte ihn nicht wie seinen Vater ignorieren und ohne königliche Zustimmung seine Interessen in den Regionen verfolgen. Nach James I. Rückkehr nach Schottland fragten sich die Adeligen und Magnaten insofern zu Recht, wie er mit ihnen umgehen würde. Seit 22 Jahren gab es keine effektive Königsherrschaft und es hatte sich ein politisches Netzwerk um die Albanys ausgebildet.

James I. erkannte wohl, dass er dieses Netzwerk zerschlagen und eine eigene Gefolgschaft aufbauen musste, wenn er seine Vorstellung von einer starken und aggressiven, fordernden Königsherrschaft erfolgreich umsetzen wollte. Er hat sein Ziel tatsächlich erreicht, dafür aber einen hohen Preis zahlen müssen. Sein Vorgehen gegen seine Gegner und insbesondere gegen seine Verwandten hat zwar schließlich zu Frieden im Reich geführt. Dieser Frieden war jedoch vor allem Folge der Angst vor der Wut des Königs gegen alle, die seine Befehle und Gesetze missachtet haben.[143] Zeitgenossen wie Robert Graham bewerteten seine Regierung deshalb als „Tyrannei" (siehe unten S. 74).

---

142 Brown, James I, 40.
143 Bower, Scotichronicon 8, Buch 16, 319.

Die Hinrichtung der Albany Stewarts

Für James I. politische Praxis war der englische Königshof von Bedeutung. Dort lernte er Theorie und Praxis von einer energischen königlichen Regierung, wobei die Krone (der König) anders als in Schottland die politische Initiative besaß.[144] Im April 1424 kündigte er in Melrose an, den königlichen Frieden und die natürliche Ordnung der Regierung wiederherstellen zu wollen. Innerhalb eines Jahres nach seiner Krönung am 21. Mai 1424 in Scone hatte er diese Ankündigung umgesetzt. Der erste Schritt dahin waren Gesetzte, die vom Parlament im Mai 1424 (dem ersten seit 1406) verabschiedet wurden. James I. verlangte, dass die großen Zölle an ihn zurückgegeben würden, dass ausgegebenes Königsland an die Krone zurückkommen sollte und dass königliche Ämter von ihm neu besetzt werden konnten. Für Alexander Stewart, den Grafen von Mar, hatte das unmittelbar zur Folge, dass er die Einnahmen aus den Zöllen in Aberdeen und Inverness verlor.[145] Im Umgang mit den Black Douglas im Süden spielten James I. die Ereignisse in Frankreich in die Hände. Im August 1424 wurden die schottischen Truppen bei Verneuil schwer geschlagen, die Kommandeure Robert Stewart, 3. Graf Buchan (ein Sohn des Gouverneurs Albany) und dessen Schwiegervater Archibald, 4. Graf Douglas, waren gefallen.[146] Vor allem der Tod von Archibald Douglas hatte für James I. positive Konsequenzen, denn damit bekam er Zugriff auf die politischen Strukturen im Südwesten. Die Douglas-Dominanz war gebrochen, James I. konnte seine Männer in strategisch wichtige Ämter bringen und erlangte die Kontrolle über Edinburgh. Zudem war klar, dass ohne seine Zustimmung keine schottische Armee mehr nach Frankreich gehen würde.

Die mächtigen Grafen im Süden (Douglas) und Norden (Mar) waren aber nicht die einzigen Hindernisse auf dem Weg zur Errichtung einer starken, zentralen Monarchie. Murdoch Stewart mit seinen Anhängern und Verwandten war ebenfalls ein Hindernis. Zum einen, weil Murdoch die Kontrolle über die Grafschaften Fife und Menteith in Zentralschottland hatte. Zum anderen, weil Murdochs Sohn Walter diesen Besitz für sich reklamieren würde und nach James I., der noch keinen Erben hatte, in der Thronfolge nach ihm und Murdoch an dritter Stelle stand. Drittens waren die Albanys verantwortlich für den Tod von James Bruder David, dem Grafen von Rothesay, im Jahr 1402 und sein eigenes langes Exil (bzw. seine Gefangenschaft) in England. Insofern kann man annehmen, dass neben machtpolitischen Überlegungen auch Rache ein Motiv war, um gegen seine Verwandten vorzugehen.

James I. hat im Herbst und Winter 1424/25 seinen Angriff auf die Albanys sorgfältig vorbereitet. Im November eroberte er Dumbarton Castle in Ayrshire und einigte sich mit Alexander MacDonald, dem Lord of the Isles, über die Herrschaft in der Grafschaft Ross. Für den Grafen von Mar war das nach dem Verlust

---

144 Brown, James I, 20–21.
145 Brown, James I, 49.
146 Curry, Krieg, 86; Brown, James I, 52.

der Zolleinnahmen aus Aberdeen ein weiterer Rückschlag, denn auch er war an der Grafschaft interessiert und sah sich zudem ja auch als Verteidiger der Rechte der Krone im Norden gegen die MacDonalds. Mar erkannte aber offensichtlich, dass er sich mit dem König verständigen musste, zumal die Nachfolge seines illegitimen Sohns Thomas Stewart als Graf von Mar noch nicht bestätigt war. An Weihnachten 1424 trafen sich Mar und James I. in Edinburgh. Vermutlich hat der König zugesagt, Mars Sohn als Erben anzuerkennen, wenn dieser seine Verbindung zu den Albanys aufgeben und den König gegen sie unterstützen würde. Mar hat seine Verpflichtung wenige Monate später erfüllt.

Gegen die Familie von Murdoch Stewart war James I. schon vorher vorgegangen. Murdochs ältesten Sohn, Walter Stewart, ließ er im Mai 1424 verhaften, weil der gegen seine Freilassung aus der englischen Gefangenschaft gearbeitet habe. Im Herbst des Jahres folgte Murdochs Schwiegervater, Duncan, Graf von Lennox. Nicht recht erklären lässt sich, warum Murdoch Stewart sich in diesen Monaten passiv verhalten hat. Im Frühjahr 1425 war er jedenfalls politisch weitgehend isoliert. Vielleicht wollte er das im März in Perth tagende Parlament nutzen, um sich und seine Familie zu verteidigen. In der ersten Woche des Parlaments wurde James I. wegen seiner Verhandlungen mit Alexander, Lord of the Isles, über die Grafschaft Ross und wegen seiner Steuerforderungen durchaus kritisiert. Zudem schienen sich Murdoch Stewart und der Graf von Mar wieder anzunähern. Eine solche Allianz hätte James I. ernsthafte Probleme bereiten können. Deshalb ließ er ein Statut verabschieden, mit dem die aktuellen wie zukünftigen Bündnisse zwischen seinen Gefolgsleuten verboten wurden. Sodann weitete der König den Tatbestand der Rebellion aus: Jeder, der Rebellen heimlich oder öffentlich unterstützte, war auch der Rebellion schuldig. Wollte nun Murdoch seinen ältesten Sohn und/oder Schwiegervater gegen den Vorwurf der Rebellion verteidigen, hatte der König einen Grund, auch direkt gegen ihn vorzugehen, was er am neunten Tag des Parlaments auch tat. Herzog Murdoch, sein jüngerer Sohn Alexander und zwei seiner Hofleute wurden gefangen gesetzt. Zeitgleich gab der König den Befehl, die Burgen Falkland in Fife und Doune in Menteith zu besetzen, bevor sich dort lokaler Widerstand gegen die Festnahmen organisieren konnte. Murdochs Frau, Isabella Lennox, konnte in Doune gefasst werden, doch der jüngste der Albanys, James „der Fette", ist den Soldaten des Königs entkommen.

James I. hatte nun seine gefährlichsten Gegner in der Hand und bereitete deren Gerichtsverfahren vor, die während des nächsten Parlaments im Mai in Stirling stattfinden sollten. Doch bevor es eröffnet wurde, griff James „der Fette" mit Unterstützung von Männern aus Lennox und Argyll Stadt und Burg von Dumbarton an. Vermutlich wollte er mit einem militärischen Erfolg in Ayrshire die Position des Königs schwächen und ihn zu einem moderaten Verfahren gegen seinen Vater und die anderen Gefangenen zwingen. Allerdings gelang es ihm nur, die Stadt in Brand zu setzen und einige Anhänger des Königs zu töten, aber die Burg konnte er nicht erobern. Deshalb konnte er die Prozesse nicht verhindern. James hatte vielmehr noch ein Argument, um die Albanys als Rebellen verurteilen zu lassen.

Ab dem 18. Mai beriet eine Jury aus 21 Adeligen, darunter sieben Grafen, über die Anklagen. Die Mehrheit dieser Männer (darunter die Grafen Angus, Atholl, Douglas, March, Orkney) waren aus verschiedenen Gründen bereit, den König gegen seinen Onkel zu unterstützen. Sie stimmten jedenfalls den Urteilen zu. Am 24. Mai wurde Walter Stewart zum Tode verurteilt und geköpft. Am Tag darauf ereilte Murdoch sowie sein Sohn Alexander und Duncan, Graf von Lennox, dasselbe Schicksal. Auch diese drei Adeligen wurden vor der Burg von Stirling enthauptet.[147] James I. zog die Grafschaften Lennox, Fife und Menteith an die Krone („sentence of forfeiture"). Auf einen Schlag verdoppelte sich damit das königliche Einkommen um 1 200 Pfund im Jahr.[148] Doch insgesamt waren die Einnahmen nicht hoch genug, um die Kosten für den königlichen Haushalt, Patronage und Herrschaftsrepräsentation zu decken. Auch im Hinblick auf die königliche Kasse verfolgte James I. einen anderen Ansatz als seine Vorgänger, die weitgehend von den Einnahmen aus ihren Ländern gelebt hatten. James I. suchte nach weiteren Finanzquellen, denn die Einnahmen aus den erweiterten königlichen Ländern zusammen mit den Zöllen reichten nicht aus. Seine Bemühungen, weitere Mittel von seinen Untertanen zu erhalten, wurden zu einer zentralen Belastung des zukünftigen Verhältnisses.

Direkte Königsherrschaft in den Regionen und Grafschaften

Doch in den Jahren nach 1425 war seine Herrschaft weitgehend anerkannt. Deutlich wird das an den neuen politischen Netzwerken, in deren Zentrum nun der König mit seinem Hof stand. Für Archibald, 5. Graf Douglas, hatte das Einschränkungen seiner Handlungsmöglichkeiten in den Grenzregionen zu England und sogar in seinen Herrschaftsbereichen zur Folge. Der König wollte, dass die hohen Adeligen ihn als die einzige Quelle für Herrschaftsrechte anerkannten. In der Praxis demonstrierte der König die Autorität der Krone indem er z. B. in Selkirk und dem Ettrick Forest direkt Kontakte zu den Lairds aufnahm und Archibald Douglas dabei überging. Im Mai 1426 übertrug der König sogar Galloway offiziell an seine Schwester Margarete, die Witwe von Archibald, 4. Graf Douglas, und Mutter des 5. Grafen.[149] So blieb der Herrschaftsbereich zwar in der Familie, aber dem Oberhaupt der Black Douglas wurden seine Grenzen deutlich aufgezeigt.

Gleichzeitig wollte der König jedoch nicht die Magnaten wie Douglas völlig gegen sich aufbringen und zog deshalb z. B. Ratgeber und Experten aus dem Umfeld von Douglas an seinen Hof und rekrutierte sie für die Verwaltung, wie

---

147 Brown, James I, 65–66. Bower, Scotichronicon 8, Buch 16, 242–246.
148 Brown, James I, 74.
149 Brown, James I, 78.

William Fowlis, den Kanzler des Grafen und John Cameron, den Sekretär des Grafen. Cameron wurde im Königsdienst „Keeper of the privy seal" und im Mai 1427 Kanzler. Er blieb bis zum Tod von James 1437 sein engster Berater. Seit 1427 war der Hof schließlich vergleichbar mit anderen Höfen in Europa. Die hohen Adeligen konkurrierten um Einfluss und Niederadlige hofften auf Protektion und Gelegenheiten, sich im Königsdienst zu bewähren, um dann dafür belohnt zu werden. Bis Anfang 1431 konnte James I. seine Herrschaft weiter konsolidieren. Dazu hat maßgeblich beigetragen, dass er den Lord of the Isles im Herbst 1429 militärisch besiegte und Alexander Stewart, den Grafen von Mar, wieder zum Leutnant des Königs im Norden ernannte. Der Waffenstillstand mit England wurde im Mai 1431 um fünf Jahre verlängert. Sowohl persönlich als auch politisch war die Geburt von Zwillingen am 16. August 1430 für den König wichtig. Zwar starb einer der Zwillinge, Alexander, schon bald, doch der andere Junge wurde auf den Namen James getauft und wuchs als Erbe und Thronfolger heran.

Die Kritik an James' I. Politik und seine Ermordung

Die Kritik am König wurde in den 1430er Jahren wieder lauter, denn er setzte konsequent seine Politik des Herrschaftsausbaus und der ostentativen Repräsentation fort. Das kostete Geld. Geld, das seine Untertanen aufbringen mussten. Die waren allerdings von seinen Versuchen, regelmäßige Steuern für seinen persönlichen Gebrauch zu erheben, keineswegs begeistert. Ein großer Teil des Geldes wurde in den Auf- und Ausbau der königlichen Residenz in Linlithgow gesteckt. Allein in der Zeit von 1428 bis 1434 vermutlich 5 000 Pfund. James I. wollte ein repräsentatives Schloss und nicht etwa ein Gutshaus oder eine Burg, wie seine Vorgänger. Seine königliche Residenz sollte denen in England (Sheen) oder Frankreich (Vincennes) vergleichbar sein.[150] James I. sah sich als europäischen König. Das hat ein zweites Projekt unterstrichen, die Stiftung eines Kartäuserklosters in Perth, das seit 1429 gebaut wurde. Dazu setzte er sowohl Gelder aus den Zöllen ein als auch Übertragungen von Land und Einnahmen, die er zuvor u. a. Bürgern in Perth und kirchlichen Institutionen (Coupar Angus Abbey) mit Zwangsmaßnahmen abgenommen hatte.

Diese Aktivitäten zur Repräsentation des Königtums sollten James' I. Vorstellung von guter Königsherrschaft verdeutlichen. Im Zentrum stand die Herstellung und die Aufrechterhaltung der Gerechtigkeit (diese war ein wesentlicher Kritikpunkt an den Albany-Gouverneuren), die Bestrafung von Rebellen und Räubern, Sicherung des Friedens und der Ordnung im Land sowie die Verteidigung Schottlands gegen England und die Bewahrung der Einheit des Reiches.[151] Diese Auffassung von den Aufgaben der Krone dürften fast alle Adeligen geteilt haben. Nur waren viele immer weniger einverstanden mit der Art und

---

150 Brown, James I, 115.
151 Brown, James I (Aufsatz), 162–163.

1.7 König James I. (1424–1437)

Weise mit der James I. versucht hat, diese Aufgaben umzusetzen. Denn das hatte u. a. zur Folge, dass er allein den Gesetzen der Krone im Land auf Kosten der regionalen und lokalen Rechtsgewohnheiten (z. B. in Fife und Galloway) Geltung verschaffen wollte. Zudem machte er immer wieder deutlich, dass allein die Krone legitime Quelle für Recht, Justiz und die Vergabe von Ämtern war. War schon diese Politik für viele Adelige sehr gewöhnungsbedürftig aber immerhin akzeptabel, so hat James I. Umgang mit den Ressourcen und seine Bemühungen, die königlichen Finanzen zu verbessern, massive Kritik hervorgerufen.

Im Gegensatz zu seinen Vorgängern hat er nämlich auf Kosten des hohen Adels und seiner Verwandten eine aktive Erweiterung seiner Einnahmequellen betrieben, denn er behielt die Kontrolle über die an die Krone gelangten Grafschaften. Im Jahr 1427 zog er Strathearn von Malise Graham mit der nichtzutreffenden Begründung ein, die Grafschaft könne nur auf männliche Erben übergehen. Im Jahr 1435 fiel mit dem erbenlosen Tod von Alexander Stewart die Grafschaft Mar mit Badenoch an die Krone zurück und wurde von James I. nicht mehr ausgegeben – sehr zum Ärger von Robert Erskine, der sich als Erbe der Grafschaft sah.[152] Auf diese Weise vergrößerte James I. das Kronland („royal demesne", *proprietas regis*) erheblich. Von diesem Land zog er zweimal im Jahr (Martinmas, im November und Whitsun an Pfingsten) Pacht ein, erhielt die üblichen Feudalabgaben „ward" und „relief" (*wardam et relevium*), Antrittszahlungen für die Erneuerung jeder Leihe und Eintrittsgelder sowie Grassum und Spanndienste, wenn ein neuer Pächter kam. Auch wenn gegen Ende des 15. Jahrhundert das Land in „feufarm" (für die Zahlung einer jährlichen Pacht) ausgegeben wurde, blieb es Teil des Kronlandes (siehe S. 132–133).[153]

Doch allein aus den Erträgen der Kronländer war der Finanzbedarf nicht zu decken. Deshalb verlangte er von den Sheriffs die konsequente Eintreibung von Geldstrafen, die prompte Zahlung der Jahressteuern von den Städten und die Verbesserung der Zolleinnahmen.[154] Doch damit nicht genug: Entgegen der schottischen Tradition, dass der König von seinen eigenen Ressourcen lebt, versuchte James I. immer wieder, direkte Steuern vom Parlament genehmigen zu lassen. In den ersten Jahren war er damit erfolgreich, weil er mit den Einnahmen sein Lösegeld zahlen wollte. Aber in den folgenden Jahren verstärkte sich der Eindruck, dass er dieses Geld für ‚private Zwecke' verwendete – etwa um seine Herrschaft zu festigen und Herrschaftsrepräsentation zu finanzieren. Deshalb wurde er im Parlament und in den Kreisen des hohen Adels als „gierig" kritisiert und ihm wurde vorgeworfen, dass er illegale Forderungen an seine Untertanen

---

152 Jack, Decline, 213–215 mit Argumenten, die James' Umgang mit Mar nicht als Folge von Gier und Willkür erklären, sondern mit seinem eigenen Erbanspruch und ein 1426 vereinbartes Heimfallrecht, weil James I. ein Cousin von Alexander Stewart war. Zudem war die Grafschaft Mar für den König wichtig als Puffer gegen die Lords of the Isles, weshalb er sie nicht aus der Hand geben wollte. Schließlich war Mar wichtig für James, weil sie seinem Vater Robert III. 1404 die Rückkehr auf die politische Bühne ermöglicht hatte.
153 Madden, Royal demesne, 6.
154 Brown, James I, 167.

stelle. Für einige Adelige war damit der Tatbestand der Tyrannis gegeben und aktiver Widerstand war geboten.

Der Anlass zum Handeln war schließlich James I. Forderung im Oktober 1436 nach einer neuen Steuer, um gegen England Krieg führen zu können. Das Parlament hat diese Forderung abgelehnt, aber darin einen weiteren Beleg für seine tyrannische Regierung gesehen. Damit haben jedenfalls seine Mörder ihre Tat gerechtfertigt. Im Februar 1437 wurde König James I. im Dominikanerkloster in Perth von Verschwörern um seinen Halbonkel, Walter, Graf von Atholl, und dessen Erben, Robert Stewart, überrascht und ermordet. Ungefähr zehn Attentäter überfielen den König nach Mitternacht. James I. konnte jedoch zunächst flüchten und sich in einem Abfluss unter dem Zimmerboden verstecken. Allerdings war es ihm nicht möglich, wieder herauszukommen, denn der Abfluss war wenige Tage vorher verschlossen worden, um zu verhindern, dass Tennisbälle durch das Rohr verschwinden. Schließlich wurde er entdeckt und von Robert Graham erstochen.[155] Graham behauptete noch auf dem Schafott, dass er Schottland von einem Tyrannen und einem Feind der Schotten befreit habe, wenn man seine unstillbare Gier betrachtet.[156] Walter Bower hingegen würdigte die Leistung des Königs, der Frieden, Sicherheit und Wohlstand für die Bewohner des Königreiches erreicht habe. Doch seine Ausführungen waren auch eine Aufforderung an den neuen König, James II., in diesem Sinne zu regieren, um allen Untertanen gute Herrschaft zu bieten.[157]

James I. – ein königlicher Revolutionär?

Ranald Nicholson hat die Vernichtung der Albanys durch James I. als eine „royalist revolution" bezeichnet.[158] Er meinte damit den kompletten Bruch mit der Herrschaftspraxis der Albanys als Gouverneure, aber auch mit derjenigen seines Vaters und Großvaters. James I. wollte die Rechte der Krone – so wie er sie sah – bis zum Letzten durchsetzen. Auf diese Weise würden alle Untertanen die Folgen guter Herrschaft (Frieden, Gerechtigkeit, Einheit des Reiches) genießen können. Das war zweifellos ein revolutionäres Vorhaben im Kontext der über Jahrzehnte gewachsenen politischen Kultur in Schottland. Die von James I. mit großem Elan durchgesetzten Änderungen der politischen Strukturen in Schottland waren so wirksam, dass es auch nach seinem Tod kein Zurück zu den alten Zuständen gab.

---

155 Dazu ausführlich Rogge, Rebellion.
156 Connolly, *Dethe*, 66: „I have thus slayne and deliuerde yow of so crewell a tryant, the grettest enemye that Scotts or Scotland myght haue, considering his unstaucheable coveytise."
157 Bower, Scotichronicon 8, Buch 16, 323: „The people therefore were then settled in peaceful prosperity, safe from thieves, with happy hearts, calm minds and tranquil spirits, because the king wisely expelled feuds from the kingdom, kept plundering in check, stopped disputes and brought enemies to agreement."
158 Nicholson, Scotland, 287.

Die zentrale Position der Krone gegenüber den Grafen war deutlich gestärkt und fortan die einzige legitime Quelle von Recht und politischer Administration.

Seine Ermordung im Februar 1437 ist aber ein Indikator dafür, dass nicht alle Untertanen mit dieser Idee von Monarchie und ihrer Umsetzung in die politische Praxis einverstanden waren und darin vielmehr eine Übertretung der königlichen Befugnisse sahen. Doch James II. hat schließlich die Ideen und Vorstellungen seines Vaters aufgenommen und eine entsprechende Herrschaft praktiziert. Allerdings waren seine Handlungsmöglichkeiten aufgrund seiner Minderjährigkeit für einige Jahre sehr begrenzt, weshalb hohe Adelige wieder ihre Chance zur Verschiebung des politischen Gleichgewichtes zu ihren Gunsten gekommen sahen. Die Folge waren weitere Jahre der Instabilität und Gewalt zwischen König und Adel.

1.8 König James II. (1437–1460)

Die Rache der Königin Joan

Die Königin Joan wurde von den Attentätern verschont und konnte aus dem Kloster in Perth fliehen.[159] In den Wochen nach dem Königsmord hat sie mit aller Kraft die Attentäter und die Verantwortlichen für den Mord verfolgt und vor Gericht bringen lassen.[160] Als Anstifter für den Mord wurde Walter Stewart, Graf von Atholl, ausgemacht. Er war der letzte noch lebende Sohn König Roberts II. Robert Graham habe den König in Atholls Auftrag erstochen, in dessen Haushalt er seit den 1430er Jahren Mitglied war.

Warum Atholl, der über Jahre ein loyaler Unterstützer von James I. war, dessen Tod geplant hat, ist umstritten. Die Zeitgenossen erklärten sich das mit seinem vermeintlichen Verlangen nach der schottischen Krone.[161] Wahrscheinlicher ist jedoch, dass Atholl sich in den Jahren 1435/36 vom König schlecht behandelt fühlte. Tatsächlich hat ihm James I. sowohl in den Highlands um Perth als auch in Methven Land und Einkünfte abgesprochen und der Königin zur Verfügung gestellt bzw. selbst behalten. Überhaupt war der Einfluss von Joan, die ein enges Verhältnis zu James I. hatte, nach der Geburt des Thronfolgers 1430 noch gestiegen. Seit 1435 hatte sie ihre Residenz in Perth und wurde damit zu einer Konkurrentin von Atholl, der zunehmend an Einfluss verlor. Aus seiner Perspektive war damit auch unsicher, ob sein Enkel Robert Stewart nach seinem Tod die Grafschaften Atholl und Strathearn erhalten würde, denn der König war ja bekanntlich dabei, freiwerdende Herrschaften an die Krone zu ziehen und die

---

159 Connolly, *Dethe*, 59.
160 Downie, Queenship, 138–141.
161 Belege bei Brown, James I, 177–178.

Erben zu übergehen.¹⁶² Der König hatte zwar einige Niederlagen einstecken müssen, aber alle Versuche, ihn von der Macht zu entfernen, wie 1436, als Graham erfolglos versuchte, James I. im Parlament verhaften zu lassen, waren gescheitert.¹⁶³ Mit einem toten König hätte Atholl die Chance gehabt, die politischen Geschicke im Reich für den Kronprinzen, aber vor allem auch in seinem Sinne zu lenken.

Robert Graham hingegen wollte sich für den Tod der Albany Stewarts rächen, denn er hatte nach der Hinrichtung von Murdoch Patronage, Einkommen und Status verloren. Das galt auch für weitere Attentäter, wie z. B. die Brüder Thomas und Christopher Chambers, Bürger in Perth. Alle Verschwörer rekrutierte Graham aus dem Netzwerk um den Haushalt (Hof) von Atholl.

Königin Joan versammelte so schnell sie konnte die verbliebenen Unterstützer ihres Mannes um sich und ließ die Attentäter verfolgen. Der Körper von James I. wurde vor der Beisetzung in der Kartäuserkirche in Perth öffentlich aufgebahrt. Dort hat ihn am 21. Februar 1437 auch der päpstliche Legat, Bischof Anton Altani von Urbino, gesehen und soll ausgerufen haben, James I. sei wie ein Märtyrer für die Verteidigung des Gemeinwohls und der Gerechtigkeit gestorben.¹⁶⁴ Nach der Beisetzung des Königs verließ die Königin Perth, wo sie sich nicht sicher fühlte und begab sich nach Edinburgh, wo William Crichton als Sheriff agierte und in die Nähe des Grafen von Angus. Joan musste ihren Sohn, der sich in der Obhut von John Spens befand, unter ihre Kontrolle bringen, wenn sie die Regierung übernehmen wollte. Als ihr das gelungen war, wurde Atholl wohl bewusst, dass sein Plan nicht aufgehen würde. Er hätte den Kronprinzen bei sich haben müssen, um gegen die Königin erfolgreich vorgehen und sich zum Regenten erklären zu können.

Robert Stewart und Christopher Chambers wurden als erste der Attentäter verhaftet und in Edinburgh gefoltert. Sie haben vor ihrer Hinrichtung ihre Beteiligung an der Verschwörung gegen König James I. gestanden. Stewarts Leichnam wurde geviertelt und die Teile an verschiedenen Orten ausgestellt, während die Köpfe der beiden an die Tore von Perth genagelt wurden.¹⁶⁵ Mitte März 1437 konnte schließlich William, Graf Angus, den über 70-jährigen Walter, Graf von Atholl festnehmen und nach Edinburgh bringen. Damit hatte die Königin alle Trümpfe in der Hand. Die Krönung ihres Sohnes sollte am 26. März in der Holyrood Abbey vor den Toren von Edinburgh stattfinden. An dem Tag versammelte sich auch ein Parlament, denn das Verfahren gegen einen Hochadeligen wie Atholl musste vor einem Parlament stattfinden. Vermutlich haben sich dort die Anhänger der Königin versammelt und so war der Ausgang des Verfahrens klar: Atholl wurde zum Tode verurteilt. Man hat ihm eine Papierkrone mit der Aufschrift „Verräter" aufgesetzt, bevor man ihn köpfte.¹⁶⁶ Die übrigen Attentäter,

---

162 Brown, James I, 181.
163 Rogge, Rebellion, 158.
164 Brown, James I, 194.
165 Connolly, *Dethe*, 63–64 mit ausführlicher Darstellung der Hinrichtung.
166 Connolly, *Dethe*, 64–65.

darunter auch Robert Graham, wurden schließlich im April in Stirling hingerichtet.

Die Minderjährigkeit von James II. und der Regentschaftsrat

Als sein Vater 1437 in Perth ermordet wurde, war James II. noch ein kleines Kind und während seiner Minderjährigkeit stritten sich seine Mutter und andere Adelige darüber, wer in seinem Namen die Regierung führen dürfe. Die Königin hatte nur bis zum Sommer 1437 das Heft in der Hand, denn im Juni übertrugen die Stände einem Neffen des Königs, Archibald, 5. Grafen von Douglas, das Amt des Generalleutnants zur Regierung des Reiches. Die Königin wurde respektvoll behandelt, erhielt Stirling als Residenz und eine jährliche Pension von 4 000 Mark, aber der Graf von Douglas berief die Stände ein und fällte im Namen von James II. Urteile.[167]

Nach dem Tod von Archibald Douglas im Jahr 1439 versuchte Königin Joan noch einmal jedoch ohne Erfolg, die Regierung zu übernehmen. Sie heiratete im Juni 1439 John Stewart of Lorne und signalisierte damit, dass sie gemeinsam mit ihrem neuen Ehemann wieder aktiv in die Politik des Königreiches eingreifen wollte. Um das zu verhindern, ließ Alexander Livingston, der ein loyaler Anhänger von James I. war und großen Einfluss im Rat hatte, die Königinwitwe zusammen mit ihrem neuen Ehemann Lorne verhaften und entzog ihr den kleinen König James II. Sie blieb einige Zeit im Gefängnis.[168] Die Herrschaft und Regierung für den minderjährigen König lag in den Händen von drei Männern: William Crichton, dem Chamberlain und seit Mai 1439 Kanzler, dessen Cousin Georg Crichton, dem Sheriff von West Lothian sowie James Douglas of Balvenie, seit November 1437 Graf von Avondale.

Die ersten Jahre der Regentschaftsregierung waren gekennzeichnet durch die Konkurrenz am Hof um Einfluss auf den jungen König und die Versuche von Magnaten, ihre von James I. eingezogenen Herrschaftsbereiche wiederzuerlangen. Robert Erskine machte einen weiteren Versuch, seinen Anspruch an der Grafschaft Mar durchzusetzen und Alan Stewart of Darnley erhob Anspruch auf die Grafschaft Lennox. Alexander, Lord of the Isles, wurde vom Rat dagegen als Graf von Ross offiziell anerkannt und im Februar 1439 zum Justiziar im Norden bestellt.

Zwischen William Crichton in Edinburgh und Alexander Livingston in Stirling entwickelte sich ein Kampf um die Aufsicht über James II. Zunächst hatte Livingston einen Vorteil, denn er konnte im August 1439 sowohl den jungen König als auch die Königin unter seine Kontrolle bringen. Im September verständigten sich die Königin, Livingston und Crichton darauf, dass Livingston in Stirling

---

167 Nicholson, Scotland, 326.
168 Downie, Queenship, 150–151.

James II. in seiner Obhut behielt; die Königin und ihr zweiter Ehemann, Alexander Stewart of Lorne, kamen dafür frei. Kurze Zeit später aber hat Crichton James II. bei der Jagd abgefangen und nach Edinburgh gebracht. Doch schließlich einigten sich die beiden darauf, dass Livingston weiter James II. in Obhut behält und Crichton Kanzler bleibt.[169] Vielleicht hat dazu auch beigetragen, dass ihre Position an der Spitze der Regierung potentiell bedroht war, denn der im Juni 1439 gestorbene Archibald, 5. Graf Douglas, hatte zwei Söhne. William, der Ältere (14 oder 15 Jahre alt) war sein Erbe und würde gegebenenfalls auch wie sein Vater Generalleutnant werden wollen. Dies konnte nicht im Interesse von Livingston und Crichton sein. Ob William tatsächlich solche Ambitionen hatte, ist nicht belegt. Und wenn, dann bekam er keine Gelegenheit, einen Anspruch zu stellen. Zusammen mit seinem Bruder David und Malcolm Fleming wurde er zu einem Abendessen für den 24. November 1440 auf die Burg von Edinburgh eingeladen. Am Ende des Essens, legte der Kanzler Crichton den Kopf eines Bullen auf den Tisch: ein Symbol für Verurteilung und Tod. Am nächsten Tag wurden William und David angeklagt, es gab vermutlich ein Verfahren bei dem der 10-jährige James II. anwesend war. Die beiden Brüder wurden schuldig gesprochen (für welches Vergehen ist nicht bekannt) und hingerichtet.[170] Es gibt keine aussagekräftigen Belege über die Motive der Ankläger und es ist eher zweifelhaft, dass Livingston und Crichton die treibenden Kräfte waren, denn wirklich profitiert von dem als „Black Dinner" in die Geschichte eingegangenen Ereignissen hat James Douglas of Balvenie, der Großonkel von William und David. Der wurde nämlich (aufgrund der Erbregelung von 1342) als 7. Graf Douglas Nachfolger in der Hauptlinie der Black Douglas (zur Erbregelung der Black Douglas siehe unten S. 139–142).

Doch schon im März 1443 starb James Douglas und mit ihm ‚starb' auch die bis dahin im Regentschaftsrat zwischen den ambitionierten Adeligen aufrechterhaltene Ausgewogenheit bzw. eine Form des politischen Gleichgewichts. Denn mit William, 8. Graf Douglas, dem Sohn von James, betrat ein neuer Mitspieler die politische Bühne, der mit Hilfe von Alexander Livingston daran ging, den politischen Einfluss von Kanzler Crichton zu schwächen. William wollte nämlich die Möglichkeiten nutzen, die sich ergaben bzw. ergeben sollten, weil James II. unter der Aufsicht von Alexander Livingston stand. Der schwor im August 1443 einen Eid, dass er an der Exekution von Malcolm Fleming 1440 im Zuge des „Black Dinner" keine Schuld habe und belastete Crichton. In den folgenden Jahren wurden die Crichtons sowie deren Anhänger nach und nach mittels militärischer Gewalt und lehnsrechtlicher Mittel aus ihren Positionen verdrängt. Die Achse Douglas-Livingston machte einige Jahre erfolgreiche Interessenpolitik, ohne dabei die wesentlichen Probleme und Konfliktfelder im Reich (Gewalt als Rechtsmittel im Adel bei Konflikten um Besitz und Titel, Raub und Unsicherheit für Handel) anzugehen. Die entscheidenden Akteure wollten ihre Positionen vor

---

169 Nicholson, Scotland, 328–330.
170 McGladdery, James II, 30–31.

der Mündigwerdung von James II. absichern und sich auf mögliche Revanchegelüste des Königs vorbereiten.

Im Parlament von 1445, in dem auch William Douglas' Brüder, Archibald, Graf von Moray, und Hugh, Graf von Ormond, anwesend waren, schwuren sich der König und die drei Stände gegenseitige Eide. James II. machte dabei sein Politikverständnis und seine Vorstellung von Königsherrschaft sehr deutlich. Er schwor mit seiner ihm von Gott verliehenen Macht, jeden Stand (also Klerus, Laienadel und Bürger) zu verteidigen und zu regieren entsprechend seiner Freiheiten und Privilegien, so wie es den Gesetzen und Gewohnheiten des Reiches entsprach. Weiter versprach er, ohne die Zustimmung der drei Stände weder das Recht noch die Gewohnheiten oder die Statuten des Reiches zu ändern.[171]

Die Black Douglas griffen derweil weiter nach Norden in die Grafschaft Mar aus. Das erfolgte über die Einbeziehung von Alexander Forbes, dem Vizesheriff von Aberdeen, in ihre Klientel. Forbes war ein Mann mit großem Einfluss in der Region, der sogar zum Lord of Parliament aufstieg. Diese Titelvergaben waren ein wichtiges Mittel, um Loyalität und persönliche Verpflichtung zu belohnen und zu erhalten. Damit waren keine (größeren) Landvergaben verbunden, aber die neuen Lords durften sich zum Hochadel zählen. Ein weiteres Mittel, um Loyalität und Dienstbereitschaft zu versprechen, waren Bonds (Verträge), in denen z. B. die Loyalität zur Krone ausgedrückt wurde (zu den Lords of Parliament siehe unten S. 123-124; zu den Bonds siehe unten S. 150 ff.). Zu den Verlierern im Sommer 1445 gehörte die Königin Joan, die kurze Zeit darauf erkrankte und am 15. Juli in der Burg von Edinburgh starb. Sie wurde im Kartäuserkloster in Perth neben James I., ihrem ersten Ehemann, begraben.[172] Ein Jahr später starb auch ihr Verbündeter, der Graf von Angus. Damit war die potenzielle Opposition gegen die Regentschaft unter Führung von William, 8. Graf Douglas, ausgeschaltet. In den folgenden vier Jahren wurde der Regentschaftsrat von William Douglas und seinen Verbündeten dominiert. In diesen Jahren gelang es, Kildrummy Castle (in der Grafschaft Mar) für die Krone zu gewinnen, James II. im Norden (Aberdeen) zu präsentieren – nicht zuletzt um die Rechte der Krone (= Douglas) an der Grafschaft Mar zu unterstreichen – und die Marken gegen englische An- und Eingriffe (Oktober 1448) zu verteidigen.

Auf den Spuren des Vaters: James II. vernichtet die Black Douglas

Trotz der Ereignisse um das „Black Dinner" vom November 1440 beruhte das Selbstverständnis der Hauptlinie der Black Douglas unter der Führung von William, 8. Graf Douglas, auf ihrer Bindung an die Krone. Ihr Ansehen, ihre Ehre sowie ihre Herrschaftsgebiete waren zwar auch ein Ergebnis der Protektion durch

---

171 McGladdery, James II, 53.
172 Downie, Queenship, 154.

die Krone, aber nach ihrem Verständnis vor allem der verdiente Lohn für ihren Einsatz bei der Verteidigung von Reich und Königtum. William, 8. Graf Douglas, war von 1444 bis 1449 durchgehend im Rat des Königs. In dieser Position konnte er sowohl Einfluss auf die Politik zugunsten des Königreiches nehmen als auch seine regionale Machtbasis und Position während der Regentschaft absichern.[173] Der Konflikt zwischen William Douglas und James II. entwickelt sich seit Ende 1449, als der König begann, selbständig zu regieren.

James' II. Vorstellung vom Königtum bzw. dem Verhältnis von König und hohem Adel im Reich beruhten auf den Ideen und der Praxis seines Vaters. Damit war klar, dass James II. die einflussreichen und führenden Männer im Regentschaftsrat auf ihre Plätze verweisen würde. Ähnlich wie sein Vater benötigte er Ressourcen, über die jedoch bis dahin hohe Adelige verfügen konnten. Im September 1449, kurz nach seiner Hochzeit mit Maria von Geldern, ging er zunächst gegen die Livingstons vor. Während sich Alexander Livingston mit einer Gesandtschaft in England aufhielt, ließ der König seinen Chamberlain James Livingston sowie weitere Familienmitglieder, die als Burgvögte amtierten, verhaften. Dasselbe Schicksal ereilte Robert Livingston, den Comptroller (Rechnungsprüfer). Zwar wurden nicht alle Livingstons zum Tode verurteilt, jedoch verloren sie Land, Positionen und Einnahmen zugunsten der Krone. Ein Parlament, das im Januar 1450 nach Edinburgh einberufen wurde, bestätigte und legitimierte das Vorgehen gegen die Livingstons.[174] Von den weiteren Beschlüssen im Parlament war für die Zukunft und die politische Kultur wichtig, dass der Tatbestand des Hochverrates erneut ausgeweitet wurde: Wer Hand an den König legte war ein Verräter ebenso wie diejenigen, die Rebellen/Verräter beherbergen oder unterstützen würden. James II. machte zudem deutlich, dass er auch die Inhaftnahme seiner Mutter 1439 als Vergehen gegen die Krone bewertete.[175] William, 8. Graf Douglas, unterstütze James II. gegen die Livingstons und wurde dafür belohnt. Der König bestätigte ihm am 26. Januar 1450 die Herrschaft Galloway sowie alle Rechte in Ettrick und Selkirk Forest. Zudem wurde ihm erlaubt, Margaret Douglas, eine Tochter von Archibald, 5. Grafen Douglas, zu heiraten. Margaret war die letzte Überlebende der Black Douglas Hauptlinie und brachte daher auch Wigtown und Liddesdale mit in die Ehe.

Im Oktober 1450 trat William, 8. Graf Douglas, eine Pilgerreise nach Rom an. Allerdings war diese nicht nur religiös motiviert, sondern er wollte während der Reise noch weitere Adelshöfe in Burgund, Frankreich und England besuchen, um den politischen Stellenwert seiner Dynastie in Europa zu testen. Währenddessen bemühten sich der Kanzler Crichton und William Turnbull, der Bischof von Glasgow, darum, in den südlichen Herrschaftsbereichen von Douglas Fuß zu fassen und die freien Pächter auf ihre Seite zu ziehen. Dabei wurden sie von James II. unterstützt. Im Februar 1451 zog der König mit einem großen Gefolge von Lochmaben über Ayr nach Lanark, also durch die von den Black Douglas be-

---

173 Brown, Black Douglas, 285.
174 McGladdery, James II, 88–90.
175 *RPS*, 1450/1/13 [letzter Zugriff: 09.10.2019].

1.8 König James II. (1437–1460)

herrschten Regionen. Er demonstrierte königliche Gewalt und seine Absicht, die Pächter und Lairds in seinen Frieden zu zwingen.

Als William Douglas im April 1451 nach Schottland zurückkehrte, hatte er erheblich an Rückhalt im Rat und beim König verloren. Doch weil im Norden im Frühjahr 1451 John MacDonald, der Graf von Ross, eine Rebellion gegen James II. anführte, gab es einen formellen Frieden zwischen James II. und William Douglas. John MacDonald griff Inverness und Burg Urquhart sowie Ruthven in Badenoch an. Motiviert wurde er dazu von seinem Schwiegervater James Livingston, der dem Zugriff des Königs 1449/50 entkommen war. Zudem wurden dadurch auch seine an die Ehe mit Elisabeth Livingston verbundenen Erwartungen zerstört.[176] James II. erwartete nun, dass William Douglas ihn gegen die Rebellen unterstützen würde. Allerdings hielt dieser sich sehr zurück. Währenddessen verlor er im Süden weiter an Unterstützung, denn er verweigerte einigen alten Anhängern der Familie die von ihnen erwarteten Wohltaten. So hielt er William Douglas of Drumlanrig hin, der darauf wartete, dass ihm William Douglas als rechtmäßigen Erben die Baronie Hawick übertrug.[177]

Die Spannungen zwischen dem König und William nahmen weiter zu und schließlich verständigten sie sich auf ein Treffen in der Burg von Stirling am 21. Februar 1452. William ließ sich von James II. freies Geleit zusichern, denn er fühlte sich nicht sicher und wollte ein besonderes Schutzversprechen. Am zweiten Tag der Verhandlungen, dem 22. Februar eskalierten die Gespräche: Der König stach dem unbewaffneten William ein Messer in den Hals und weitere Hofleute stürzten sich auf den Wehrlosen. Schließlich wies Williams Körper 26 Stichwunden auf.[178] Ein König, der eigenhändig einen Magnaten ersticht – das hatte es noch nicht gegeben! Deshalb ist dieses Ereignis in der Forschung vielfach traktiert worden, insbesondere die Frage, ob es sich um einen (kaltblütigen) Mord oder um eine im Eifer der Diskussion spontane Reaktion des Königs (Totschlag) handelte. Für die meisten Zeitgenossen war jedenfalls die zweite Deutung wahrscheinlicher. James II. sei wütend geworden und habe den Angriff auf William ausgeführt, weil – so die zeitgenössische Auchinleck Chronik – Douglas sich geweigert habe, seinen Bond (Freundschafts- und Unterstützungsvertrag) mit John Macdonald, dem Grafen von Ross und James Lindsay, dem Grafen von Crawford aufzukündigen.[179] Er habe dem König die Hilfe gegen die Rebellen verweigert, also praktisch Hochverrat begangen. In dieser Lesart hat der König vielleicht überreagiert, aber im Prinzip richtig gehandelt. Doch man kann den Mord auch anders interpretieren. William hat mit seiner Weigerung, den Bond zu brechen, deutlich gemacht, dass er sich nicht in das vom König erwartete politische Korsett schnüren lassen würde. Schon diese Haltung war für James II. eine

---

176 McGladdery, James II, 109.
177 Brown, Black Douglas, 292.
178 Brown, Black Douglas, 293, McGladdery, James II, 114–119.
179 Edition der Chronik bei McGladdery, James II, 265: „and efter supper at sevyne houris the king then beand in the inner chalmer and the said erll he chargit him to breke the forsaid band he (Douglas) said he mycht not nor wald nocht".

Kampfansage, denn aus seiner Perspektive richtete sich der Bond gegen seine Amtsauffassung, dass die Herrschaft nur hierarchisch von oben nach unten organisiert und legitimiert werden konnte. Solche Abmachungen aber unterliefen seinen Anspruch auf Primat und Oberherrschaft. Die Reaktion der Douglas erfolgte prompt: Mitte März 1452 stürmten Truppen unter der Führung von James, 9. Graf Douglas, einem Bruder des ermordeten William, Stirling und plünderten die Stadt. Sie konnten das mit dem Hinweis darauf begründen, dass der König sein Sicherheitsversprechen gebrochen habe. Kurz vorher hatte die schwangere Königin Maria Stirling verlassen und war in das sichere St. Andrews zu Bischof James Kennedy gereist, wo sie im Mai 1452 den Thronfolger zur Welt brachte.[180]

Im Juni 1452 tagte ein Parlament in Edinburgh, an dem nur Anhänger und Unterstützer des Königs teilnahmen. Zwei Entscheidungen dieses Parlaments sind besonders hervorzuheben. Die Crichtons erhielten die Belohnung für ihren Einsatz gegen die Black Douglas und für den König. Georg Crichton wurde zum Grafen von Caithness und James, der Sohn des Kanzlers, zum Grafen von Moray, das vorher dem Grafen von Crawford (Alexander Lindsay) entzogen worden war, erhoben. Sodann wurde James II. von jeder Schuld am Mord von William, 8. Graf Douglas, freigesprochen. Das begründeten die Stände damit, dass Douglas am Tag vor seiner Ermordung auf den Königsschutz verzichtet habe, er private Bündnisse abgeschlossen und sich geweigert habe, dem König gegen Rebellen zu helfen.[181] Vermutlich als Reaktion darauf kündigte James, 9. Graf Douglas, noch im Juni an, sich dem englischen König anzuschließen und James II. die Treue und Gefolgschaft aufzukündigen. Der reagierte mit einer Strafexpedition in den Herrschaftsbereich der Douglas in den Borders (von den Pentlands nach Peebles, dann weiter nach Selkirk und schließlich von Annandale nach Dumfries), um deren potenzielle Unterstützer abzuschrecken und seine Autorität zu demonstrieren. Allerdings haben seine Soldaten so viel Schaden angerichtet, dass Lairds und Pächter kaum den Eindruck von guter Königsherrschaft gewinnen konnten.[182]

In dieser Situation waren nur noch zwei Optionen realistisch: entweder ein offener Krieg zwischen den Lagern um den König und um James, 9. Graf Douglas, oder ein friedlicher Ausgleich zwischen den Kontrahenten auf dem Verhandlungsweg. Die zweite Option erschien den Konfliktparteien als besserer Weg. Die Ergebnisse der Verhandlungen wurden in zwei Urkunden festgehalten. Am 28. August 1452 besiegelten sie ein sogenanntes „Appoyntment". Darin versprach Douglas, dem König den Mord an seinem Bruder zu vergeben sowie alle Bonds zu lösen, die gegen den König gerichtet waren. Douglas wurde wieder zum Warden über die Grenzregionen zu England bestellt. Dass der Konflikt zwischen König und Douglas aber nicht nur wegen des Bonds Douglas-Crawford-Ross ausgebrochen war, sondern dabei auch Herrschaftsgebiete eine wichtige Rolle gespielt haben, belegen die Vereinbarungen bezüglich der Grafschaft Wigtown

---

180 McGladdery, James II, 129.
181 Brown, Black Douglas, 296; McGladdery, James II, 133–134.
182 Brown, Black Douglas, 298.

1.8 König James II. (1437–1460)

und der Herrschaft Stewarton in Ayrshire. Die Grafschaft war ein wesentliches Element der Ausstattung der Königin und erweiterte den königlichen Einfluss im Westen. Allerdings hatten die Douglas eigene Rechte an der Herrschaft, die sie aber 1450/51 nicht durchsetzen konnten.

Weitere Verhandlungen folgten, die schließlich ihren Niederschlag im „Lanark Bond" vom Januar 1453 gefunden haben.[183] Danach durfte Graf James Douglas Wigtown (wieder) als Herrschaftsgebiet übernehmen. Im Gegenzug versprach er, dass er dem nächsten Generalkonzil entweder persönlich oder durch Vertreter Urkunden übergeben würde, mit denen er sich „bind to my saids over lord my manrent and my service in the best and most sure for me [...] for aldays of my lyf." Weiter versprach er, Komplotte gegen den König aufzudecken und mitzuteilen, wenn er davon erfahren würde, Bündnisse gegen den König aufzugeben sowie diesen gegen Rebellen und Feinde der Krone zu unterstützen. Zudem werde er James II. helfen, königlichen Besitz und Rechte zurückzugewinnen, die „annalied fra the croune" waren. Davon ausgenommen wurden jedoch die von James II. an seinen Bruder William, 8. Graf Douglas, übergebenen Herrschaftsgebiete. Tatsächlich war James, 9. Graf Douglas, im Oktober 1453 auch wieder im Besitz von Wigtown.

An diesen Verträgen ist bemerkenswert, dass damit die Gesetze über Rebellion und Verrat vom Januar 1450 umgangen wurden. Denn auch James Douglas' Verhalten im Jahr 1452 war im Grunde als Verrat zu beurteilen. Er hatte dem König die Gefolgschaft aufgekündigt, Stirling angegriffen und mit dem englischen König verhandelt. Doch gibt es keine Hinweise auf juristische Maßnahmen des Königs gegen James Douglas im ersten Halbjahr 1452. Stattdessen suchte man einen informellen Ausgleich, ohne das Parlament einzuschalten. James II. wollte sich die Loyalität und den Dienst der Douglas durch die Übertragung der Grafschaft Wigtown sichern. Eine Maßnahme, die aus der Sicht von Douglas ein Zeichen guter Königsherrschaft war. Zwar widersprach der Abschluss solcher Verträge im Grunde der Herrschaftsvorstellung von James II., doch in einer Situation, in der innere Konflikte im Reich die Gefahr eines englischen Eingreifens wahrscheinlich machten, ging es vor allem darum, das politische Gefüge zu stabilisieren. Zu diesem Zweck war königliche Gewalt jedoch kein probates Mittel, sondern Verhandlungen und Kompromisse.

In den folgenden Jahren versuchte James, 9. Graf Douglas, das Ansehen und den Einfluss seiner Familie bei den Lairds und Pächtern in seinen Herrschaftsgebieten wieder zu verbessern und Männer, die sich dem König zugewandt hatten, wieder in seine Gefolgschaft zu bringen. So übergab er die Baronie Hawick an Douglas of Drumlanrig und söhnte sich sogar mit einem der Mörder seines Bruders aus. Simon Glendinning konnte weiter in Eskdale agieren und wurde sogar Mitglied in seinem Rat.[184] Dennoch ist es James letztlich nicht gelungen, die Beziehungen zu den Lairds so gut und sicher wie während der Herrschaft seines

---

183 Zu den beiden Verträgen McGladdery, James II. 137–141 und vor allem Brown, Lanark Bond, 227–245.
184 Brown, Black Douglas, 301–302.

Bruders zu gestalten. Zusätzlich gefährdet wurde er durch zwei Entwicklungen, auf die er keinen Einfluss nehmen konnte. In England spitzte sich der Konflikt zwischen den Häusern York und Lancaster zu und im Frühjahr 1455 begann der „Rosenkrieg". Dadurch verlor er den Rückhalt und die Unterstützung durch die englische Krone. Im Norden Schottlands verweigerten die Magnaten James ihre Unterstützung, weil er in ihren Augen gegen ihre Interessen Politik machte. Als nämlich Alexander Lindsay, 4. Graf Crawford, im Sommer 1453 starb, war sein Erbe noch ein Kind, dessen Tutor König James II. wurde. Dadurch hatte der König Zugriff auf die Grafschaft und James, 9. Graf Douglas, befürchtete, dass der König seinen Einfluss auch in die von den Douglas kontrollierten Regionen im Norden um Balvenie Castle ausweiten würde. Um das zu verhindern, verhandelte James Douglas mit den Lords of the Isles, um sich deren militärische Unterstützung zu sichern, sollte James II. gegen seine Herrschaftsgebiete aktiv vorgehen. Doch wegen seiner Verhandlungen mit den erklärten Gegnern der Krone verspielte er die Sympathien der anderen Magnaten im Nordosten des Reichs.

Ausgelöst wurde der nächste Konflikt zwischen dem König und James, 9. Graf Douglas, aber dadurch, dass James II. das Erbe von George Crichton, der im August 1454 gestorben war, in Annandale und vor allem den Besitz der Douglas of Dalkeith unter seine direkte Kontrolle bringen wollte. Darauf reagierte James Douglas mit Angriffen auf Dalkeith, das er niederbrennen ließ, und der Plünderung von Besitz der Familie Abernethy. Das war der Auftakt zu einigen militärischen Konfrontationen mit dem König, die James Douglas nicht gewinnen konnte. Im April 1455 eroberten Truppen des Königs die Douglasfestung Abercorn. James Douglas floh nach England in das Exil, aber seine Brüder Archibald, Graf von Moray, Hugh, Graf von Ormond, und John, Lord Balvenie, zogen mit einer kleinen Streitmacht nach Eskdale. Doch am 1. Mai wurden sie von einem Aufgebot des Königs, in dem auch einige ihrer Vasallen kämpften, bei Arkinholm, in der Nähe von Langholm, besiegt. Archibald starb auf dem Schlachtfeld, Hugh wurde verwundet und gefangengenommen, nur John konnte entkommen.[185] Im Juni 1455 erklärte ein Parlament, dass der Besitz von James, 9. Graf Douglas, John, Lord Balvenie, Hugh, Graf Ormond sowie der ihrer Mutter Beatrix wegen Rebellion gegen den König eingezogen würde. Gegen den gefangenen Hugh, Graf Ormond, wurde ein Gerichtsverfahren durchgeführt, das mit seiner Hinrichtung endete.

James II. nutzte die Situation, um die Königsherrschaft zu stärken und die Rechte der Inhaber von Regalitäten zu beschränken. Am 4. August 1455 verabschiedete das Parlament eine Reihe von Beschlüssen, die unter dem Titel „Act of Annexation" zusammengefasst wurden.[186] Der Einzug des Besitzes der Black Douglas durch die Krone wurde bestätigt und festgelegt, dass die Rechte einer Regalität künftig nur mit Zustimmung des Parlaments vergeben werden sollten. Die Regalitäten, die der König aktuell in seinen Händen vereinte, konnten der Krone und damit der Gerichtsbarkeit der Sheriffs zugeschlagen werden. Zudem sollten

---

185 Brown, Black Douglas, 306–307; McGladdery, James II, 154–156.
186 *RPS*, 1455/8/1 [letzter Zugriff: 12.10.2019].

im gesamten Reich Burgen und Herrschaften an die Krone fallen, welche nicht mehr ohne Zustimmung des Parlaments als Lehen ausgegeben werden durften. Danach hatte James II. erheblichen finanziellen Spielraum für Patronage und die Anschaffung von neuen Kanonen aus den Niederlanden, denn allein aus den neu der Krone zugeschlagenen Ländern samt den Zöllen erhielt der König ungefähr 6 000 Pfund pro Jahr. Zudem verfügte er über Einnahmen aus den schon bei der Krone liegenden Ländern, die im Jahr etwa 3 500 Pfund eingebracht haben.[187]

In den folgenden Jahren baute der König ein neues politisches Netzwerk auf, um seine Herrschaft auch in den Regionen, in denen Magnaten wie die Douglas ihre Machtbasis hatten, effektiv gestalten zu können. Deshalb marschierte er mit einer kleinen Armee im Februar und März 1456 in den Norden. Vor allem in Moray, Mar und Ross wollte er die Neuordnung der Herrschaftsverhältnisse demonstrieren und neue Beziehungen zu den lokalen Lairds aufbauen. Dazu hat er z. B. Lizenzen zum Burgenbau vergeben, wie an den Thane of Cawdor. Die Grafschaft Moray behielt er bei der Krone, Mar gab er im Jahr 1459 an John, seinen jüngsten Sohn. Alexander, sein zweiter Sohn, wurde 1455 Graf von March und 1458 zum Herzog von Albany ernannt. Der 1451 geborene älteste Sohn und Thronfolger James wurde im Juli 1452 zum Herzog von Rothesay ernannt, womit James II. an die Praxis von Robert II. anknüpfte, der seinen Sohn David auch zum Herzog von Rothesay erhoben hatte.

Ein wesentliches Kennzeichen der Jahre nach 1455 im Hinblick auf die Innenpolitik war James' II. Bemühen um den Aufbau eines neuen Hochadels. Dieser Adel sollte enger an die Krone gebunden werden, wozu die Trennung von Titel und Lehen beigetragen hat. In den 1460er Jahren gab es noch fünf ältere Grafschaften (Angus, Atholl, Ross, Sutherland, Huntly). Im Wesentlichen waren die Grafentitel jetzt jedoch persönliche Ehrentitel, die nicht mit einem gleichnamigen Lehen verbunden waren. An die Stelle des alten Hochadels traten Familien, welche die neuen Titel erhielten: die Hays wurden 1452 die Grafen Errol, die Keith 1457 die Grafen Marischal, die Douglas of Dalkeith werden 1458 die Grafen Morton (ausf. dazu unten S. 123).

Außenpolitik: Beziehungen zum Kontinent und das Verhältnis zu England

Mitte des 15. Jahrhunderts zählten die schottischen Könige und ihr Königreich zwar nicht zu den stärksten politischen Akteuren in Europa, hatten sich jedoch als wichtige Verbündete für Frankreich erwiesen und gingen daran, die Beziehungen zu den Königen von Norwegen-Dänemark zu ihren Gunsten auszubauen. Die politischen Beziehungen zu Norwegen und Dänemark hatten sich seit Ende des 13. Jahrhunderts intensiviert. Schon bevor 1380/81 die Kronen von Dänemark und Norwegen vereint wurden, gab es die Grenze zwischen Schottland und

---

187 Die Zahlen bei Nicholson, Scotland, 379.

Norwegen. Handelsbeziehungen wurden vor allem über die Inseln Orkney und Shetland gepflegt und 1290 sollte die „Maid of Norway" sogar die schottische Krone erben (siehe oben S. 13).[188] James I. und James II. wurden mit Forderungen der norwegisch-dänischen Könige konfrontiert, die darauf bestanden, dass die Schotten wieder die in Verträgen von 1266 und 1312 festgeschriebenen Jahrgelder (100 Mark) zahlen sollten. Allerdings ist nicht bekannt, ob sie bezahlt haben (vermutlich meistens nicht). Schließlich wurden die Beziehungen zwischen den beiden Königreichen durch die Hochzeit von James III. mit Prinzessin Margarete von Dänemark 1469 auf eine neue Basis gestellt (siehe unten S. 89).

Schon in den Jahrzehnten zuvor war es der schottischen Krone respektive den Königen gelungen, durch europäische Heiraten ihren Rang zu verbessern. James I. arbeitete daran, seine Dynastie dauerhaft im Kreis des europäischen Adels zu etablieren. Eine Möglichkeit, das zu erreichen, waren hochrangige Ehen. Seine älteste Tochter Margarete heiratete 1436 den französischen Dauphin Ludwig, also den zukünftigen König von Frankreich; allerdings verhinderte ihr früher Tod die Thronbesteigung. Nach James' I. Tod arrangierte der Regentschaftsrat weitere Ehen für schottische Prinzessinnen. James' zweite Tochter Isabella heiratete 1442 Franz, den Sohn des Herzogs der Bretagne und Maria im Jahr 1444 Wolfhart VI. von Borsselen, den Herrn von Veere. Eleonor wurde 1449 mit dem Erzherzog Sigismund von Österreich verheiratet. In einer Zeit, in der Innen- wie Außenpolitik vor allem auf Netzwerken von Familien und Freunden beruhte, waren Ehen auch eine wichtige Grundlage für Diplomatie. Deshalb waren die Ehen der Töchter von James I. mehr oder weniger wertvoll im Hinblick auf die damit verbundenen internationalen Kontakte. Von wesentlicher Bedeutung war jedoch die Wahl der Ehefrau für James II.

Nach langwierigen Verhandlungen (seit 1446 geführt) wurde am 1. April 1449 in Brüssel der Heiratsvertrag zwischen James II. und Maria von Geldern (* 1434) besiegelt.[189] Maria war die älteste Tochter des Herzogs Arnold von Geldern, wurde jedoch am Hof von Herzog Philipp von Burgund erzogen. Philipp verpflichtete sich, innerhalb von zwei Jahren 60 000 Kronen als Mitgift zu zahlen. Für die Sicherung der entsprechenden Gegengabe und Ausstattung für Maria (10 000 Mark pro Jahr und Linlithgow als Witwensitz) nutze James II. die Einnahmen und Herrschaftsgebiete der Livingstons und der Black Douglas. Er heiratete Maria am 3. Juli 1449 in der Kirche von Holyrood Abbey vor den Toren von Edinburgh. Die Ehe war die Grundlage für die sich entwickelnden Beziehungen in die Niederlande und eine Allianz mit Burgund.

Auch während der Regierung von James I. und James II. waren die Beziehungen zu England und Frankreich beeinflusst von der Entwicklung des Konfliktes in Frankreich, der 1453 mit dem Erfolg von König Karl VII. über die englischen Truppen entschieden wurde. Sodann war der seit den 1450er Jahren ausgetragene Konflikt in England zwischen den Lancaster und York ein wesentlicher Faktor

---

188 Ausführlich hierzu Grohse, Frontiers.
189 Grundlegend Dowie, Queenship sowie Dies., Queenship (Aufsatz), 249; für den Besitzzuwachs für Maria nach 1450; siehe auch Marshall, Queens, 57–70.

1.8 König James II. (1437–1460)

für die Beziehung zwischen den beiden Kronen und die Lage in der Grenzregion. James' II. Außenpolitik zielte auf die Aufrechterhaltung und den Ausbau der guten Beziehungen zu Frankreich und Burgund einerseits sowie der feindlichen Einstellung zu England andererseits. Die Wirren des Konflikts um die Krone in England nutzte James II. schließlich aus, um Roxburgh und Berwick von den Engländern zurückzuerobern.[190]

Die schottischen und englischen Regierungen handelten befristete Waffenstillstandsverträge aus, die dazu dienen sollten, die Gewalt und Plünderungen auf beiden Seiten der Grenze zu verhindern. Sie wurden jedoch von den Akteuren in den Grenzmarken kaum oder gar nicht beachtet. Auch die Könige waren keine Vorbilder, denn James II. sagte 1456 den Waffenstillstand von 1453 auf und zog mit einer kleinen Armee nach Northumberland, um sich für die Plünderungen englischer Truppen im schottischen Grenzgebiet zu rächen und seine militärische Stärke zu demonstrieren.[191] Auch der im Juni 1457 abgeschlossene Waffenstillstand wurde immer wieder verletzt. Nicht nur mit den permanenten kleinen Scharmützeln und Konflikten an der Grenze zu England, sondern auch durch die Aktionen von Piraten in der Nordsee. Zwar bemühten sich die Höfe darum, wenigstens offiziell den Frieden zu erhalten, aber nichtsdestotrotz versuchte James II., die Ausbildung seiner Untertanen an den Waffen zu verbessern. Deshalb erging im März 1458 ein Gesetz, mit dem das Spielen von Fußball und Golf (erste Erwähnung) verboten wurde. Die Männer sollten stattdessen jeden Sonntag nach dem Gottesdienst bei der Kirche Bogenschießen üben.[192]

Während der Waffenstillstand bis 1463 verlängert wurde, bereiteten sich beide Seiten auf eine militärische Konfrontation vor. James II. wollte die Situation in England ausnutzen, als der Konflikt zwischen den Lancaster und York im Sommer 1460 mit dem Griff von Richard von York nach der Krone einen weiteren Höhepunkt erreichte. Er ließ seine Truppen Ende Juli einen Belagerungsring um die Burg Roxburgh legen. Das war die letzte noch von englischen Truppen gehaltene, strategisch wichtige Burg in der Grenzregion auf schottischem Territorium. James I. hatte 1436 vergeblich versucht, die Engländer von dort zu vertreiben. Sein Sohn wollte es nun besser machen, die Demütigung seines Vaters rächen, seine militärischen Fähigkeiten demonstrieren und das Symbol der englischen Okkupation beseitigen. Dazu sollte auch der Einsatz seiner Kanonen beitragen, mit denen er die Burg beschießen ließ. Am 3. August 1460 explodierte eine Kanone, neben der der König stand. James II. erlitt tödliche Verletzungen. Daraufhin wurde die Königin benachrichtigt, die am 8. August, als die Burg schließlich erobert wurde, mit dem Kronprinzen die Armee bei Roxburgh erreichte. Am 10. August wurde der acht Jahre alte James III. in Kelso gekrönt.[193] Und das Reich hatte wieder keinen handlungsfähigen König.

---

190 MacDougall, Foreign relations, 101–111.
191 McGladdery, James II, 179–180.
192 McGladdery, James II, 193.
193 McGladdery, James II, 202–203.

1.9 König James III. (1460–1488)

Auch James III. starb wie sein Vater und Großvater einen gewaltsamen Tod. Nach dem Attentat auf James I. und dem Unfall mit der Kanone bei James II. wurde James III. im offenen Kampf gegen die Opposition, die von seinem Sohn und Thronfolger angeführt wurde, auf dem Schlachtfeld getötet.

Minderjährigkeit und Vormundschaftsregierungen

Während seiner Kindheit übernahmen nacheinander drei Fraktionen die Regentschaft: Von 1460 bis 1463 Maria von Geldern, die Mutter des Königs, die nicht nur Roxburgh erobert hat, sondern durch Verhandlungen auch Berwick upon Tweed 1461 vorübergehend wieder unter schottische Oberhoheit brachte. Sie war finanziell unabhängig (4 000 Mark pro Jahr von ihrem Wittum) und benötigte deshalb kein Geld der Krone. Sie hat sogar mit 1 000 Pfund aus ihrer Kasse die Gründung des Trinity College in Edinburgh finanziert. Sie verfolgte einen pragmatischen Ansatz bei der Gestaltung der Beziehungen zu England, wo in dieser Zeit der Rosenkrieg ausgetragen wurde und verhandelte sowohl mit Lancaster als auch mit York. Das missfiel allerdings James Kennedy, dem Bischof von St. Andrews, der die alte Strategie verfolgen wollte, prinzipiell die Gegner der englischen Krone zu unterstützen und die „Auld Alliance" mit Frankreich wieder zu beleben.[194] Es ist Kennedy schließlich Anfang 1463 gelungen, den zehn Jahre alten König unter seine Kontrolle zu bringen und seine politische Position am Hof und seinen Einfluss auf die Politik auszubauen.[195]

Nachdem Maria im Dezember 1463 gestorben war, konnte James Kennedy die Regierung im Namen des minderjährigen Königs zunächst ohne große Probleme führen. Im Juli 1466 wurde der junge König schließlich von Robert, Lord Boyd, seinem Bruder Alexander (seit März 1466 Chamberlain), seinem Sohn Thomas (der im Februar 1467 eine Schwester von James III. heiratete) und weiteren Vertrauten, während eines Jagdausfluges bei Linlithgow entführt und seitdem von den Boyds kontrolliert.[196] Robert Boyd wurde im August 1466 bis zur Volljährigkeit von James III. zum Gouverneur ernannt und versuchte währenddessen, Familienmitglieder und Unterstützer mit wichtigen und strategischen Posten zu versorgen. Die innenpolitische Lage war in den folgenden Jahren durch die Konkurrenz von einigen Familien um die Aufsicht über den minderjährigen König gekennzeichnet. Während dieser Jahre haben es die Regenten nicht geschafft, Frieden und Sicherheit im Reich flächendeckend herzustellen.

---

194 MacDougall, James III, 48.
195 Zu Kennedys Leben und Karriere siehe Dunlop, Life.
196 MacDougall, James III, 63.

1.9 König James III. (1460–1488)

Außenpolitisch gab es zwei große Handlungsfelder. Mit England gab es weiterhin keinen Friedensvertrag, sondern Waffenstillstandsvereinbarungen, die jedoch wie in den vergangenen Jahren regelmäßig von beiden Seiten ignoriert wurden. Seit den 1460er Jahren war Schottland indirekt in den Konflikt zwischen Lancaster und York verwickelt, weil die Königin Maria der englischen Königin Margarete und König Heinrich VI. zeitweise Asyl gewährte. Nachdem sich das Haus York 1461 durchgesetzt hatte und Edward IV. englischer König geworden war, verhandelte die schottische Regierung unter Bischof Kennedy über die Verlängerung der Waffenstillstände und 1464 wurde eine Verlängerung um fünfzehn Jahre ausgehandelt („Truce of York"). Als Bischof Kennedy im Mai 1465 starb, waren die Beziehungen zu England stabil und überwiegend friedlich.

Das zweite wichtige außenpolitische Handlungsfeld waren die Beziehungen Schottlands zum Königreich Dänemark. Zwischen den beiden Reichen bestanden seit Jahren Spannungen, weil die Schotten schon lange nicht mehr die aufgrund des 1266 abgeschlossenen Friedens von Perth alljährlich fälligen 100 Mark für den Besitz der Hebriden an die dänische Krone bezahlt hatten.[197] Im Sommer 1468 verhandelte eine schottische Gesandtschaft (u. a. William Tulloch, Bischof von Orkney und William Sinclair, Graf von Orkney) in Kopenhagen mit König Christian I. von Dänemark über ein Bündnis zwischen den beiden Königreichen. Zudem wurde eine Heirat zwischen Christians Tochter Margarete und James III. vereinbart. Zur Mitgift der Prinzessin sollte auch das offizielle Ende der Jahreszahlung der Schotten an Dänemark gehören. Außerdem sollte sie 60 000 rheinische Gulden bekommen, von denen 10 000 bezahlt werden sollten, bevor die Delegation Dänemark verließ. Aber nach zehn Monaten konnte der dänische König nur 2 000 Gulden aufbringen, weshalb er Orkney und die Shetlands als Sicherheit für den Rest der Summe verpfändete.[198]

Am 12. Juli 1469 feierte man die Hochzeit von James III. und der dänischen Prinzessin Margarete in Edinburgh.[199] Das war ein weiterer Schritt auf dem Weg zur selbständigen Herrschaft des jungen Königs, denn der Einfluss der Boyds endete spätestens in der zweiten Jahreshälfte. Während ihrer Regierung hatten sie sich ähnlich unklug verhalten wie einige ihrer Vorgänger (Livingstons). Sie haben sich Land mittels fragwürdiger Rechtstitel angeeignet (u. a. die Herrschaften Bute, Arran, Cowal, Stewarton, die Baronie Renfrew) und Pachtgelder im Namen der Krone unrechtmäßig eingezogen. Zwar wurde die Familie dadurch reich, machte sich aber viele Gegner bzw. Feinde, den König eingeschlossen. Die Inbesitznahme der Herrschaften brachte die lokalen Lairds und Barone gegen sie auf, die ihnen die Unterstützung entzogen. Die Magnaten und Barone, die mit den Boyds im Regentschaftsrat saßen, waren immer weniger bereit, diese Ressourcengewinnung zu tolerieren.

Schließlich besiegelten Mitglieder der Stewartfamilie in den Jahren 1468/69 den Sturz von Robert Boyd und dessen Anhängern, nämlich der Bruder von

---

197 Siehe auch oben bei James II.
198 MacDougall, James III, 78–79.
199 Grohse, Frontier, 150–151.

König James III., Alexander, Herzog von Albany, gemeinsam mit seinen Halbonkeln John, Graf von Atholl, (ein Sohn aus der zweiten Ehe von Königin Joan) und dessen jüngerer Bruder James Stewart of Auchterhouse. Sie verdrängten nach und nach die Boyds und deren Anhänger aus den Positionen am Hof und in der Verwaltung des Reiches. Deshalb war es vielleicht kein Zufall, dass Robert Boyd im April 1469 als Gesandter der schottischen Krone in England war und nicht zurückkehrte. Sein Sohn Thomas Boyd, Graf von Arran, kehrte Anfang Juli mit der Flotte und Margarete, der Braut für James III., aus Dänemark zurück. Seine Frau Maria warnte ihn davor, an Land zu gehen, denn ihr Bruder, der König, hätte einen großen Hass gegen ihn. Das Paar floh zunächst nach Dänemark und dann nach Brügge.[200] Damit war die Regierung der Boyds beendet. Im November 1469 wurde schließlich Alexander Boyd, der keine Chance zur Flucht hatte, wegen der Entführung von James III. im Jahr 1466 zum Tod verurteilt („for treason by insult and degradation of our royal majesty") und in Edinburgh hingerichtet.

Mit einem Parlament im November 1469 begann James III. seine persönliche Herrschaft. Ob er selbst eine Vorstellung von der Monarchie hatte, die über die seiner Vorgänger hinausging, ist nicht zu entscheiden. Vermutlich beruhten die Formulierungen und Symbole, die man als Ausdruck eines neuen, imperialen Verständnisses von schottischer Monarchie deuten kann, auf den Ideen seiner engsten Ratgeber. Jedenfalls konstatierte das Parlament im November 1469: „oure esoverane lord has ful jurisdictioune and fre Impire within the realme".[201] Zudem durften Notare, die aufgrund von Kaiserrecht amtierten, nicht weiterarbeiten, die mit päpstlicher Legitimation (Kirchenrecht) jedoch schon. Möglicherweise folgten James III. und seine Berater dem Vorbild des französischen Königs, Ludwigs XI., der die Idee von Bartolus von Sassoferrato aufgegriffen hatte, wonach jeder König in seinem jeweiligen Reich ein Kaiser sei. Als Indikator für diese Interpretation kann die in den Jahren nach 1469 verwendete imperiale Ikonographie an den Bauten und in der Kunst gelten. Im Jahr 1472 wurde vom königlichen Wappen das Doppelband (double-tressure) entfernt, womit deutlich gemacht werden sollte, dass der König in seinem Reich Kaiser ist und über ihm keine andere weltliche Macht steht. Diese Idee war in Europa nicht neu, aber zu dieser Zeit in Schottland tatsächlich noch nicht verbreitet.[202] Möglicherweise gehörte auch die Einrichtung des Erzbistums in St. Andrews 1472 mit der Vereinigung aller schottischen Diözesen unter der Metropolitankirche zu der Idee, einen einheitlichen Staat zu entwickeln (dazu unten S. 96).[203]

---

200 MacDougall, James III, 82–83.
201 RPS, 1469/20 [letzter Zugriff: 28.10.2019]. Dazu MacFarlane, William Elphinstone, 40–47; MacDougall, James III, 88–89.
202 Tanner, James III., 213–214. Die doppelte Umrandung des aufrecht stehenden Löwen waren - so die zeitgenössische Annahme - zu einen ein Zeichen der kaiserlichen Herrschaft über Schottland und zum anderen ein Symbol für die Allianz mit Frankreich, in der die Schotten der nachrangige Partner waren; siehe auch MacDougall, James III, 114.
203 Diese Deutung der Einrichtung eines Metropolitanbistums ist in der Forschung umstritten.

James III. war noch keine zwanzig Jahre alt, als er diese Vorstellung von seiner Königsherrschaft propagieren ließ. Deshalb ist in der Forschung gefragt worden, wer ihn beeinflusst und die politischen Ideen nach Schottland gebracht hat. Wahrscheinlich sind einige seiner wichtigen Ratgeber damit an der Universität zu Köln in Kontakt gekommen. John Athilmer, Bischof James Kennedy von St. Andrews und Archibald Whitelaw, sein Sekretär von 1462 bis 1488, haben dort studiert.[204] Es ist nicht auszuschließen, dass diese Ideen schließlich eine Grundlage für die politische Praxis des Königs wurden. Andere Vorstellungen von Königsherrschaft, wie sie John Ireland vertrat, der seit 1483 ebenfalls im Rat des Königs saß, relativierten den imperialen Ansatz. Ireland riet dem König dazu, eine auf den Konsens mit den Räten und Ständen im Parlament zielende Politik zu betreiben.[205] Doch er konnte sich mit seiner Auffassung nur partiell durchsetzen, wie die Ereignisse der Jahre 1480 bis 1488 zeigen.

Persönlich hat James III. vermutlich keine politischen Theorien studiert, denn nachweislich befand sich in seinem Besitz nur ein Exemplar von Mandevilles Reiseerzählungen.[206] Deshalb ist nicht eindeutig zu belegen, dass diese imperialen Ideen Ausdruck seiner Überzeugung waren. Aber er hat sich diese Ideen und Vorstellungen wohl zu Eigen gemacht und in der Folge die Macht seiner Dynastie im Königreich Schottland und seinen politischen Einfluss in Europa unrealistisch hoch eingeschätzt.[207] Auf jeden Fall hat sich während seiner Herrschaft gezeigt, dass seine Ambitionen seine Fähigkeiten als König überstiegen haben.

Innenpolitik 1470 bis 1480: Ambitionen, Missverständnisse und Fehleinschätzungen

Seit seinem ersten Parlament im November 1469 erwarteten die Städter, der Klerus und der Adel, alle im Parlament vertreten Stände, dass James III. seine Herrscheraufgaben engagiert und verantwortungsvoll wahrnimmt. Doch im Verlauf seines ersten Regierungsjahrzehnts haben sich immer wieder Stände sowohl während der Parlamentssitzungen als auch bei vielen anderen Gelegenheiten über die Regierungsführung des Königs beschwert. Dabei standen Klagen über den Mangel an Gerechtigkeit und die unzureichende Friedenswahrung im Zentrum.

James III. wurde auch wegen seiner außenpolitischen Ambitionen kritisiert, die die Ressourcen Schottlands überforderten. Abgelehnt haben die Stände insbesondere seine Steuerforderungen, um eine Armee für einen Kriegszug nach Frankreich aufstellen zu können. Der Plan wurde 1472 vor allem wegen des Wi-

---

204 MacDougall, James III, 86.
205 Ireland war auch Verfasser des *Meroure of Wyssdome*, einem Fürstenspiegel, den 1490 James IV. erhielt.
206 Tanner, James III, 220.
207 So Tanner, James III, 221.

derstandes der Lairds im Parlament aufgegeben und keine schottische Armee auf den Kontinent geschickt. Überhaupt war das Parlament gegen Interventionen auf dem Kontinent und verhinderte in den folgenden Jahren alle Pläne James' III., als Anführer einer Streitmacht das Land zu verlassen. Der König räsonierte nämlich mehrfach darüber, die Bretagne oder Geldern zu erobern bzw. vermeintliche Besitzansprüche der schottischen Krone in diesen Herrschaften durchsetzen zu wollen (siehe unten S. 97–98).

Die Stände in den Parlamenten wiederholten immer wieder, dass James III. im Land bleiben und für Gerechtigkeit sorgen solle, denn sie erkannten bei ihm kaum Bemühungen, die königliche Gerichtsbarkeit zu verbessern und in den von Fehden und Konflikten geplagten Landesteilen Frieden herzustellen. Vor allem wurde ihm vorgeworfen, nicht persönlich vor Ort zu erscheinen und in die Konflikte einzugreifen. Er hielt sich meistens in Edinburgh auf und versuchte, die Streitigkeiten aus der Distanz zu regeln. Immer wieder wurde er (vergeblich) aufgefordert, persönlich den reisenden Gerichten in den Regionen (justice ayres) vorzustehen. So entstand der Eindruck, dass der hohe Adel und insbesondere seine Verwandten, wie sein Halbonkel James Stewart, Graf von Buchan, tatsächliche oder vermeintliche Rechte auf Ämter (Sheriffpositionen), Land und Einnahmen nicht vor einem Gericht, sondern mittels Gewalt weitgehend ungehindert durchsetzen konnten. James' III. Vorstellung, dass er von Edinburgh aus regieren könnte (wie David II.) und dass Magnaten wie Colin Campbell, 1. Graf Argyll, David Lindsay, 5. Graf Crawford, oder Alexander Gordon, 1. Graf Huntly, seine Anweisungen vor Ort ausführten und so den Gehorsam sicherten, war praktisch nicht umsetzbar. Zudem sollte sich noch erweisen, dass die Belohnung dieser Männer mit weiteren Ehren und Besitztiteln keineswegs auch ihre Loyalität zum König garantierte.

Dass James III. seinen Aufgaben als gerechter König nicht nachkam, zeigte sich auch daran, dass er Nachlass oder gar Straferlass für Verbrechen wie Mord, Verrat, Viehdiebstahl und Diebstahl gewährte, wenn die Verurteilten ihm eine ‚Gebühr' dafür zahlten. Die Stände im Parlament klagten, dass damit diese schweren Verbrechen ungehindert (ohne Strafe) verübt werden könnten. Für James III. war aber der Verkauf von Straferlässen eine wichtige Einnahmequelle, die er sich nur zeitweise vom Parlament verschließen ließ.[208] Eine weitere Einnahmequelle waren Münzverschlechterungen, die auch einen Teil zur Füllung von James' III. Schatztruhe beigetragen. Der König brachte sogenanntes „Schwarzes Geld" (Kupfermünzen) anstelle der Gold- und Silberpfennige in Umlauf. Sie hatten nur noch einen geringen Edelmetallanteil und trugen zur Inflation bei. Das eingesparte Gold und Silber wanderte in des Königs Schatz auf

---

208 Von August 1473 bis Dezember 1474 hat er dadurch über 810 Pfund, davon 686 Pfund wegen *slaughter* (Totschlag) eingenommen; siehe MacDougall, James III, 142; Tanner, Parliament, 208.

1.9 König James III. (1460–1488)

Edinburgh Castle.[209] Im Jahr 1451 wurden 69 Pfennige aus einer Unze Silber geschlagen, im Jahr 1483 waren es schon 140.[210]

Offensichtlich sah James III. keine andere Möglichkeit, um seine Hofhaltung, die königliche Repräsentation und seine weitreichenden außenpolitischen Pläne zu finanzieren, denn seine Versuche, vom Parlament zusätzliche Steuern bewilligt zu bekommen, sind fast alle gescheitert. Seine Maßnahmen zur Verbesserung seines Budgets haben allerdings dazu geführt, dass sich aus dem Unmut im und außerhalb des Parlaments nach und nach die Bereitschaft zum Widerstand entwickelte, denn James III. verfügte über Einnahmen aus dem Kronland wie kein schottischer König vor ihm.[211] Er hätte, wenn auch im europäischen Vergleich in einem bescheidenen Rahmen, von seinen regulären Einkommen leben und an seinem Hof repräsentieren können.[212]

Die Unzufriedenheit mit James III. wurde weiter verstärkt, weil der König wohl die Folgen der Wahl seiner engsten Vertrauten nicht richtig eingeschätzt hat. Im Laufe der 1470er Jahre gewannen Günstlinge von niederer Herkunft starken Einfluss im Rat auf Kosten der erfahrenen Ratgeber und Amtsträger aus dem hohen Adel. Zu diesen Günstlingen gehörte William Scheves, der seine Karriere als Arzt des Königs begann und schließlich, ohne die erforderlichen theologischen Qualifikationen, im März 1479 mit massiver Unterstützung des Königs Erzbischof von St. Andrews wurde.[213] Scheves war Mitglied des täglichen Rates, und obwohl er kein offizielles Amt am Hofe innehatte, war sein Einfluss auf die Entscheidungen des Königs offensichtlich. Doch sein Aufstieg und Einfluss hatte auch zur Folge, dass enttäuschte Mitglieder des hohen Klerus und von ihm verdrängte königliche Ratgeber zu seinen Gegnern wurden. Darüber hinaus geriet Scheves mit James Stewart, Graf von Buchan, (James' III. Halbonkel) in Konflikt, weil er einen Freundschaftsvertrag mit dessen Fehdegegner William Hay, 1. Graf Eroll, abgeschlossen hatte. Das Bündnis mit Eroll sollte Scheves, der auch in dieser Angelegenheit vom König unterstützt wurde, helfen, seinen Besitz in Angus zu beschützen. Das hatte allerdings die Verschlechterung von James' III. Verhältnis zu seinen politisch einflussreichen Halbonkeln und seinen beiden jüngeren Brüdern, Alexander, Herzog von Albany, und John, Graf von Mar, zur Folge.

Doch nicht Scheves bewirkte den endgültigen Bruch zwischen James III. und seinen Brüdern. Dafür soll Thomas Cochrane, der ‚böse Geist' des Königs in den Jahren 1479 bis 1482 verantwortlich gewesen sein.[214] Cochrane war Maurermeis-

---

209 Nicholson, Scotland, 435–438.
210 Nicholson, Scotland, 382. Diese Entwicklung hatte weitreichende Folgen für die Verpachtung von Land, auch durch die Krone. Die Landbesitzer waren nämlich nicht an längeren Pachtverträgen mit fixen Summen interessiert, wegen der Geldentwertung. So wurden häufig nur Jahresverträge abgeschlossen, was wiederum bei den Pächtern zu Unsicherheit und zu Zurückhaltung mit Investitionen führte.
211 MacDougall, James III, 362–383 mit der Zusammenstellung der Kronländer.
212 MacDougall, Richard III, 173 schätzt, dass die schottischen Könige etwa ein Zehntel der Jahreseinnahmen der englischen Könige hatten.
213 Zu seiner Karriere ausführlich MacDougall, James III, 146–150.
214 Rogge, Rebellion, 153 und 163; MacDougall, James III, 150–155.

ter oder Steinmetz und wurde (in der Chronistik des 16. Jahrhunderts) für die politische Krise 1479/82 verantwortlich gemacht.[215] Er habe den König gegen seine Brüder aufgebracht, indem er behauptete, einer seiner nächsten Verwandten würde ihn in naher Zukunft plötzlich erschlagen. Daraufhin wurde Mar gefangen genommen und Albany flüchtete über Dunbar zunächst nach Berwick und dann weiter nach Frankreich. Zwei Jahre später erschien er mit einem englischen Heer vor Edinburgh, um James III. abzusetzen.

John, Graf von Mar, wurde vermutlich in einem Gefängnis im Canongate von Edinburgh ermordet. Welchen Anteil Cochrane tatsächlich an dem tödlichen Streit zwischen den Brüdern hatte, ist nicht eindeutig zu klären. Belegt ist aber, dass er nach Mars Tod Ende 1479 und dem Einzug der Grafschaft Mar durch den König im Sommer 1480 als Vogt der Burg Kildrummy, der Hauptburg der Grafschaft, eingesetzt war. Möglicherweise hatte er in dieser Funktion auch den Zugriff auf die Einnahmen aus der Grafschaft Mar, die jetzt zur Krondomäne gehörte. In diesem Fall konnte er über bis zu 500 Pfund jährlich verfügen. Eine enorme Steigerung seines Einkommens, und wahrscheinlich der Grund dafür, dass in den Chroniken des 16. Jahrhunderts vermutet wurde, James III. hätte Cochrane zum Grafen von Mar erhoben. Allerdings lässt sich diese Behauptung nicht urkundlich belegen. Sicher ist jedoch, dass er in der Region mit Georg Gordon, 2. Graf Huntly, in Konflikt geriet, der seinen politischen Einfluss im Nordosten verstärken wollte. Cochrane wurde als Günstling des Königs zum Feind des hohen Adels und wurde im Sommer 1482 beschuldigt, ein schlechter und böser Ratgeber des Königs zu sein.

Persönliche Frömmigkeit und Kirchenpolitik

James III. und seine Frau Margarete waren fromme Christen, die ihre Frömmigkeit durch Wallfahrten (nach Withorn; es gab auch Pläne, nach Rom zu pilgern), das Spenden von Almosen und Stiftungen (Kollegiatkirche in Restalrig) ausgedrückt haben. Doch die persönliche Frömmigkeit des Königs blieb nicht seine private Angelegenheit, denn er war auch Schützer der schottischen Kirche bzw. des Klerus. Daraus leitete er jedoch auch ab, aktiv in die Besetzung von Pfründen und Ämtern eingreifen zu können. Am Beispiel der Priorei Coldingham lässt sich die Verbindung von persönlicher Frömmigkeit und königlicher Kirchenpolitik deutlich machen. Sie ist darüber hinaus ein weiteres Beispiel dafür, dass James III. seine Autorität eher im Konflikt als in der Kooperation mit dem regionalen Adel demonstrieren und durchsetzen wollte.

Die Benediktiner Priorei Coldingham liegt etwa 15 Kilometer nördlich von Berwick und unterstand dem Kapitel der Kathedrale von Durham.[216] Im Zuge der

---

215 MacDougall, Richard III, 176–181 mit einer guten, kritischen Diskussion des Aussagewertes der Chroniken aus dem 16. Jahrhundert.
216 MacDougall, Crown, 254–269.

1.9 König James III. (1460–1488)

Übernahme von Berwick durch die Schotten 1461/62 wurden die letzten englischen Mönche aus Coldingham vertrieben. In den darauffolgenden Jahren entbrannte ein Konflikt zwischen Patrick Hume, dem Archidiakon von Teviotdale und John Hume, dem Dekan der königlichen Kapelle (St. Mary on the Rocks) in St. Andrews um die Einnahmen aus den Pfründen. Patrick entstammte einer Nebenlinie der einflussreichen Humes, John war der zweite Sohn von Alexander, Lord Hume. Auf Betreiben von Richard Bell, dem Prior von Durham, wurden beide Humes 1467 exkommuniziert. Im Jahr 1471 schrieb Bell an König James III., er möge die Besetzung von Coldingham mit englischen Mönchen erlauben. Diese Bitte war für den König der Anlass, sich aktiv einzuschalten. Die Frage, wer über die Besetzung der Priorei bestimmen und die Abgaben einziehen durfte, war für ihn eine rein schottische Angelegenheit, deshalb lehnte er Bells Bitte ab. Als nächstes entschied James III., die Priorei aufzuheben.

Damit begann der Konflikt mit den Humes über die Verteilung der Einnahmen aus dem zur Priorei gehörenden Land. James III. wollte die Hälfte der Einkünfte der königlichen Kapelle in St. Andrews zuweisen und die andere Hälfte für die Einrichtung einer von ihm gestifteten Kollegiatkirche in Coldingham mit Patrick Hume als Dekan verwenden. Gegen diesen Plan hat John Hume den Widerstand seiner Familie organisiert, denn er war nicht damit einverstanden, nur einen Teil der Einkünfte zu bekommen und seine Familie generell nicht mit der Einmischung des Königs in ihre Angelegenheiten im Südosten des Reiches. James' III. Parteinahme für Patrick Hume machte die anderen Zweige der Familie zu seinen Gegnern.

Coldingham war seit den 1450er Jahren nicht nur die Priorei, sondern eine finanziell und territorial wichtige Baronie im südöstlichen Schottland. Sie war das Zentrum der sich entwickelnden regionalen politischen Dominanz der Humes in dieser Region und deshalb wollten sie die Einnahmen der Priorei nicht dem König überlassen. Sie haben ihren Widerstand gegen die Pläne des Königs deshalb auch nach dem Tod von Patrick Hume 1478 fortgesetzt. Zwar haben sich die Humes nicht aktiv an der Gefangennahme von James III. 1482 beteiligt und es gab sogar eine kurzzeitige Annäherung, aber im Jahr 1484 eskalierte der Streit über Coldingham wieder. Im September des Jahres erreichte John Hume eine päpstliche Aufhebung der Kollegiatkirche sowie die Wiederherstellung der Priorei mit ihm als Prior. Doch im Zuge der für den König erfolgreichen Verhandlungen über die Besetzung von kirchlichen Ämtern im Jahr 1487 setzte Innozenz VIII. die Verteilung der Einnahmen von Coldingham wie 1473 beschlossen wieder in Kraft (siehe unten S. 118). Die Priorei wurde aufgehoben, die Einnahmen zwischen der königlichen Kapelle und der Kollegiatkirche aufgeteilt. Diese sollte jedoch nicht mehr in Coldingham entstehen, sondern James III. wollte mit dem Geld die Fertigstellung seiner seit Mitte der 1480er Jahre im Bau befindliche Kollegiatkirche in Restalrig, drei Kilometer außerhalb von Edinburgh, fördern. Diese Entscheidung hat die Humes mitsamt ihren Verbündeten und Anhängern (Hepburns) Anfang 1488 in das Lager der Rebellen gegen den König getrieben.

James III. verpasste eine (weitere) Möglichkeit, eine wichtige regionale Adelsfamilie mittels Kompromissbereitschaft an sich zu binden.

James' III. Eingreifen in Coldingham illustriert auch seine prinzipielle Haltung in Bezug auf die Besetzung von hohen Kirchenämtern wie Äbten und vor allem Bischöfen. Ein weiteres Beispiel dafür liefert sein Agieren im Zusammenhang mit der Erhebung von St. Andrews zu einem Erzbistum im August 1472. Seitdem hatte Schottland eine unmittelbare Berufungsinstanz in kirchlichen Angelegenheiten im Reich. Auf diese Weise konnten Zeit und Kosten gespart werden, weil Berufungen gegen Entscheidungen z. B. der Besetzung von Pfründen nicht mehr nach Rom geschickt werden mussten. Zudem wurden die Diözesen Galloway und Orkney dem neuen Bistum unterstellt. Allerdings war die Freude darüber nicht ungeteilt, denn Bischof Robert Graham hatte die Erhöhung seiner Kathedra bei Papst Sixtus IV. in Rom ohne das Wissen seiner Mitbischöfe erwirkt und damit das austarierte Gleichgewicht im schottischen Episkopat, der bis dahin auf Provinzialsynoden zusammengearbeitet hatte, zerstört.[217]

Graham, seit 1465 Bischof von St. Andrews, war im Sommer 1471 nach Rom gekommen, um einige seiner Probleme zu lösen. Dazu gehörten Schulden, weil er für Provisionen u. a. zum Bischof von Brechin 1464 noch über 3 000 Gulden an die Kurie zahlen musste. Aber auch seine erstaunlich schnelle Karriere im Episkopat in Schottland brachte einige hohe Geistliche im Königreich gegen ihn auf. Zudem entwickelte der König eine Abneigung gegen Graham, weil der sich geweigert hatte, die St. Giles Kirche in Edinburgh aus der Rechtsprechung seiner Diözese St. Andrews zu lösen. Und in der Bulle, mit der das Erzbistum St. Andrews eingerichtet wurde, wurde hinsichtlich der Kontrolle der Provisionen in Bezug auf die kirchlichen Benefizien für den schottischen König nichts festgelegt. Für James III. war Grahams nicht abgesprochener Vorstoß zuerst eine eindeutige Missachtung seiner Kirchenpolitik. Kurze Zeit nach der Einrichtung des Erzbistums hat er aber die damit für ihn neuen Handlungsoptionen erkannt. Die schottischen Bischöfe wiederum fürchteten, dass der Papst damit die Hoffnung auf die leichtere Durchsetzung kurialer Ansprüche verband.

Graham hatte nach seiner Rückkehr aus Rom im Herbst 1473 einen schweren Stand in seiner neuen Erzdiözese und war nicht in der Lage, seine neuen Vorrechte auch praktisch gegen Episkopat und König durchzusetzen.[218] Wohl im April 1474 sicherte sich der König die Einnahmen aus den Temporalien und Thomas Spens, der Bischof von Aberdeen, erreichte in Rom die Exemtion seiner Diözese von der Gerichtsbarkeit des Erzbischofs. Graham konnte seine Schulden an der Kurie nicht bezahlen und verlor deshalb auch dort den Rückhalt. Seit September 1474 führte ein Koadjutor die Geschäfte des Erzbistums und im Januar 1478 wurde Graham abgesetzt und verhaftet. Er starb schließlich noch 1478 im Verlies von Burg Lochleven.

Der Koadjutor William Scheves wurde aufgrund der Nomination von James III. im Februar 1478 sein Nachfolger. Damit wurde einer der engen, aber

---

217 Watt, Konzilien, 178–179.
218 MacDougall, James III, 101–104.

wegen seiner niederen Geburt vom Adel mit Misstrauen betrachteten Berater von James III. zum Metropoliten und damit wohl auch zur (königlichen) Aufsichtsinstanz über den Klerus. Als Scheves im März 1487 zum Primas und „legatus natus" ernannt wurde, sagte ihm der König seine Unterstützung zu. Während seiner gesamten Regierungszeit kämpfte der König, wie schon seine Vorgänger, mit den Päpsten wegen deren - wie er meinte - Rechtsverletzungen bei der Besteuerung des Klerus (Geldabfluss) und bei der Besetzung von Pfründen. James III. erboste allerdings einige schottische Bischöfe, denn er wollte die Kontrolle über die Besetzungen ganz an die Krone ziehen. Am 20. April 1487 erklärte Innozenz VIII., dass er bei Vakanzen von Pfründen in Kathedralkirchen oder Klöstern, die mehr als 200 Gulden im Jahr einspielten, für acht Monate auf Provisionen verzichte und auf Briefe mit Bitten des Königs warte, seine Kandidaten in die Pfründe einzusetzen.[219] Diese Zugeständnisse hätten dem König helfen können, die Oberhand über seinen Klerus zu gewinnen, doch ist ihm das tatsächlich nicht gelungen. Vielmehr hatte er auch in den folgenden Jahren mindestens einen Bischof oder hohen Kleriker samt dessen Familie gegen sich.

Außenpolitik: Kontinent und England

Der dänische König Christian I. hatte Orkney und Shetland als Pfand für die Mitgift seiner Tochter an James III. übergeben. Der arbeitete jedoch seit 1470 daran, diese Regionen auf Dauer an die Krone zu bringen. In seinem Sinne agierte William Tulloch, der Bischof von Orkney, der seit 1471 für James III. auch das kleine Siegel verwaltete. Als der 1477 in die Diözese Moray transferiert wurde, folgte ihm Andreas Maler (Pictoris), ein deutscher Arzt und Priester, der mit der Königin Margarete 1469 nach Schottland gekommen war. Parallel dazu überzeugte James III. William Sinclair, seinen Titel und seine Position als Graf von Orkney an die schottische Krone zurückzugeben. Dafür wurde er Graf von Caithness und erhielt Länder in Fife sowie ab 1471 eine jährliche Pension von 400 Mark aus dem Zoll von Edinburgh. Zudem heiratete Sinclairs Tochter Katharina den Bruder des Königs, Alexander Stewart, Herzog von Albany. Diese Ehe wurde allerdings 1478 geschieden.

Damit waren die Vorbereitungen abgeschlossen und am 20. Februar 1472 erklärte das Parlament offiziell die Annexion der Grafschaft Orkney und der Herrschaft Shetland an die Krone.[220] Diesen Gebietszuwachs konnte James III. als Erfolg seiner Außenpolitik verbuchen. Alle anderen Ideen und Pläne in den 1470er Jahren, die schottische Krone auch auf dem Kontinent zu einem politischen Schwergewicht zu machen, erwiesen sich nämlich als unrealistisch.

Zunächst verfolgte James III. die Idee, mit einer 6 000 Mann starken Armee auf den Kontinent überzusetzen, um seine Erbansprüche am Herzogtum Bre-

---

219 MacDougall, James III, 295.
220 Tanner, Parliament, 196.

tagne durchzusetzen. Er begründete seine Ansprüche damit, dass seine Tante Isabella, eine Schwester von James II., mit Herzog Franz verheiratet war. Im Jahr 1450, nach acht Ehejahren, starb ihr Mann und Isabella lebte als Witwe. Sie weigerte sich, die Bretagne zu verlassen und nach Schottland zurückzukehren, wo sie eventuell wiederverheiratet worden wäre. Auf die Idee zu einem Angriff auf die Bretagne wurde James III. vom französischen König Ludwig XI. gebracht, der auf diese Weise die Annäherung der Schotten an seine Erzfeinde, die Herzöge von Burgund, verhindern wollte. Er schickte den erfahrenen Diplomaten William, Lord Moneypenny Anfang 1472 nach Edinburgh, um James III. eine gemeinsame Militäraktion in der Bretagne vorzuschlagen. Doch schließlich hat der massive Protest des Parlaments (Angst vor einem englischen Angriff, wenn er außer Landes sei; Möglichkeit, auf dem Feldzug zu sterben ohne einen Erben zu haben) und der Widerwille vor allem der Lairds im Parlament, für so ein unkalkulierbares militärisches Unternehmen Steuern zu zahlen, dazu geführt, dass er den Plan aufgegeben hat.[221]

Im Frühjahr 1473 unternahm James III. einen neuen Anlauf, um auf dem Kontinent zu reüssieren. Dieses Mal berief er sich darauf, über seine Mutter Maria Erbansprüche an dem Herzogtum Geldern zu haben. Maria war die älteste Tochter des Herzogs Arnold. Der wurde im Januar 1465 von seinem Sohn Adolf gefangen genommen und blieb fünf Jahre in Haft. Auch weil Herzog Karl der Kühne von Burgund intervenierte, kam Arnold wieder frei und ließ nun seinen Sohn in Haft nehmen. Aber weil der alte Herzog den Burgundern nicht die Dominanz in den Niederlanden überlassen wollte, bot er im Herbst oder Winter 1472 seinem schottischen Enkel Geldern und Zutphen an, wenn dieser ihn dabei unterstützen würde, Adolf aus der Thronfolge in Geldern zu streichen. Dabei ignorierte er jedoch den Umstand, dass James II. 1449 bei seiner Heirat mit Maria auf Nachfolgeansprüche in Geldern verzichtet hatte. Doch noch bevor in Edinburgh über dieses Angebot entschieden wurde, hatte sich die politische Lage in den Niederlanden gedreht.

Kurz vor seinem Tod im Februar 1473 ernannte Arnold den Herzog von Burgund zu seinem Erben. Schon im Dezember hatte er sein Herzogtum für 300 000 Gulden an ihn verpfändet. So waren die Würfel bereits gefallen, als der Gesandte von James III. im Mai 1473 am burgundischen Hof ankam, um offiziell zu erklären, dass sich James III. als rechtmäßigen Erben von Herzog Arnold betrachte. Deshalb erwarte er in dieser Sache die Unterstützung des Herzogs. Karl der Kühne reagierte auf dieses Ansinnen, indem er im Sommer Geldern eroberte und das Territorium seinem sich entwickelnden Staat hinzufügte. Wieder wurden dem schottischen König die Grenzen seines außenpolitischen Einflusses deutlich gemacht. Die Stände im schottischen Parlament sahen das vermutlich auch und haben ihn durch strikte Auflagen bzw. die Verweigerung von Geld für Soldaten von dem Versuch, seine abenteuerlichen Pläne auf dem Kontinent durchzusetzen, abgehalten.

---

221 Tanner, Parliament, 198–199.

1.9 König James III. (1460–1488)

Seine Politik gegenüber England war im Gegensatz zu der seines Vaters auf Ausgleich und Frieden bedacht. An diesem politischen Ziel hat er während seiner gesamten Regierungszeit festgehalten. Die letzten englischen Garnisonen waren wieder in schottischer Hand: Roxburgh seit 1460 und Berwick seit 1461. Seit dem Ende des englisch-französischen Krieges war die „Auld Alliance" mit Frankreich nicht mehr notwendig. Das waren in James' III. Perspektive gute Bedingungen, um mit Edward IV. über einen dauerhaften Frieden zu verhandeln. Im Jahr 1474 konnte er schließlich eine Allianz mit England abschließen – der erste Friedensvertrag seit 1328.[222] Wie üblich, wurde auch eine Ehevereinbarung getroffen: James' Sohn und Thronfolger sollte Cecilia, die zweite Tochter Edwards IV. heiraten. In den folgenden Jahren zahlte der englische König sogar Raten (2 000 Mark Silber) im Vorgriff auf die Mitgift, aber die Ehe kam letztlich nicht zustande. Ein Grund dafür war, dass der schottische Adel in den Borders mit diesem Frieden nicht einverstanden war. Wahrscheinlich hat diese Englandpolitik auch zum Bruch zwischen James III. und seinem Bruder Alexander, Herzog von Albany, geführt.

Alexander war nicht nur einer der größten Magnaten in der Grenzregion (Grafschaft March, Herrschaft Annandale) sondern auch Warden of the Marches. So wie er profitierte auch Archibald, 5. Graf Angus, von den Raubzügen jenseits der Grenze. Diese Magnaten waren vom König beauftragt, englische Invasionsversuche abzuwehren, wollten aber keine direkte Einmischung des Königs in die Grenzangelegenheiten und ihre Vorgehensweise in der Region. Die konsequente Friedenspolitik seines Bruders hat Albany wohl soweit er konnte ignoriert, bzw. umgangen. Während eines Gerichtstages im Jahr 1479 in den Borders griff er nicht ein, als ein Engländer bei Streitigkeiten ums Leben kam. Dabei wäre es seine Aufgabe als Warden gewesen, für Frieden während des Gerichtstags zu sorgen. Für James III. hatte sein Bruder damit sein Amt missbraucht und Verrat an seiner Friedenspolitik begangen. Daher sollte er bestraft werden.[223] Allerdings sahen viele Schotten die Lage in den Borders ähnlich wie Alexander. Sie hielten die Friedenspolitik von James III. gegenüber England für einen Fehler und die Verurteilung von Albany war für sie eine Übertretung der königlichen Rechte.

Im Jahr 1480 änderte Edward IV. seine Schottlandpolitik von einer tendenziellen Annährung und Versöhnung hin zu offenem Konflikt. Er hatte sich nämlich mit Ludwig XI. von Frankreich verständigt und damit den Rücken frei für offensive Politik gegen Schottland. Er forderte das schon bezahlte Geld für die Mitgift seiner Tochter zurück. James III. bot anstelle des Geldes seine Tochter Margarete als Braut für einen englischen Prinzen an, doch das scheiterte u. a. daran, dass die schottischen Stände ihm nicht 20 000 Mark für diesen Zweck bewilligen wollten. Schließlich waren schottische Raubzüge in Northumberland im Jahr 1480 der Anlass für Edward IV. militärische Maßnahmen zu ergreifen. Er ernannte seinen Bruder, Richard von Gloucester, zum Leutnant im Norden von England. Die Ziele der militärischen Operationen waren die Rückeroberung von Berwick

---

222 Dazu ausführlich Grant, Richard III and Scotland, 115–148.
223 Grant, Richard III, 121; MacDougall, Richard III, 187.

und die Durchsetzung der alten Forderung nach Anerkennung der englischen Oberlehensherrschaft durch den schottischen König. Vermutlich hat der englische König nicht damit gerechnet, dass James III. diese Ansprüche anerkennen würde. Doch sein Bruder Alexander war bereit, die englische Oberherrschaft anzuerkennen, wenn er anstelle von James III. König werden würde.

Im Mai 1482 kam Albany in London an und wurde als Anwärter auf den schottischen Thron empfangen. Im Juni schloss er mit Edward IV. den Vertrag von Fotheringhay. Darin nannte er sich König von Schottland und versprach, den Lehnseid zu leisten und Berwick zu übergeben. Edward IV. versprach dafür, ihn bei der Übernahme der schottischen Krone zu unterstützen.[224] Im Juli waren die Vorbereitungen abgeschlossen und 20 000 englische Soldaten marschierten unter dem Kommando von Richard von Gloucester in Richtung Berwick und Edinburgh. Seit achtzig Jahren war keine so große englische Armee gegen Schottland aufgeboten worden. Allerdings konnte diese nur für vier Wochen bezahlt werden. James III. befahl seinen Adeligen, mit ihren Truppen nach Lauder zu kommen, um den Kampf gegen die englische Armee vorzubereiten.

Lauder Bridge 1482: James III. in Gefangenschaft

Allerdings haben sich die schottischen Magnaten nicht auf eine Schlacht vorbereitet, sondern ihren König am 22. Juli 1482 gefangengenommen und auf der Burg in Edinburgh inhaftiert, wo er bis zum 29. September unter der Aufsicht seines Halbonkels, John Stewart, Graf von Atholl, gefangen war. Seine Halbonkel (Atholl, Buchan) und ihre Verbündeten wollten sowohl das abzusehende militärische Desaster gegen die englische Armee vermeiden als auch verhindern, dass mit Albany ein König von englischen Gnaden die schottische Krone erhielt. Zudem wollten einige Adelige, wie Colin Campbell, Graf von Argyll, Druck auf den König ausüben, um ihn zur Rücknahme von Entscheidungen zu Ungunsten seiner Familie zu bewegen.[225] George Gordon, 2. Graf Huntly, wiederum wollte die Gelegenheit nutzen, um gegen Thomas Cochrane vorzugehen, den Günstling des Königs. Der war zu dem Zeitpunkt noch Vogt der Burg von Kildrummy und zog die Einnahmen aus der Grafschaft Mar ein. Das war eine Konstellation, die die Durchsetzung der Interessen der Huntlys und ihrer Verbündeten in der Region massiv behinderte.

Über den Ablauf der dramatischen Ereignisse an der Lauder Bridge, die der Gefangennahme vorausgingen, gibt es keine ausführlichen Berichte. Sicher ist jedoch, dass die unzufriedenen schottischen Adligen nicht in eine Schlacht ziehen wollten. Die Waffenschau eröffnete ihnen aber die Möglichkeit, offene Rechnungen mit den Günstlingen des Königs zu begleichen, die sie auch für die schlechte Politik des Königs verantwortlich machten: Das Prägen der schlechten

---

224 MacDougall, Richard III, 190.
225 MacDougall, James III, 197.

Münzen, die Verdrängung von Adeligen aus dem königlichen Rat, der Tod des Grafen von Mar, die Verbannung Albanys. Während James III. gefangengenommen wurde, hängten die Aufrührer vier Günstlinge an der Brücke von Lauder auf, darunter Thomas Cochrane und James Hommyl, den Schneider des Königs.

Die englischen Truppen erreichten ohne Gegenwehr Anfang August Edinburgh, konnten die Burg auf dem Hügel über der Stadt Edinburgh aber nicht erobern. Mitte August waren die Gelder für den Sold aufgebraucht und die Armee löste sich auf. Bei Richard von Gloucester verblieben noch knapp 2 000 Mann, die er aus seiner persönlichen Schatulle bezahlt hat. Die Voraussetzung für Verhandlungen über die Absetzung von James III. waren also nicht gegeben und die Verantwortlichen für seine Inhaftierung (Atholl, Buchan, Argyll, Huntley, der Kanzler Avandale) waren nicht bereit, Albany als neuen König zu akzeptieren. Einen kleinen Erfolg konnte Gloucester seinem Bruder immerhin melden, denn seine Truppen eroberten auf dem Rückzug im August 1482 Berwick.

Alexander, Herzog von Albany, musste danach ohne die militärische Unterstützung der Engländer versuchen, sich Sicherheit und wenn möglich auch eine Position in einem möglichen Regentschaftsrat für den neun Jahre alten Kronprinzen James zu verschaffen. Der lebte jedoch unter der Aufsicht der Königin in Stirling. Falls James III. seine Haft nicht überleben würde, hätte sie den Zugriff auf die Regierung gehabt. Deshalb reiste Albany zusammen mit Avandale, Argyll und Scheves nach Stirling und verhandelte mit der Königin und deren Beratern, während die Gruppe um Buchan und Atholl, die über die königlichen Siegel verfügten, in Edinburgh versuchte, eine Regierung zu etablieren. Diese Konstellation hat dem König das Leben gerettet, denn seine Halbonkel wussten, dass nach seinem Tod der junge James zum König ausgerufen und die Königin zusammen mit Albany die Regierung übernehmen würde. Königin Margarete hatte beste Beziehungen zu John Stewart, Lord Darnley, den sie zum Vogt der Burg Edinburgh ernannt hatte und der die Aufsicht über den gefangenen König James III. hatte. Wie genau die Königin, Darnley und Albany zusammengearbeitet haben, ist nicht überliefert. Sicher ist aber, dass am 29. September eine Art Belagerung der Burg von Edinburgh unter dem Kommando von Albany stattfand und der König freigelassen wurde.[226] Albany ist es nicht gelungen, seine Ziele zu erreichen und im Winter 1482/83 gewann James III. wieder an politischem Boden. Albany sah seine einzige Möglichkeit darin, im März 1483 Edward IV. erneut um Hilfe zu bitten. Das war offensichtlicher Verrat. Allerdings kam keine Hilfe mehr vom englischen König, weil Edward IV. am 9. April 1483 starb. Sein Tod hatte unmittelbaren Einfluss auf die politische Lage in Schottland.

James III. wusste, dass der englische Druck nachlassen würde und Albany wurde klar, dass damit auch seine letzten Möglichkeiten gestorben waren, sich doch noch gegen seinen Bruder durchzusetzen. Er überließ Dunbar Castle einer englischen Garnison und floh nach England. Am 8. Juli 1483 bestätigte ein schottisches Parlament die Einziehung von Albanys Besitz an die Krone. Ein verzwei-

---

226 MacDougall, James III, 209.

felter letzter Versuch von Albany zusammen mit dem seit fast dreißig Jahren im englischen Exil lebenden James, 9. Graf Douglas, im Juli 1484 seine Ansprüche mittels Gewalt durchzusetzen, scheiterte bei Lochmaben am militärischen Widerstand von Lairds in der Westmark und aus Galloway.[227] Albany konnte nach Frankreich fliehen. Douglas wurde gefangengenommen und blieb bis zu seinem Tod 1491 in Lindores Abbey in Haft.

James III. erhielt nach der Wiederherstellung seiner politischen Handlungsfähigkeit im Frühjahr 1483 die Gelegenheit, seinen Politikstil und den Umgang mit Familienangehörigen und politischen Gegnern neu zu gestalten. Doch zunächst ging es darum, einige der rebellischen Lords zu begnadigen und wieder für die Regierung zu gewinnen, wie Colin Campbell, Graf von Argyll, der im September 1483 zum Kanzler ernannt wurde. James' III. moderner Biograf, Norman MacDougall, meint, 1483 war ein Jahr der Versöhnung.[228]

In den folgenden Jahren verfiel der König wieder in die Handlungsmuster, für die er schon Ende der 1470er Jahre kritisiert worden war und die eine wesentliche Ursache für seine Verhaftung 1482 gewesen waren. Er ließ sich weiter Strafnachlässe abkaufen, beließ das Schwarze Geld im Umlauf und er legte einen Schatz auf der Burg von Edinburgh an, statt Geld auszugeben. Zudem förderte er wieder einen jungen Mann von niederer Geburt, den die altgedienten Adeligen im Rat als Günstling oder Favoriten kritisiert haben: John Ramsay, der nur wegen seiner Jugend 1482 nicht an der Brücke von Lauder aufgehängt worden war.

Er war in den Jahren 1484 bis 1488 der engste Berater des Königs, der kaum noch auf die anderen Ratsherren hörte. Ramsay erhielt die Baronie Bothwell, wurde 1485 ein Lord of Parliament und 1486 Vogt von Dunbar Castle. Diese für einen Mann seiner Herkunft nicht adäquaten, weil zu hohen Auszeichnungen, kritisierten die alten Räte. Um den negativen Charakter des Königs weiter zu profilieren, unterstellten ihm die Chronisten des 16. Jahrhunderts zudem Untreue zu seiner Ehefrau und sogar Unzucht (Besuch von Prostituierten). Dafür gibt es aber keine Belege. Das Verhältnis zwischen König und Königin verschlechterte sich seit 1483, weil sie 1482 zunächst seiner Gefangennahme zugestimmt hatte. Auch ihre Zusammenarbeit mit Albany nahm er ihr übel. Margarete wollte damit jedoch vor allem die Chancen ihres Sohnes James, Herzog von Rothesay, auf den Thron sichern. James III. wollte sie in den Jahren danach nicht mehr sehen und hat sie praktisch auf die Burg von Stirling verbannt, wo sie mit dem ältesten Sohn und Thronfolger bis zu ihrem Tod im Juli 1486 lebte.[229] Weitgehend unbestritten ist, dass die Königin eine Frau von außergewöhnlicher Frömmigkeit und Keuschheit war. Bis zu ihrem Zerwürfnis haben James und Margarete bei vielen Gelegenheiten ihre gemeinsam gepflegte Frömmigkeit öffentlich demonstriert. Insofern spricht wohl mehr dafür, dass James' III. Bitte an den Papst, zu prüfen, ob eine Kanonisationsverfahren für seine verstorbene Frau eingeleitet werden

---

227 MacDougall, James III, 232; Grant, Richard III, 135.
228 MacDougall, James III, 285.
229 Ihr Tod soll – was aber unwahrscheinlich ist – wegen einer Vergiftung durch John Ramsay, den Vertrauten des Königs eingetreten sein; MacDougall, James III, 303–304.

1.9 König James III. (1460–1488)

könne, ein Ausdruck echter Zuneigung war und nicht nur von konventioneller Frömmigkeit.[230] Auf Stirling blieb James der dreizehnjährige Kronprinz und Herzog von Rothesay zurück. Der fühlte sich von seinem Vater zurückgewiesen und machte sich wahrscheinlich Gedanken, ob er tatsächlich auf den Thron folgen würde. Denn der König bevorzugte offensichtlich seinen zweiten Sohn, James, Graf von Ross und Marquis von Ormond. Der lebte nämlich seit 1484 in Schloss Linlithgow und für ihn wurden im Sommer 1486 in London Verhandlungen mit König Heinrich VII. über eine Ehe mit Katharina, der jüngsten Tochter von Edward IV. aufgenommen. Für den Thronfolger war keine Braut in Aussicht.

Die Folge war, dass sich zwischen den Brüdern eine jahrelange Rivalität entwickelte und das der junge James, Herzog von Rothesay, zum Mittelpunkt der Überlegungen der Adeligen wurde, die mit James' III. Regierungspraxis unzufrieden waren. Kritisiert wurden seine Vernachlässigung der Rechtsprechung, seine Duldung von Friedbrüchen und Fehden, die Fortsetzung der Prägung von schlechtem Geld, der Einfluss von John Ramsay auf die Politik und der Ausschluss von erfahren Ratgebern. Im Herbst 1487 beklagten die Stände im Parlament den schlechten Zustand der Rechtsprechung und das Fehlen der Durchsetzung von Gesetzen durch den König. James III. gestand daraufhin zu, die Straferlasse gegen Geldzahlungen für sieben Jahre auszusetzen. Er nutzte das Parlament im Herbst 1487 auch, um endlich die immer noch schwelenden Konflikte mit den Humes wegen Coldingham zu beenden. Deshalb ließ er verkünden, dass er jeden, der die Humes unterstütze, als Verräter bestrafen würde.[231] Das war faktisch eine Kampfansage an die Humes und deren große Anhängerschaft.

Sauchieburn 1488: James III. auf dem Schlachtfeld gegen seinen Sohn und Thronfolger

Das politische Jahr begann mit einem Parlament, das am 29. Januar beendet war. Wenige Tage später gab es die ersten Anzeichen für eine Rebellion. Der König versuchte nämlich, seinen Willen gegen die Humes in Coldingham durchzusetzen. Das war in den Augen vieler Magnaten nicht legitim und sie haben die Humes gegen James III. unterstützt (siehe oben S. 95–96). Ein weiterer Fehler des Königs war es, seinen zweiten Sohn James zum Herzog von Ross zu ernennen, vermutlich, um ihn als Ehemann attraktiver zu machen. Wenige Tage danach hat der nunmehr fünfzehnjährige Kronprinz James, Herzog von Rothesay, Stirling verlassen, wohl dank der Hilfe von Archibald Douglas, 5. Graf Angus, Lord Hume und weiteren Gegnern seines Vaters.

Währenddessen versuchte der König, sich mit Vertrauten und erfahrenen Räten zu umgeben. Daher holte er seinen Halbonkel Buchan wieder zurück und entließ Argyll als Kanzler, der von Bischof Elphinstone ersetzt wurde. Da-

---

230 Marshall, Queens, 82–83.
231 MacDougall, James III, 412.

mit machte er sich die Verwandten und Gefolgsleute von Colin Campbell, Graf von Argyll, auf einen Schlag zu seinen Gegnern. Weil sich Armeen der Aufständischen im Süden sammelten, um auf Edinburgh zu marschieren, flüchtete James III. Ende März aus der Stadt nach Norden und erreichte am 6. April Aberdeen. Zurück blieben sein Sekretär Whitelaw und der größte Teil seines Schatzes im Juwelenhaus auf der Burg. In Aberdeen wurden dann noch Verhandlungen geführt, weil in beiden Lagern noch Akteure versucht haben, einen Kompromiss zu finden und einen offenen Krieg zu verhindern. Schließlich einigte sich die dafür zusammen getretene Kommission auf neun Artikel, die als Grundlage für weitere Verhandlungen dienen sollten.[232] Darin ging es vor allem um die Sicherheit des Kronprinzen, der zukünftig von erfahrenen Ratgebern be- und geleitet werden sollte. Zudem sollte sein Vater ihm nicht den Unterhalt kürzen. Weitere Artikel bestimmten, wie sich die Parteien gegenseitig versöhnen und wieder zu einem friedlichen Umgang miteinander finden sollten. Im neunten Artikel ging es schließlich um die Beilegung der Fehden, speziell der zwischen Buchan (auf James' III. Seite) und Lyle (Rebell). Der König unterzeichnete diese Artikel und demonstrierte damit seine Verhandlungsbereitschaft, doch wenig Tage später (vermutlich auf den Rat von Buchan) entschloss er sich, gegen die Rebellen ins Feld zu ziehen.

Dieser Sinneswandel war für die Magnaten im Norden (Huntly, Eroll, Marischal) ein Wortbruch und sie entzogen James III. ihre Unterstützung. Der erhoffte sich vermutlich militärische Hilfe vom englischen König Heinrich VII., mit dem er eine rege, diplomatische Kommunikation unterhielt. Allerdings erhielt er im Sommer diese erhoffte Hilfe nicht. Er war auf Söldner und seine schottischen Getreuen, allen voran sein Halbonkel John, Graf Atholl, angewiesen. Sein erstes angestrebtes Ziel war es, seinen Sohn in die Hände zu bekommen. James III. ließ deshalb seine Truppen nach Stirling vorrücken, wo er die Rebellen mit seinem Sohn vermutete und wo ihm ein erster Überraschungsangriff gelang. Allerdings floh der Kronprinz mit seinen Truppen in Richtung Falkirk. Unterwegs trafen sie auf weitere Rebellentruppen und kehrten nach Stirling zurück, wo am 11. Juni die beiden Armeen wieder aufeinandertrafen. Die Schlacht war ein blutiges Chaos, in dem die zahlenmäßig unterlegenen Rebellen die Oberhand behielten. James III. wurde bei dem Versuch, vom Schlachtfeld zu fliehen, von einem unbekannten Mann erstochen.[233] Sein Sohn wurde am 24. Juni 1488 in Scone zu James IV. gekrönt, der tote König am 25. Juni neben seiner Frau Margarete in der Abtei Cambuskenneth bei Stirling beigesetzt.

---

232 MacDougall, James III, 336–338; McHugh, Aberdeen Articles.
233 MacDougall, James III, 346–347.

1.9 König James III. (1460–1488)

James III., ein schlechter König?

Im Gegensatz zu seinem Großvater James I., der als Gesetzgeber und für die Durchsetzung von Gesetzen eher positiv bewertet wird, sowie seinem Vater James II., dem das (positive) Image eines „Kriegskönigs" zugeschrieben wird, ist sich die Forschung bei der Bewertung von James' III. Regierung nicht einig. Leslie MacFarlane interpretiert sein Wirken und das von Bischof Elphinstone als Kampf progressiver, moderner Politiker, deren Ziel ein zentralisiertes Schottland war, das sie gegen die rückwärtsgewandten Traditionalisten im hohen Adel, die ihre alten Rechte und Gewohnheiten beibehalten wollten, zu realisieren sich bemühten.[234] Sein Scheitern ist aus dieser Perspektive die Folge von strukturellen Gegebenheiten: James III. war ein Opfer der Umstände.

Dagegen macht Norman MacDougall die persönlichen Schwächen und politischen Unzulänglichkeiten von James III. verantwortlich; Roland Tanner hat sogar geurteilt, er habe bei dem was er zu tun hatte versagt: James III. war „a bad king".[235] MacDougall und Tanner betonen, dass James III. nicht an den politischen Strukturen und Umständen gescheitert sei, sondern an seinen eigenen Unzulänglichkeiten als Herrscher.

Leslie MacFarlane schreibt hingegen der Persönlichkeit des Königs keinen ausschlaggebenden Einfluss zu. Vielmehr habe er ein zeitgenössisch realistisches und auf akzeptierten Rechtsgrundlagen beruhendes Konzept vom Königtum in die Herrschaftspraxis umsetzen wollen.[236] Doch diese unterschiedlichen Positionen schließen sich nicht zwingend gegenseitig aus. Vielmehr erscheint es so, dass James III. nicht die notwendige politische Statur (im Vergleich zu Ludwig XI. in Frankreich, Edward IV. und Heinrich VII. in England oder auch Karl dem Kühnen von Burgund) entwickelt hat, die eine wesentliche Voraussetzung für die Umsetzung des Konzeptes von guter Herrschaft im Königreich wie in den Außenbeziehungen war. Es ist ihm nicht gelungen, die politischen Strukturen so zu nutzen oder zu entwickeln, dass sie seiner Politik den notwendigen Rückhalt gegeben hätten.

James III. hatte in der Tat Ansprüche an seine Herrschaft und eine Vorstellung vom Königtum, die im Wesentlichen auch andere europäische Monarchen teilten – v. a. nämlich die Stärkung der Monarchie, aber nicht unbedingt die Zentralisierung der Herrschaft. Bei der Umsetzung dieser Ansprüche und Vorstellungen hat er allerdings gravierende Fehler gemacht, die auch eine erstaunliche Ignoranz der eigenen Familiengeschichte offenbaren. Sein Umgang mit seinen Brüdern und einige Jahre später mit seinem Thronfolger ist ein Indikator dafür, dass er die Bedeutung einer geschlossenen Familie, einer den Einzelnen disziplinierenden, aber auch integrierenden Dynastie für politischen Erfolg nicht erkannt hat. Aber im späten Mittelalter haben alle politisch erfolgreichen Herr-

---

234 MacFarlane, Elphinstone, 444–447.
235 Tanner, James III, 228.
236 MacFarlane, Elphinstone, 155.

scherhäuser in Europa diese Entwicklung durchlaufen, die für Zentralisierung und Verdichtung von Herrschaft eine wesentliche Voraussetzung war.[237] Seine Brüder und sein Sohn konnten zu Recht Beteiligung an der Herrschaft und die Berücksichtigung ihrer Belange und Ansprüche bis zu einem gewissen Grad erwarten. Der Thronfolger James darüber hinaus, dass er seinem zukünftigen Amt entsprechend behandelt wurde und sich nicht zurückgesetzt fühlte. James III. hat aber genau das mit seinem ältesten Sohn gemacht. Somit war sein größter Fehler, seine männlichen Verwandten nicht in einer Dynastie zusammenzubringen, sondern sie vor den Kopf zu stoßen und damit die Gefahr heraufzubeschwören, dass aus dem Bruderkonflikt ein Bürgerkrieg (1482) wird, oder dass sich die Rebellen um den Thronfolger scharen (1488), weil sein Vater sich ihm entfremdet hatte.

1.10 Verwaltung des Reiches und Königshof im 15. Jahrhundert

Verwaltung des Reiches

Die Könige respektive die Vormundschaftsregierungen in Schottland entwickelten kein zentrales, auf den Hof bzw. die Krone ausgerichtetes Verwaltungssystem. Bis zum Herrschaftsantritt von James I. 1424/25 erfolgte die Verwaltung des Reiches weitgehend dezentral. Die ersten Könige aus dem Hause Stewart haben Herrschaftsaufgaben in die Regionen delegiert, wo ihre Leutnants und Justiziare den Auftrag hatten, den Herrscherwillen durchzusetzen. Allerdings haben diese Amtsträger – häufig selbst Mitglieder der Königsdynastie – vor allem ihre eigenen Interessen verfolgt. Auch große Magnatenfamilien wie die Black Douglas, die regelmäßig im Auftrag der Krone als Wardens (Wächter) in den Grenzmarken zu England amtierten, erhielten ihren politischen Einfluss durch ihre Autorität in ihren Stammlanden und nicht so sehr durch die Bindung an die Krone, für die sie Aufgaben erledigten. Bis etwa zur Mitte des 15. Jahrhunderts versuchten die Könige resp. Regenten allerdings noch, diese mächtigen Familien durch die Übertragung von hohen Positionen in der Reichsverwaltung an sich zu binden.

Während der Regierungszeit von James I. und James II. (1425 bis 1460) änderte sich diese Praxis, denn diese Könige versuchten ihre monarchische Autorität zu stärken. Die Bedeutung und der Einfluss der Inhaber von hohen Ämtern in der Reichsverwaltung sollten nicht länger auf deren lokalen oder regionalen Machtbasen beruhen, sondern ausschließlich auf der Legitimation durch den König bzw. die Krone. Dennoch hat sich in Schottland keine königliche Zentralverwaltung entwickelt; die wichtigsten Verwaltungseinheiten bleiben die Grafschaften

---

237 Dazu Rogge, Identifikation, 21–27.

1.10 Verwaltung des Reiches und Königshof im 15. Jahrhundert

und Baronien. Manche dieser Einheiten waren „Regalitäten", d. h. ihre Inhaber verfügten über die gleichen Rechte wie der König. Hielten Grafen, Barone oder Bischöfe ihre Herrschaftsgebiete „in regalitas", durften sie an ihren Gerichten die „four pleas of the crown" (Hochgerichtsbarkeit) verhandeln, zudem Münzen prägen und eigene Hofämter vergeben.

Die Repräsentanten der Krone auf lokaler Ebene waren Sheriffs, deren Kompetenzen die Verwaltung vor Ort, die Verfolgung von Straftätern und deren Verurteilung vor ihrem Gericht, die Einnahme von Strafgeldern und die Bekanntmachung königlicher Statuten umfassten. Auch die meisten königlichen Städte hatten Gerichtsrechte, was nicht selten zu Konflikten mit den Sheriffs um Zuständigkeiten führte. Probleme entstanden auch, weil die Sheriffs nur in den 26 Shires aktiv werden durften und ihre Befugnisse an den Grenzen der Regalitäten endeten. Allerdings waren die Gerichte der Sheriffs Appellationsinstanzen für die Gerichte in den Baronien. Die Justiziare nördlich und südlich des Forth waren die höchsten Amtsinhaber unter der Krone und hielten im Namen des Königs Gerichte ab. Sie verfolgten und verurteilten vor allem Straftaten, die unter die Hochgerichtsbarkeit fielen (Mord, Brandstiftung, Raub und Vergewaltigungen) und waren eine wichtige Appellationsinstanz.

Die Leitlinien der Politik wurden im „Daily Council" des Königs entwickelt und beraten. Dieser kleine Rat (maximal 15 Personen), zu dem der Kanzler, der Hofmeister (Chamberlain) und der Sekretär (der u. a. für das Siegel zuständig war) zählten, traf sich wohl täglich, um die laufenden Geschäfte abzuwickeln. Der Kanzler war der wichtigste Amtsträger in der Regierung, verantwortlich für die Ausübung der Justiz und die Besiegelung aller wichtigen Urkunden mit dem Großen Siegel. Er wurde unterstützt von dem „Clerk of the Rolls", der alle Schriftstücke kontrollierte, die die Kanzlei verlassen haben.[238]

Der Hofmeister (Chamberlain) war ursprünglich der wichtigste Finanzbeamte nicht nur für den Hof des Königs, sondern für das Reich. Zu seinen Aufgaben gehörte auch die Rechtsaufsicht über die königlichen Städte (Burghs) sowie die Verwaltung der Einnahmen aus Pacht von Kronland, Strafgeldern und Zöllen. Diese Gelder sollte er für die Versorgung des königlichen Haushaltes verwenden.[239] James I. hat die Finanzverwaltung komplett umgebaut und dem Chamberlain fast alle Kompetenzen entzogen. Dessen Aufgaben übernahmen seit 1425 der Comptroller, der die regelmäßigen Einnahmen der Krone (Zölle, Pacht, Jahrgelder von den Städten) verwaltete, und der Schatzmeister (Treasurer), der die Feudalabgaben, die Strafgelder von den Gerichten sowie Steuern eingezogen hat. Seit 1479 war er zusätzlich für die Abgaben für Vormundschaften und Gebühren im Zuge von Landtransaktionen zuständig.[240] Mit diesen Geldern wurden die Kosten für das repräsentative Auftreten von König und Königin (Kleidung, Ausstattung der Gebäude) bezahlt.

---

238 Murray, Chancery, 133–151.
239 Stevenson, Power, 102–103.
240 MacFarlane, Elphinstone, 164.

Neben dem täglichen Kleinen Rat war für die Ausübung von Herrschaft der Große Rat (General Council), quasi die „Schwester" des Parlaments, von Bedeutung. Dieser Rat war besonders wichtig, weil er ohne den König zusammentreten konnte. In den Zeiten der Abwesenheit oder Minderjährigkeit eines Königs waren die Großen Räte der Ersatz für die Parlamentssitzungen, zu denen nur der König einladen konnte. Die Sitzungen des Großen Rates konnten von den Gouverneuren oder den Regentschaftsräten bei Minderjährigkeit des Königs ohne den bei Parlamenten üblichen Vorlauf von 40 Tagen einberufen werden. Allerdings waren seine Kompetenzen eingeschränkt, so etwa durfte er keine Verfahren und Urteile bei Verbrechen wie Rebellion oder Hochverrat treffen.

Seit der Regierung von Robert Bruce entwickelte sich das Parlament zur wichtigsten politischen Institution in Schottland.[241] Die drei Stände weltlicher Adel, Prälaten (dreizehn Bischöfe sowie sechzehn Äbte und Prioren) und Bürger der Königsstädte wurden vom König einberufen und erfüllten wesentliche Funktionen: Gesetzgebung, Finanzen, Diplomatie und insbesondere auch Rechtsprechung. Zudem waren die Versammlungen, die als Einkammersitzungen stattfanden (also keine zwei Häuser wie etwa in England) auch immer politische Ereignisse. Im späten Mittelalter wurde über das Parlament der Zugang zum König und seiner Rechtsprechung ermöglicht. Dabei ging es häufig um Angelegenheiten des hohen Adels, wie die Erlaubnis, bestimmte Wappen zu tragen oder die Vergabe oder das Einziehen von großen Lehen bzw. Allod (Erbbesitz). Die Mitglieder des Parlamentes sahen eine ihrer Aufgaben auch darin, den Herrscherwillen des Königs gegebenenfalls zu beschränken. Wie die Beschlüsse z. B. gegen Robert II. 1384 (Unfähigkeit, die Herrschaft adäquat auszuüben) und gegen James I. 1436 (Verweigerung von Steuern) oder James III. (1479/82) deutlich machen, entwickelt das Parlament eine eigene Verantwortung für das Königreich (bzw. die Krone), die durchaus gegen die Handlungen oder den Willen eines Königs gerichtet sein konnte. Erfolgreiche Opposition gegen einen König war Mitte des 15. Jahrhunderts nur im und mit dem Parlament möglich. Das Schicksal der Albanys und Douglas, deren Ausschaltung durch persönliches Handeln der Könige erfolgte, zeigt das deutlich.

Wie auch immer die Mitglieder der Parlamente manipuliert oder beeinflusst wurden: 1425, 1440 und 1452 haben die Stände die Könige gegen ihre hochadeligen Konkurrenten unterstützt. Die von James II. im Sommer 1445 geleisteten Eide zeigten an, welche Vorstellung von der Verfassung die Stände hatten: wenn sie sich in einem Parlament versammeln, haben sie *de jure* die Machtbefugnis über die Krone/den König. James III. versuchte seit 1469 ohne sonderlichen Erfolg, gegenüber dem Parlament eine imperiale Monarchie durchzusetzen. Seit Mitte des 15. Jahrhunderts gab es auf Dauer eingerichtete Ausschüsse des Parlamentes. Während der Regierung von James I. wurde 1426 das Kollegium der „Lords of Session" eingerichtet. Dieses Gremium nahm Gerichtsbefugnisse für das Parlament wahr. Es tagte innerhalb eines Vierteljahrs für vierzehn Tage, was

---

241 Tanner, Parliament; Brown, MacDonald (Hrsg), Parliament.

1.10 Verwaltung des Reiches und Königshof im 15. Jahrhundert 109

dazu beigetragen hat, Verfahren zu beschleunigen, denn Parlamente traten in der Regel nur einmal im Jahr zusammen.

Mitte der 1460er Jahre änderte sich die Zusammensetzung der „Lords of Session", denn das war seitdem die Bezeichnung für den Großen Rat, wenn dieser Rechtsfragen behandelte. Seit 1467 bereiteten die „Lords of the Articles" (neun bis achtzehn Personen, mit wenigen Ausnahmen aus dem Hochadel) Gesetzentwürfe vor, die danach dem versammelten Parlament zur Verabschiedung vorgelegt wurden.[242] Die „Lords Auditors of Causes and Complaints" waren seit 1466 (seitdem sind die Register der Beschlüsse durchgängig überliefert) als Appelationsinstanz für Zivilrecht zuständig. Es gibt vereinzelte Belege dafür, dass schon während der Regierung Davids II. ein solches Gremium aktiv war.

Organisation und Verwaltung des Hofes (königlicher Haushalt), Hofämter und Hofkultur[243]

Die meisten Ämter der Reichsverwaltung waren an den Hof der Könige gebunden, zumal sie (Chamberlain, Treasurer) für die Versorgung des Haushalts verantwortlich waren. Zu den wichtigen erblichen Ämtern des Hofs gehörte der Stewart, der für die Organisation des Tagesablaufs am Hof zuständig war. Der Constable sollte für die Sicherheit des Königs sorgen und der Marschall hatte militärische Funktionen. Beide waren zudem für die Durchführung von gerichtlichen Zweikämpfen verantwortlich und hatten zentrale Funktionen bei den Krönungen inne: Der Constable übergab das Salböl an den Bischof und der Marschall übergab die Krone an den Graf von Fife, der sie dem König aufsetzte.[244] Seit Anfang des 14. Jahrhunderts hatten Mitglieder der Familie Keith das Amt des Marschalls inne. Im Jahr 1458 wurde William Keith zum Grafen (1. Graf Marischal) erhoben und damit Mitglied des Hochadels. Die Familie Hay hatte seit dem 14. Jahrhundert das Amt des Constables inne. William Hay wurde 1453 der 1. Graf Eroll. James I. führte das Amt des „Masters of the Household" ein.

Wegen der schlechten Quellenlage sind kaum valide Aussagen über die am Hofe tätigen Personen möglich. Vermutlich war das Abhalten eines Hofes im 15. Jahrhundert mehr ein Ereignis oder ein Event, das man von dem Betrieb des königlichen Haushalts im engeren Sinne unterscheiden muss. Soweit erkennbar waren Festtage (Weihnachten, Ostern), Krönungen, Geburtstage und Schlachtengedenken Anlässe, einen festlichen Hof zu halten.[245] Die dafür notwendige Infrastruktur lieferten die Städte: Edinburgh, von wo aus man den Palast in Linlithgow leicht erreichen konnte, Sterling, dessen Burg seit den 1470er Jahren zu einem Schloss umgebaut wurde und Perth. Dass sich spätestens seit der

---

242 Tanner, Lords, 189–212.
243 Stevenson, Power, Kap. 7; Stevenson, Chivalry, 197–214, Small, Court, 457–474.
244 Stevenson, Power, 106.
245 Small, Court, 471.

Mitte des 15. Jahrhunderts um den Haushalt des Königs eine Art Hofgesellschaft herausbildete, ist durchaus wahrscheinlich. Seit James I. gehört es zum Selbstverständnis der Könige, ihren Anspruch auf Herrschaft über alle Untertanen auch durch Formen der Patronage und höfische Repräsentation zu demonstrieren. Das eröffnete den Lairds und Baronen, wie John, Lord Carlisle, der sich regelmäßig am Hof aufhielt und so Vogt von königlichen Burgen, Stallmeister der Königin und schließlich auch Botschafter des Königs wurde, durchaus Chancen.

Am Hof von James II. wurde nachweislich gejagt, Karten gespielt, Musik gehört (schottische Musiker und andere Künstler lernten in den Niederlanden), Tennis und Golf gespielt; bei den Festen trank man gerne Bier, das aus Wismar, Rostock und Danzig importiert wurde. Es wurde *cerevisia Almannia* genannt oder *Beer*, um es vom einheimischen *Ale* zu unterscheiden.[246] Wein wurde aus der Gascogne, Burgund und aus dem Rheinland importiert. Die Stewarts ließen im 15. Jahrhundert die Symbole ihrer Herrschaft (der aufsteigende Löwe, das Einhorn) nicht nur an die Eingänge zu ihren Burgen und Palästen wie z. B. in Linlithgow anbringen, sondern auch auf Wandteppichen (seit 1434 in Arras in Flandern bestellt), um Orte oder Räume als Mittelpunkte ihrer politischen Macht auszuweisen.[247] Doch neben diesen Maßnahmen war im Europa des 15. Jahrhundert die Ideologie der Ritterlichkeit/des Rittertums ein wichtiger Faktor für einen Herrscher, um seine Position gegenüber dem hohen Adel zu sichern und auszubauen.

Die Ritterkultur mit ihren Idealen konnte für die politischen Ziele der Fürsten genutzt werden. Die Ritterlichkeit hatte eine integrale Rolle bei der Rahmung der Beziehungen von Adel und König. Deshalb war die Monopolisierung der ritterlichen Kultur durch die Krone ein wesentlicher Aspekt zur Sicherung der Herrschaft in Schottland und zur Demonstration von Status und Gewicht der schottischen Könige in Europa. Insbesondere die Veranstaltung von Turnieren war geeignet, das zu demonstrieren. So saß 1449 am Fastnachtsdienstag in Stirling James II. einem Turnier vor, das vermutlich von den Black Douglas organisiert worden war. Die schottischen Teilnehmer James Douglas, Bruder von William, 8. Graf Douglas, James Douglas of Ralston und John Ross of Hawkhead (Vertrauter der Douglas) trafen auf Jacques de Lalaing, dessen Onkel Simon de Lalaing und Harvé de Meriadec, die international berühmte Ritter aus Burgund waren. Katie Stevenson hat argumentiert, dass James II. bei dieser Gelegenheit den Wert der Ritterkultur erkannte. Er wollte sich das Monopol auch über diese Kultur in Schottland sichern, um seine Idee von zentraler Königsherrschaft durchzusetzen.[248]

Dass es am Hof der schottischen Könige frugaler zugegangen ist, als an den Zentren der europäischen Hofkultur in Burgund, England und Frankreich, ist zwar wahrscheinlich, doch noch nicht abschließend geklärt. Knauserig gegenüber Gästen waren die Könige aber wohl nicht. Reisende Ritter waren am Hof

---

246 Fischer, Scots, 12.
247 Stevenson, Power, 190.
248 Stevenson, Court, 212.

von James II. offensichtlich willkommen und wurden ehrenvoll behandelt. Georg von Ehingen jedenfalls fühlte sich sehr geehrt, als er im Jahr 1458 am Hof weilte. Georg erhielt nicht nur vom König und der Königin Geschenke (Pferde, Samt, Schmuck und Geld), sondern „geschah mir grosse er mitt jagen, dantzen und banketen".[249]

Zentralisierung der Königsherrschaft im 15. Jahrhundert?

Die schottische Forschung hat ein Narrativ erarbeitet, nach dem es nach einer Phase von schwacher Königsherrschaft (David II., Robert II., Robert III.), die zudem von den langen Zeiträumen der Abwesenheit eines handlungsfähigen Königs beeinflusst war, mit dem Regierungsantritt von James I. 1424 eine Entwicklung hin zur Zentralisierung und Konzentration der Herrschaft bei der Krone gegeben habe. Seitdem seien bis dahin regional geregelte Angelegenheiten (z. B. die Beilegung von Konflikten und Besetzung von regionalen Ämtern) von den „starken" Königen James I. und James II. zunehmend an die Krone gezogen worden.[250] Die Könige behielten die von ihnen eingezogenen Grafschaften ein, um damit ihre Einnahmen zu verbessern. Fraglich ist jedoch, ob damit zugleich eine Stärkung direkter königlicher Herrschaft in den Regionen einhergegangen ist.

Aktuelle Untersuchungen der Herrschaftsbildung und des Umgangs mit Land in Kincardineshire zeigen, dass dafür auch weiterhin in erster Linie die Lairds vor Ort verantwortlich waren.[251] Die Krone oder die Sheriffs wurden nur eingeschaltet, wenn es sich nicht vermeiden ließ. Weil keine nennenswerte Neuausrichtung der königlichen Administration in den Baronien und Shires erfolgte, leisteten die Lairds keinen nennenswerten Widerstand gegen die Landkonzentration bei der Krone. Ob nun die Einkünfte aus einer Grafschaft von einem Magnaten oder dem König abgeschöpft wurden, war für den Niederadel nicht interessant. Die Lairds haben, soweit sie mussten, wie üblich die Abgaben eingesammelt und an die nächste Instanz abgegeben. An der dezentralen Organisation der Rechtsprechung änderte sich nichts und eine signifikante Ausweitung der Kronbeamten ist nicht erkennbar. Deshalb ist der Befund, dass James I. und James II. Herrschaftsbereiche (Grafschaften) bei der Krone konzentriert haben, kein Indiz für den Ausbau der königlichen zentralen Administration. Die Könige im 15. Jahrhundert waren an den Einnahmen aus den Grafschaften interessiert. Doch ebenso wenig wie ihre Vorgänger im 14. Jahrhundert konnten sie in die Regionen systematisch ‚hineinregieren', selbst wenn sie das gewollt haben.

---

249 Ehingen, Reisen, 70.
250 McGladdery, James II; Grant, Independence and Nationhood.
251 Berlandi, Birthplace, Kap. „Verwaltung".

1.11 Königtum, Bischöfe und Papsttum im späten Mittelalter

Die Bischöfe und Äbte in Schottland haben während des späten Mittelalters aktiv und einflussreich die politische Kultur (mit)gestaltet. Bischöfe fungierten – mit und ohne Amt in der Verwaltung des Reiches – als Ratgeber der Könige. Während der Unabhängigkeitskriege unterstützten die Bischöfe von St. Andrews und Glasgow die Kämpfer in vielfältiger Weise. Nach dem Mord von Robert Bruce an John Comyn 1306 hat Robert Wishart, der Bischof von Glasgow, den Mörder sogar geschützt und aktiv seine Krönung betrieben (siehe oben S. 22). Die schottischen Bischöfe waren wie ihre Kollegen auf dem Kontinent sowohl die geistlichen Oberhirten in ihren Diözesen als auch Fürsten mit weltlichen Herrschaftsrechten. Sie haben diese Rechte immer wieder gegen Ein- und Angriffe von Laienfürsten und den Königen verteidigen müssen. Im Zentrum der Konflikte standen die Sicherung ihres politischen Einflusses in den Regionen und die ungehinderte Verfügung über die Einnahmen aus den Herrschaftsbereichen der Bistümer.

Seit 1192 durfte sich die schottische Kirche „spezielle Tochter" (*filia specialis*) des Papsttums nennen.[252] Deshalb betonten die Bischöfe bis 1472 immer wieder, dass sie direkt der römischen Kurie unterstellt seien und haben alle Versuche der Erzbischöfe von York zurückgewiesen, die schottischen Diözesen unter ihren Primat zu stellen. Diese Konstellation änderte sich mit der Einrichtung des Erzbistums St. Andrews im Jahr 1472 durch Papst Sixtus IV. Damit reagierte der Papst auf die Bitten von Robert Graham, der wohl gehofft hatte, auf diese Weise seine finanziellen Probleme lösen zu können. Das ist ihm ebenso wenig gelungen wie die Sicherung seiner neuen Würde gegen seine Mitbischöfe und König James III. (siehe oben S. 96). Die Einrichtung der Erzdiözese hat allerdings dazu beigetragen, die Organisation der schottischen Kirche zu verändern.

Kirchenorganisation[253]

Die schottische Kirche war bis 1472 in dreizehn Diözesen (St. Andrews, Glasgow, Aberdeen, Brechin, Dunkeld, Dunblane, Caithness, Ross, Moray, Argyll, Galloway, Orkney, Sodor) mit ungefähr 1 000 Pfarreien (Pfarrbezirke) organisiert. Die Einnahmen von ca. 8 000 dieser Bezirke (entsprach etwa dem zehnfachen Jahreseinkommen der Krone) wurden verwendet, um die Pfründen an den Kathedralkirchen und an den Klöstern auszustatten.[254] Das Bistum St. Andrews hatte 282

---

252 MacFarlane, Primacy, 111.
253 Einen Überblick der Kirchenorganisation bieten McNeil, MacQueen (Hg.), Atlas ab 336; Cowan, Church, 170 192.
254 Stevenson, Power, 126.

1.11 Königtum, Bischöfe und Papsttum im späten Mittelalter

Pfarrbezirke und damit mit großem Abstand die meisten; in der Diözese Aberdeen gab es 85 Pfarrbezirke und in der von Moray 71 Pfarrbezirke. Ab 1472 gab es zwölf Diözesen und mit St. Andrews eine Erzdiözese.[255] Die Verwaltung der Diözesen und die Aufsicht über den Klerus oblagen vor allem den Archidiakonen und Diakonen. In den Diözesangerichten wurden jedoch nicht nur innerkirchliche Angelegenheiten verhandelt, sondern auch zivilrechtliche Fälle und Probleme wie Hochzeiten, Testamente, Schulden, Moral und Lebensführung. Die religiöse Grundversorgung (Gottesdienst, Taufen, Begleitung der Sterbenden) in den Pfarreien leisteten Pfarrer oder Vikare, die dafür einen Teil der Einkünfte erhielten. Diese waren aber so knapp kalkuliert, dass sie kaum zum (Über)Leben ausgereicht haben. Im späten Mittelalter sollte jeder Pfarrer zusätzlich zu einem Haus und einem Stück Land wenigstens zehn Pfund pro Jahr bekommen. Doch selbst wenn sie die Zahlungen regelmäßig erhalten haben, erlitten sie wegen der Inflation einen Kaufkraftverlust.[256]

Auch in Schottland besuchten die Menschen nicht nur Gottesdienste, sondern pilgerten auch zu besonders verehrungswürdigen Orten. Damit verbunden war oft die Hoffnung auf Heilung von Krankheiten oder der Erlass von Sündenstrafen. In Schottland entwickelten sich Dunfermline (mit dem Grab der heiligen Margarete), Whithorn (mit dem Grab des Heiligen Ninan), Glasgow (mit dem Heiligen Kentigern) und besonders St. Andrews (Reliquien des Heiligen Andreas) zu populären Pilgerzielen. Gläubige aus England, Frankreich und Skandinavien pilgerten zu diesen Kirchen, aber auch sehr viele Schotten.[257] Die Reise nach St. Andrews wurde zudem seit dem Ende des 13. Jahrhunderts zugleich eine Reise zum Nationalheiligen des Königreiches. Während der Thronvakanz nach dem Tod von Alexander III. 1286 benutzen die Guardians ein Siegel, auf dem der Heilige Andreas abgebildet war, um deutlich zu machen, dass er nicht nur der geistige, sondern auch der politische Anführer der Schotten war.[258]

Bischöfe als geistliche Oberhirten, Landesherren und Ratgeber des Königs

Solche prekären Verhältnisse wie der Pfarrklerus hatte der hohe Klerus in der Regel nicht zu befürchten, denn die Einkünfte aus den Dompfründen und/oder dem Besitz der Bischöfe waren mehr als ausreichend. Das war, neben der Absicht mit den Pfründenbesetzungen auch Politik zu machen, ein wesentlicher Grund dafür, dass immer wieder Konflikte über die Besetzung der Pfründen und die (prinzipiell geforderten) Präsenzzeiten der Kanoniker an ihren Kirchen ausbra-

---

255 Grundlegende Informationen zu den Diözesen bei Cowan, Easson, Religious houses, 201–212. Zum Ausbau von St. Andrews siehe Rhodes, Rentals, 223–236.
256 Stevenson, Power, 124.
257 Einen hervorragenden Einblick in das schottische Pilgerwesen bietet Turpie, Kind Neighbors.
258 Stevenson, Power, 137; Barrow, Robert Bruce, 23.

chen.²⁵⁹ Wegen der häufigen Abwesenheit von Kanonikern, aber auch der für die Krone tätigen Bischöfe (siehe unten S. 116), wurde zu den Kapitelversammlungen vierzig Tage im Voraus eingeladen. Wer trotzdem nicht persönlich erscheinen konnte (oder wollte), musste einen Vertreter bestimmen, sonst drohte der Verlust eines Teils seiner Einkünfte.

Die verschiedenen Aufgaben der Bischöfe, ihre Beziehung zu den Königen, ihre Tätigkeiten für die Krone und ihr Handeln als Landesherren wird am Beispiel der Diözese Aberdeen veranschaulicht.²⁶⁰ Allerdings muss man sich vor Augen halten, dass der Bischof in Aberdeen Mitglied des Kapitels war, und er deshalb bei der Ausübung der Landesherrschaft nicht als Bischof allein agierte sondern mit dem Kapitel gemeinsam. Die Diözese Aberdeen erstreckte sich nicht nur über Aberdeenshire, sondern umfasste auch Banffshire und Teile von Kincardineshire. Innerhalb der Diözese gab es fünf Dekanate (Mar, Buchan, Boyne, Aberdeen, Garioch), die wiederum in die Pfarrbezirke unterteilt waren. Um 1500 hat das Bistum Aberdeen 8 000 Einwohner davon lebte die Hälfte in Old Aberdeen (der Stadt des Bischofs und Kapitels) und die andere Hälfte in New Aberdeen (der königlichen Stadt mit Hafen). Leslie MacFarlane gibt an, dass Ende des 15. Jahrhunderts 150 Pfarrer (Weltgeistliche) und sechzig bis achtzig weitere Geistliche im Bistum gelebt haben. Danach gab es ein Verhältnis von einem Geistlichen auf 32 Laien. Die Abgaben des Bistums an die Kurie betrugen 1 250 Gulden. Aberdeen war nach Glasgow und St. Andrews das drittreichste in Schottland.²⁶¹

Seit der Mitte des 13. Jahrhunderts gab es eine Verfassung für das Bistum, dessen Kathedralkirche in Old Aberdeen stand. Das Kapitel hatte einen Dekan, einen Kantor, einen Kanzler, einen Schatzmeister und einen Archidiakon. Der Bischof erhielt 1256 für seine Präbende (Pfründe, von deren Einnahmen die geistlichen lebten) die Abgaben aus der Pfarrkirche St. Nikolaus in der königlichen Stadt New Aberdeen. In Aberdeen saß der Bischof wie die anderen Kanoniker im Kapitel und hatte keine separaten, von den Pfründen der Kanoniker getrennten Einnahmen. Jedoch war seine Präbende besonders gut ausgestattet.²⁶² Bis 1445 wurde das Kapitel auf 24 Präbenden für Kanoniker und fünf Präbenden für die Amtsträger vergrößert. Fast die Hälfte der Einnahmen der 85 Pfarrkirchen wurde für die Ausstattung der Pfründen (Kanonikate) an der Kathedrale verwendet. Die Kanoniker hatten in der Nähe der Kathedrale Häuser mit Gärten (Mansen) für die sie keine Abgaben zahlten. Außerdem wurden die Einnahmen aus den „common churches" einmal jährlich unter den Kanonikern verteilt. Vor der Reformation gingen ein Drittel aller Einnahmen an das Kapitel.

Die Neubesetzung des Bischofsstuhls in Aberdeen folgte, wie in den anderen Bistümern, einem bestimmten Ablauf. In der Regel gab es einen vom König oder dem jeweiligen Regenten vorgeschlagenen Kandidaten, der vom Kapitel

---

259 Cowan, Church, 30.
260 Oram, Church, 16–32.
261 MacFarlane, Elphinstone, 216–217.
262 Cowan, Church, 32: 1420 wurden die Einnahmen aus der Parochie Kinkell (sechs Pfarrkirchen) der Bischofspfründe zugeschlagen.

1.11 Königtum, Bischöfe und Papsttum im späten Mittelalter

gewählt wurde. Diese Wahl musste vom Papst bestätigt werden. Die Päpste erklärten die Wahlen jedoch manchmal für ungültig und führten den Kandidaten danach mittels Provision in sein Amt ein. Bischof Adam Tyningham (1380–1389) und sein Nachfolger Gilbert de Grenslaw (1389–1421) sicherten sich nach ihrer Wahl durch das Kapitel 1380 bzw. 1389 noch die päpstliche Provision in Avignon.[263] Henry de Lichton (1422–1440) war schon seit 1414 Bischof von Moray und wurde 1422 – vermutlich auf Gesuch oder Bitte des Kapitels – von Papst Martin V. nach Aberdeen versetzt. Es dauerte danach mehrere Jahre, bis der Bischof seine finanziellen Verpflichtungen gegenüber der Kurie erfüllt hatte.[264] Im Jahr 1441 musste sich der vom Kapitel gewählte Bischof und von Papst Eugen IV. (1431–1447) eingesetzte Ingram Lindsay (1441–1458) gegen den von Gegenpapst Felix V. (1439–1449) providierten James Douglas durchsetzen.[265] Wie schon Henry de Lichton wurde auch Ingrams Nachfolger Thomas Spens (1458–1480) von einem anderen Bistum nach Aberdeen transferiert. Spens war seit 1450 Bischof von Galloway und wurde im März 1458 von Papst Calixtus III. (1456–1458) nach Aberdeen versetzt.

Für das eigene Seelenheil und das ihrer Gläubigen ergriffen die Bischöfe immer wieder besondere Maßnahmen. Im Jahr 1379 verkündete man einen Ablass für Pilger, die zur Kathedrale von Old Aberdeen pilgerten.[266] Die Bischöfe stifteten Armenhäuser und Hospitäler. In Aberdeen existierte z. B. ein Armenhaus für zwölf alte Männer und seit 1523 ein Hospital. Im Jahr 1480 gründete Bischof Spens ein Franziskanerkloster. Doch litten diese Einrichtungen wie auch die Klöster im Verlauf des 15. Jahrhunderts an finanzieller und personeller Auszehrung. So wurden die Priorien von Pluscarden und Urquhart Mitte der 1450er Jahre zusammengelegt. Bischof William Elphinstone (1483–1514) versuchte den theologischen und liturgischen Standard der Geistlichen in seiner Diözese zu verbessern, indem er die Pfründen nur mit den dazu qualifizierten Kandidaten besetzen wollte. In Frage kamen nur gut ausgebildete Männer, die das kanonische Alter (30 Jahre) erreicht hatten, und keine Pfründensammler waren.

Der Umfang der Diözese Aberdeen deckte sich nicht mit den Gebieten, in denen die Bischöfe Landesherrschaft ausgeübt haben. Wie die weltlichen Fürsten wurden ihnen die Herrschaftsrechte über Land und Leute von den Königen übertragen.[267] Wenn ein Bischof bereits geweiht war, erhielt er die weltlichen Herrschaftsrechte (Temporalien), nachdem er dem König den Treueeid geschworen hatte. Falls der Bischof gewählt aber noch nicht geweiht war, musste er vor der Übertragung der Temporalien einen Lehnseid ablegen. Die mit den Temporalien verbundenen Einnahmen benötigten die Bischöfe, um ihre Zahlungen an die Kurie leisten zu können. Die Könige leiteten aus dem Lehnsverhältnis Ansprüche auf Einnahmen aus dem Bistum bei Vakanzen ab. Dabei handelte es sich sowohl

---

263 Watt, Dictionary, 552 (Tyningham) und 237 (Grenslaw).
264 Watt, Dictionary, 361.
265 Watt, Dictionary, 348.
266 Ditchburn, Locating, 7.
267 Schubert, Herrschaft, 6–7; Rogge, Growth, 30–31.

um die Einkünfte aus Kirchenland, wenn das Bistum vakant war, als auch um die beweglichen Güter des verstorbenen Amtsinhabers. Erst 1450 wurde unter James II. eine Regelung getroffen, die es den Bischöfen erlaubte, ihre Mobilien (Schmuck, Geschirr, liturgisches Gerät, aber auch Tiere und Getreide) zu vererben. Die Einkünfte aus den Temporalien (Abgaben, Gerichtsgebühren) sowie die Besetzung von Pfründen, die der Bischof direkt besetzten konnte, fielen an die Krone.[268] Dieses Arrangement mit den Zugeständnissen des Königs an den Episkopat war Teil seiner Strategie, die mächtigen Laienfürsten in die Schranken zu verweisen.

In der Diözese Aberdeen lagen Baronien und vier königliche Städte, von denen vor allem New Aberdeen mit einem wichtigen Hafen politische und wirtschaftliche Bedeutung hatte. Die größten Konzentrationen von Land mit Gerichtsrechten des Bistums lagen in Mortlach (Banffshire), Clatt, Daviot/Old Rayne, Fetternear und Birse sowie in und um Aberdeen. In den Besitzschwerpunkten hatten die Bischöfe Häuser, die man als Verwaltungszentren bezeichnen kann. Das Land verwalteten Lairds im Auftrag der Bischöfe/des Kapitels als Ballies. Die Lairds zogen auch die Einnahmen von den Pächtern ein. Allerdings konnten die bischöflichen Besitzungen im späten Mittelalter wegen der vielfältigen Konflikte zwischen den Bischöfen und dem Laienadel, vor allem mit den Grafen von Buchan und Mar sowie den Kämpfen zwischen den Magnaten im Nordosten nur teilweise und phasenweise gar nicht verpachtet bzw. bewirtschaftet werden.[269]

Die Bischöfe von Aberdeen[270] waren ebenso, wie z. B. die von St. Andrews und Glasgow nicht nur Lehnsmänner der Krone, sondern auch in verschiedenen Funktionen für die Könige aktiv. Bischof Gilbert de Grenlaw (1390–1421) war für längere Zeiträume Kanzler von Robert II. und Robert III. König Robert III. schenkte seinem verdienten Amtsinhaber im Mai 1403 ein Reliquiar, in dem sich ein Stück des Andreaskreuzes befand. Der König hatte dieses Reliquiar zusammen mit weiteren Mobilien aus dem Nachlass von Bischof Walter Trail (St. Andrews), über den er nach dessen Tod verfügen konnte. Als Gesandter von König James I. unternahm Bischof Henry de Lichton (1422–1440) viele Reisen an die Höfe in England, Frankreich und Italien. Bischof Robert Blackadder (1480–1483) war u. a. für James III. als Gesandter an der Kurie tätig. Thomas Spens (1458–1480) war nicht nur „Keeper of the Privy Seal", sondern einer der profiliertesten Diplomaten in der zweiten Hälfte des 15. Jahrhunderts. Er verhandelte im Auftrag von James III. in England und Frankreich. An den Waffenstillstands- und Friedensverträgen (1474) mit England hatte er einen wesentlichen Anteil. Wegen dieser Aufgaben und Aktivitäten waren die Bischöfe häufig und lange von ihrer Diözese abwesend; die Leitung der Verwaltung oblag während dieser Zeiten den Archidiakonen.

---

268 RPS, 1450/1/34 [letzter Zugriff: 28.10.2019]; siehe auch Watt, Papacy, 120.
269 Zur kirchlichen bzw. bischöflichen Landesherrschaft in Aberdeen demnächst Weil, Gute Hirten, Schafe und Wölfe.
270 Die Amtsjahre der Bischöfe nach Watt, Murray, Fasti, 2–4.

Beziehung zum Papsttum und Kirchenpolitik der Könige

Die hohen Geistlichen und die Könige bzw. die Regenten erkannten während des Großen Schismas (1378–1417) seit 1379/80 die Päpste in Avignon an: zunächst Clemens VII. und seit 1394 Benedikt XIII. Wahrscheinlich entscheiden sich die Bischöfe aufgrund der Empfehlung von Walter de Wardlaw (Bischof von Glasgow), der Clemens schon vor seiner Erhebung zum Papst kannte, für ihn. Deshalb wurden die schottischen Bistümer für vierzig Jahre mit loyalen Anhängern des Avigonesischen Papsttums (in St. Andrews Walter Trail und Henry de Wardlaw, in Aberdeen Gilbert de Grenlaw) besetzt.[271] Diese Loyalität hatte persönliche und auch sehr pragmatische Gründe.

Bis 1472 waren die Bistümer den Päpsten direkt unterstellt, die quasi als Metropolitan für den schottischen Klerus fungierten. Deshalb wurden viele Streitfälle wegen Pfründenbesetzungen, Ansprüche auf Ämter etc. vor der Kurie verhandelt und entschieden. Die Kurie der Päpste in Avignon war für die Schotten leichter und einfacher zu erreichen als die in Rom. Deshalb taten sich die Schotten schwer, den 1417 auf dem Konzil zu Konstanz gewählten Martin V. anzuerkennen. Noch bis Januar 1419 erhielten Schotten Gnadenbriefe von Benedikt XIII., der vor allem von dem Gouverneur Albany unterstützt wurde. Albanys innenpolitischer Gegner, Archibald, 4. Graf Douglas, hingegen baute seit Januar 1418 Beziehungen zu Martin V. auf. König James I. (noch in englischer Gefangenschaft) erkannte im Juli 1418 ebenfalls Martin V. an.[272] Eine Konsequenz hieraus war, dass die Kandidaten der politischen Fraktionen auf hohe Kirchenämter gleichzeitig vom jeweiligen Papst providiert wurden.

Ähnlich war die Situation ab 1439, als die politisch dominanten Livingstons den Gegenpapst Felix V. anerkannten, um von ihm die Verfügung über die schottischen Bistümer zu erhalten (zu den Livingstons siehe oben S. 78–79). Nachdem James II. die Regierung übernommen hatte, wurde schließlich Papst Nikolaus V. anerkannt. Bis zur Einrichtung des Erzbistums St. Andrews 1472 reisten die schottischen Geistlichen häufig nach Rom bzw. Avignon, um sich Privilegien und Pfründen bestätigen zu lassen, oder sich die Unterstützung der Kurie bei Konflikten um Pfründen zu sichern. Die Bischöfe mussten sich in jedem Fall vom Papst ihre Wahl oder Provision (gegen eine Gebühr) bestätigen lassen, um über die Spiritualien (geistliche Rechte) in ihrer Diözese verfügen zu können. Weil die schottischen Könige den Bischöfen die Temporalien verliehen haben, an den Einnahmen während der Vakanzen interessiert waren und zudem bestrebt waren, loyale Anhänger in den Bistümern zu platzieren, entwickelte sich ein Grundmuster der Kirchenpolitik der Könige, das je nach konkreter Situation an der Kurie und in den betroffenen Bistümern variierte.

Grundsätzlich haben die Päpste den in Schottland durch Wahl des Kapitels bestimmten Kandidaten auch als Bischof bestätigt. Von wenigen Ausnahmen ab-

---

271 Watt, Papacy, 116.
272 Watt, Papacy, 117.

gesehen (Dunblane 1466, Glasgow und Dunkeld 1483) bestätigten die Päpste die Kandidaten des Königs.[273] James I. und James II. haben die meisten Interventionsversuche der Päpste abgewehrt, bis schließlich mit dem Erzbistum ab 1472 ein Metropolitan in Schottland verfügbar war. Die Könige wollten verhindern, dass wegen der hohen Gebühren an der Kurie Geld zum Schaden der Krone aus dem Land floss, für das es keinen materiellen Gegenwert gab.[274] Die zweite Abwehrmaßnahme galt der Sicherung des Zugriffs der Krone auf die Einnahmen aus den Diözesen während der Vakanzen. Dieses Ziel erreichte James III. im April 1487 als Innozenz VIII. ihm erlaubte, innerhalb von acht Monaten nach dem Beginn einer Vakanz einen Kandidaten zu nominieren, den der Papst ohne Einrede bestätigen musste. Nach Ablauf der acht Monate ging das Präsentationsrecht an den Papst (siehe oben S. 97). Ob dem Handeln der Könige im 15. Jahrhundert aber ein antipäpstliches Konzept zugrunde lag, um gezielt eine schottische Nationalkirche aufzubauen, ist fraglich. Die Maßnahmen der Könige waren häufig Reaktionen auf konkrete kirchenpolitische Probleme und keine die Beziehungen zu den Päpsten betreffende Grundsatzentscheidungen. Es gab keine nationale anti-päpstliche Strategie in Schottland, sondern die Kirchenpolitik der Könige und des Adels zielte auf eine weitgehende Kontrolle der Besetzung von kirchlichen Ämtern und Pfründen, wofür in den meisten Fällen innenpolitische Überlegungen ausschlaggebend waren.[275] Aber weil die Bischöfe sowohl geistliche Oberhirten als auch weltliche Territorialherren waren, mussten die Könige mit den Päpsten bei ihren Amtseinsetzungen zusammenarbeiten.

---

273 Watt, Papacy, 17–126.
274 Donaldson, Scotland, 293.
275 Diese Auffassung vertritt Watt, Papacy.

2 Soziale, rechtliche und wirtschaftliche Grundlagen der Entwicklung in der Adelsherrschaft

2.1 Grundlagen, Entwicklung und Formen adeliger Herrschaft 14./15. Jahrhundert

Im Rahmen der oben dargestellten Ereignisse, den politischen Konjunkturen und Konstellationen sowie der praktischen Landvergabe entwickelte und differenzierte sich die Adelsgesellschaft in Schottland zwischen 1300 und der Mitte des 15. Jahrhunderts und bildete drei große soziale Gruppen: Grafen, Barone und „freeholders" (freie Grundbesitzer). Ihr Einfluss und ihre Macht hingen von der Größe und Menge ihres jeweiligen Landbesitzes ab. Alexander Grant hat vorgeschlagen, diese Lehensträger in fünf Kategorien zu unterteilen, die auf ihrem Landbesitz beruhen: Grafen, Provincial Lords, mächtige Barone, Barone und Freisassen.[1] Nach 1450 gab es nur noch die Unterscheidung zwischen den Lords als Mitglieder des Parlaments (Herzog, Graf, Lord of Parliament) und den Lairds, darunter fielen alle anderen Adeligen, auch die Barone. Mitte des 15. Jahrhunderts waren die Titel der Herzöge, Grafen und Lords of Parliament überwiegend persönliche Ehrentitel ohne enge Verbindung zu einem der alten Territorien. Ihr Besitz war über das Reich zerstreut und hatte nicht die Einheit der älteren Grafschaften und Provinzherrschaften.[2] Anders als etwa im deutschen Reich ist es dem hohen Adel im 15. Jahrhundert nicht gelungen, territorial relativ geschlossene Herrschaftsbereiche zu schaffen, obwohl einige Familien versucht haben, regionale Machtzentren aufzubauen. Wie lässt sich diese Entwicklung erklären? Indem man den Umgang mit den Grafschaften einerseits und die Herausbildung der Lords of Parliament andererseits betrachtet.

Grafen und Grafschaften

Am Beginn des 14. Jahrhunderts gab es dreizehn Grafschaften in Schottland, davon existierten mindestens acht schon vor 1150. Im Süden waren dies die Grafschaften Dunbar und später March; im Norden Angus, Atholl, Buchan, Caith-

---

1   Grant, Development, 2.
2   In der Forschung zur Sozial- und Besitzgeschichte des schottischen Laienadels hat Alexander Grant in den 1970er Jahren bahnbrechende Forschungen vorgelegt, die in den vergangenen Jahren nur partiell modifiziert worden sind. Siehe z. B. Grant, Earls und Grant, Development.

ness, Fife, Mar, Strathearn. Die Grafschaft Menteith wird zuerst 1163 erwähnt, Carrick, Lennox und Ross entstanden jedenfalls noch vor 1200 und Sutherland im Jahr 1223.[3] Zwischen 1306 und 1437 haben die schottischen Könige nur vier Grafschaften kreiert: Robert I. richtete 1312 die Grafschaft Moray ein, sein Sohn David II. 1341 die Grafschaft Wigtown und verlieh 1358 Wilhelm Douglas den Titel „Graf". König Robert III. hat schließlich die Grafschaft Crawford 1398 an die Familie Lindsay übertragen. Im Jahr 1398 erscheinen auch die Herzöge von Rothesay und Albany, das waren aber Erhebungen der Söhne von Robert II., die schon die Grafschaften Carrick bzw. Fife innehatten. Es waren persönliche Titel und keine völlig neuen Territorialbildungen. Die Ernennung von Wilhelm Douglas zum Grafen 1358 war schon ein Hinweis darauf, wie die Würde zukünftig aussehen würde. Denn der Titel war eine persönliche Ehre für Wilhelm, der damit kein zusätzliches Land übertragen bekam. Die Grafschaft Douglas war die erste, die nicht auf einer älteren Provinz beruhte, sondern deren Besitzungen weit verteilt waren.[4]

Um 1400 gab es kaum noch nicht verliehenes Land, das der König hätte zu einer Grafschaft zusammenfassen können. Aber er konnte seinen Anhängern Titel verleihen und damit ihr Ansehen in der Adelshierarchie steigern. Die älteren Grafschaften wiederum verloren sukzessive ihre enge Verbindung an eine der alten Provinzen (Regionen in Schottland), wie etwa die Grafschaft Buchan, deren Territorien bis 1382 durch Teilungen zwischen Erbtöchtern, Verkauf und „forfeiture" (Lehenseinzug durch den König) quasi ‚dahinschmolz', indem sie anderen Herrschaftsbereichen zugeschlagen wurden. Diese Praxis hatte zur Folge, dass die tatsächliche Zahl der Grafen (die Minderjährigen eingeschlossen) nicht zu jeder Zeit mit der Zahl der Grafschaften übereinstimmte. In den Jahren von 1329 bis 1332 und von 1412 bis 1424 waren es jeweils zwölf Grafen, 1457 gab es vierzehn und von 1458 bis 1460 waren es sogar fünfzehn Grafen. Der Tiefstand wurde in den Jahren 1365/66 und von 1441 bis 1444 erreicht, als es nur sechs lebende Grafen gab.

Im Durchschnitt lebten pro Jahr etwa neun Grafen gleichzeitig – allerdings die Minderjährigen mitgerechnet. In dieser Gruppe des Hochadels gab es eine hohe Fluktuation. Nur wenige Familien hatten ihre Grafschaft für längere Zeit inne. Sie verloren diese entweder durch Lehensentzug durch die Krone oder Aussterben. Zudem sind einige Grafschaften durch Heirat an andere Grafen gelangt und wurden zusammengelegt. Schließlich wurden drei Mal Grafen Könige und haben ihre Grafschaft – jeweils Carrick – nicht sofort an einen der Söhne weitergegeben: Robert I. 1329, James I. 1406 und James II. 1437.

Zwischen 1310 und 1460 gab es insgesamt 53 Grafenfamilien, davon zehn schon vor 1310 und 43 weitere in den folgenden 150 Jahren. In dem Zeitraum sind 38 Familien ausgestorben, eine Rate von 72 Prozent, während 43 neue Familien mit Grafentitel ausgestattet wurden. Mit Ausnahme von einer Generati-

---

3   Grant, Earls, 24.
4   Grant, Development, 3.

2.1 Grundlagen, Entwicklung und Formen adeliger Herrschaft

on hat mehr als ein Drittel seine Grafschaft verloren. Von 1310 bis 1335 haben 44 Prozent und von 1411 bis 1435 sogar 50 Prozent ihre Grafschaft verloren.

> „The process of extinction and recreation took place continuously over the whole period, so that the highest grade of Scottish society may fairly be described as being in a constant state of flux."[5]

Bei 23 der ausgestorbenen Familien fehlte ein männlicher Erbe, elf verloren ihre Grafschaft durch Lehensentzug und fünf Grafen starben auf Schlachtfeldern.[6]

Zwar litten die Grafenfamilien unter den genetischen Problemen (Unfruchtbarkeit) sowie Tod auf dem Schlachtfeld und Verlust der Lehen, doch es gab noch weitere Gründe für das markante Missverhältnis zwischen der Zahl der Grafen und der Grafschaften. So hatten etliche Grafen zeitweise mehrere Grafschaften inne. Walter Stewart war Graf von Atholl 1404 bis 1437, Graf von Caithness 1401 bis 1430 und wieder von 1431 bis 1437 sowie Graf von Strathearn von 1427 bis 1437. Die Grafschaften Fife und Menteith waren zwischen 1372 und 1425 immer zusammen bei einem Grafen (einem Mitglied der Königsfamilie) und die Grafschaften Douglas und Mar waren zwischen 1374/77 und 1388 vereint (siehe dazu unten S. 140). Sodann gab die Krone respektive gaben die Könige durch Lehensentzug oder Heimfall („forfeiture" oder „escheat") an sie gelangte Grafschaften nicht oder nur nach längerer Zeit wieder aus. Es gab keine Grafen von Buchan von 1308 bis 1382 und keine Grafen von Fife oder Lennox nach 1425. James II. hat die u. a. Grafschaften Wigtown und Strathearn nicht mehr ausgegeben. Schließlich gab es noch Inhaber einer Grafschaft, die jedoch persönlich keine Grafen waren – diese Männer wurden „Lords of Earldoms" genannt.[7]

Wenn man nicht der Erbe eines Grafen war, konnte man vom König dazu erhoben werden. Dazu wurde man in einer Zeremonie zuerst mittels „belting" zum Ritter gemacht, indem man mit einem Schwertgürtel gegürtet wurde. Das legt jedenfalls der Bericht von Andrew Wyntoun (1350 bis ca. 1425) nahe, der die Erhebung von Lindsay zum Grafen von Crawford im Jahr 1398 notierte: David Lindsay „was amdes that yher on a day/off Crawforde, and he belted swa".[8] Selbst wenn ein Mann eine Urkunde über eine Grafschaft besaß und/oder eine Erbin geheiratet hatte, wurde er weiter als „Lord" angesehen und tituliert, wenn er weder einer Grafenfamilie entstammte noch das Ritual zur Standeserhöhung durchlaufen hatte.[9]

Während der Regierungszeit von Robert II. und Robert III. (1371–1406) sowie der Regentschaft von Walter und Murdoch Stewart (1406–1424) dominierten die Stewarts die Gruppe der Grafen. Die Söhne und Enkel König Roberts II. hatten mehr als die Hälfte der Grafschaften in den Händen. Das wurde durch den sorg-

---

5 Grant, Earls, 26.
6 Carrick (Roberts I. Bruder) 1318 in Irland, Atholl 1333 bei Halidon, Carrick 1333 bei Halidon, Moray 1346 bei Neville's Cross und James Douglas 1388 bei Otterburn.
7 Einige Beispiele: Angus 1389–1397, Lennox 1364–1388, Mar 1388–1391, 1391–1402.
8 Wyntoun, Cronykil, 383.
9 Grant, Earls, 28.

fältigen Einsatz von Ehen und Lehensaufgaben (Rückgaben, „escheats") erreicht. Das ist kein Hinweis auf eine ernsthafte Schwächung der königlichen Ressourcen. Robert II. wurde vorgeworfen, er sei zu großzügig gegen seine Söhne gewesen. Doch damit hat er einerseits Konflikte in der Familie um Herrschaftsbeteiligung und Herrschaftsgebiete weitgehend verhindert und andererseits seine Söhne in wichtigen Grafschaften positioniert. Damit verfolgte er eine mit seinen Zeitgenossen in England und Frankreich vergleichbare Politik: „by it, the house of Stewart became by far the greatest in the land".[10]

Robert II. hat aber nicht vorhergesehen, dass sich trotzdem zwischen seinen ehrgeizigen Söhnen und Neffen ein heftiger Konflikt um die Herrschaft im Reich entwickeln würde, dem schließlich eine Linie der Stewarts zum Opfer fallen sollte. Diese Entwicklung hat James I. zu verantworten, der nach seiner Rückkehr aus der englischen Gefangenschaft 1424 seine Verwandten, die Albany Stewarts, unter Einsatz von Gewalt und Gericht vernichtete. Im Frühjahr 1425 setzte er die Verurteilung und Hinrichtung von Murdoch Stewart, den Herzog von Albany sowie Graf von Fife und Menteith, dessen Sohn und Erben Walter sowie Duncan, Graf von Lennox durch (siehe oben S. 70–71). Im Jahr 1427 zog er Strathearn von Malise Graham mit der nichtzutreffenden Begründung ein, dass die Grafschaft nur auf männliche Erben übergehen könne. Im Jahr 1435 fiel die Grafschaft Mar an die Krone zurück und James I. verweigerte die Herausgabe an Robert Erskine (siehe oben S. 73). Gegen Ende seiner Regierung 1436/37 gab es nur noch sieben Grafen, davon waren zwei in englischer Gefangenschaft und einer sein junger Sohn James (Herzog von Rothesay), dazu noch Graf Walter of Atholl, Archibald, 5. Graf Douglas, sowie William Douglas, Graf von Angus und David Lindsay, 3. Graf von Crawford. Aber 1437 wurde Walter of Atholl als Drahtzieher der Ermordung von James I. in Perth angeklagt und hingerichtet. Seine drei Grafschaften wurden eingezogen, der aktuelle Graf von Angus war gerade elf Jahre alt.

Aus der Gruppe der Grafen haben vor allem die Black Douglas von dieser neuen politischen Konstellation massiv profitiert und ihre Position stark ausgebaut. Ihre Hauptgegner Stewart und Dunbar waren ausgeschaltet und von den fünf neuen Grafen zwischen 1437 und 1450 stammten drei aus der Douglasfamilie: James wurde Graf von Avondale, 1445 wurde Archibald Graf von Moray und Hugh erhielt die neu geschaffene Grafschaft Ormond. Die beiden anderen neuen Grafen waren Alexander, Lord of the Isles, als Graf von Ross im Jahr 1438 und seit 1445 war Alexander Seton, Lord Gordon auch Graf Huntley. Im Jahr 1450 gab es acht Grafen, von denen drei aus der Familie der Douglas stammten. Die Grafen von Ross und Crawford waren ihre politischen Freunde. Von dieser Machtkonzentration fühlte sich James II. bedroht und bekämpft die Douglas, bis er sie schließlich 1455 ausgeschaltet hatte. Die Grafschaften Douglas, Avondale, Moray und Ormond wurden eingezogen (siehe dazu oben S. 84). Nachdem er seine Position gefestigt hatte, gab James II. wieder Grafschaften an seine Ratgeber und Amtsträger aus. Im Jahr 1452 erhielt sein Kanzler Crichton die Grafschaft Caith-

---

10 Grant, Earls, 33.

ness. Nach dessen Tod 1455 erhielt sie sein Nachfolger im Amt William Sinclair, Graf von Orkney (Stifter und Planer von Rosslyn Church). Bis 1458 wurden fünf weitere Grafentitel vergeben, u. a. 1458 die Grafschaft Argyll für den Lord Colin Campbell. James II. zielte darauf ab, die größere Zahl an Grafen leichter kontrollieren zu können. Bis 1460 war der Hochadel zu großen Teilen ausgetauscht.

Während in den Regierungszeiten von Robert I. bis James I. (1306–1437) vergleichsweise wenige Grafen erhoben wurden, änderte sich das unter der Herrschaft von James II. (1437 bis 1460) massiv. James II. hat doppelt so viele Grafschaften errichtet bzw. Grafen ernannt als die Könige in den zwei Jahrhunderten davor: 1437 die Grafschaft Avondale, 1445 die Grafschaften Huntly und Ormond, 1452 die Grafschaft Eroll und 1458 Argyll, Marischal, Morton und Rothers. Doch diese Erhebungen stehen im Zusammenhang mit der Neuausrichtung des schottischen Hochadels nach der Auslöschung der alten Familien durch ihn und seinen Vater James I. In diesen Kontext gehören auch die neuen Lords of Parliament.

Die Lords of Parliament

Wie schon angesprochen, waren die Titel des Hochadels seit dem Beginn des 15. Jahrhunderts zum großen Teil persönliche Ehrentitel. Neben die Titel „Herzog" und „Graf" trat auch der Titel „Lord of Parliament", der 1428 zum ersten Mal in den Parlamentsprotokollen auftaucht. Die Lords werden dort zusammen mit Herzögen und Grafen als diejenigen erwähnt, die eine persönliche Einladung zu dem Parlamentssitzungen bekommen haben.[11] Diese Gruppen bilden zusammen die neue Peerage, einen Adel dessen Legitimation nicht mehr auf Landbesitz beruhte, sondern auf Abstammung und persönliche Mitgliedschaft im Parlament. Allerdings war für die Ernennung ein jährliches Mindesteinkommen die Voraussetzung.

Sehr wahrscheinlich hat König James I. diesen neuen Rang nicht gezielt im Adel eingeführt. Wahrscheinlich ist, dass der Titel „Lord of Parliament" von Adeligen angenommen wurde, die um 1424 ihr Land in „free barony" hielten und nicht zu Herzögen (Dukes) und Grafen (Earls) gezählt wurden. Alexander Grant hat diese Adeligen als große oder mächtige Barone („greater barons") bezeichnet. Diese Männer hatten 231 Baronien von insgesamt 379 Baronien in ihren Händen. Diese 231 wurden von 130 Baronen gehalten, von denen 48 eine Baronie hatten. 24 hatten zwei Baronien, neun hatten drei Baronien, vier hatten vier Baronien, sechs hielten fünf, einer hatte sechs Baronien und einer sogar elf Baronien. Im Jahr 1424 hatten 21 Adelige drei und mehr Baronien inne und galten damit als „große Barone".[12] Aus dieser Gruppe der Barone bzw. von

---

11 RPS, 1428/3/3 [letzter Zugriff: 27.01.2020]. 5. März 1428: „All bishops, priors, dukes, earls, lords of parliament and banrents will be reserved by the king and summoned to his councils and parliaments by his special precept".
12 Grant, Development, 15. Dazu gehörten z. B. die Familien Abernethy, Campbell, Douglas of Dalkeith, Erskine, Graham, Hay, Keith, Maxwell, Seton.

deren Nachkommen haben sich sehr wahrscheinlich in den folgenden Jahren die Lords of Parliament rekrutiert. Alexander Grant hat herausgearbeitet, dass man diese Gruppe an ihrer Titelführung erkennen kann. Sehr wahrscheinlich haben sich diese Männer seit den 1420er Jahren „A dominus (Lord) de B" genannt (der „Peerage Style") und zwar schon vor der Rückkehr von James I. aus der englischen Gefangenschaft.[13] Der Kanzler William Crichton nannte sich 1439 „William, Lord Crichton" und diese Form der Titelführung haben solche Männer aufgegriffen, die sich ihm gleichwertig wähnten.[14]

Welche Faktoren haben dazu beigetragen, dass zwischen 1420 und 1440 aus der Gruppe der Barone sich die Lords of Parliament entwickelt haben?

- Erstens das Gesetz von 1428 betreffend die Teilnahme an den Parlamenten. Damit wurde das Konzept des Zusammenhangs von persönlicher Einladung zum Parlament als Voraussetzung für die Mitgliedschaft im hohen Adel verstärkt. Außerdem wurde der Begriff „Lord of Parliament" zur Bezeichnung eines neuen Adelsstandes verwendet, als dieser sich als soziale Gruppe herausbildete.
- Zweitens ist wahrscheinlich, dass die Barone im schottischen Adel die englische Praxis übernommen oder imitiert haben, als „parliamentary barons" eine parlamentarische Vertretung zu haben und so auch der Peerage anzugehören. Ein Botschafter der schottischen Krone am englischen Hof, nämlich Alexander „dominus de Gordoune" verwendete diesen Stil, um seine Gleichrangigkeit mit den englischen Baronen anzuzeigen.
- Drittens schließlich hat James I. – wenn auch indirekt – diese Entwicklung befördert. Er wollte keine Peerage einführen, obwohl das Interesse dafür im Adel verbreitet war.

Nach seinem Tod 1437 allerdings änderte sich die Situation. Der alte Hochadel war fast vollständig ausgelöscht und es gab zu Beginn der Regierung von James II. nur zwei erwachsene Grafen. Insgesamt also entwickelte sich der neue Adel aus dem Reservoir der größeren Barone, die zwischen 1437 und 1445 die wichtigsten Männer im Land wurden. Bis 1452 gab es schon 21 Lords of Parliament.[15] Grants Fazit:

> „This is probably why so many of the greater barons then adopted special distinguishing titles and why the institution of the lordships of parliament finally emerged. At the same time the basis of nobility had become much more personal and honorific than territorial. Both processes combined to produce the Scottish peerage, as a new social and political phenomenon, in the middle of the fifteenth century."[16]

Die Entwicklung der hochadeligen Territorialherrschaft in Schottland verlief geradezu umgekehrt zu der im Reich. In der zweiten Hälfte des 15. Jahrhunderts erfolgte, aufgrund der massiven und z. T. mit Gewalt unterstützen Intervention

---

13 Grant, Development, 18–19.
14 Grant, Development, 14.
15 Grant, Development, 25–27.
16 Grant, Development, 27.

der Könige, die Zentrierung von Landbesitz bei der Krone, es gab keine geschlossenen Territorien der Fürsten wie (teilweise) im Reich. Zwar haben auch in Schottland Adelige den Titel „Herzog" geführt, allerdings hing an ihm kein Territorium wie an den Herzögen von Bayern oder Sachsen. Das Land war zwischen 1425 und 1460 in der Hand der Krone konzentriert und wurde von den Königen genutzt, um ihre Einnahmen zu verbessern.

2.2 Rechtliche und wirtschaftliche Grundlagen der Adelsherrschaft

Rechtsgrundlagen

Das schottische Recht wurde auf Befehl des Königs kurz nach 1320 in eine Gesetzessammlung (Straf- und Zivilrecht, Lehens- und Erbrecht) kompiliert, die unter dem Titel *Regiam Majestatem* bekannt geworden ist.[17] Vermutlich wurde die Sammlung von einem Kanonisten (Kirchenrechtler) angelegt, der sich dabei stark auf den von Ranulf de Glanville Ende des 12. Jahrhunderts in England verfassten Traktat *De legibus et consuetudinibus regni Anglie* gestützt hat. Ergänzt wurden diese Bestimmungen durch die Strafrechtsnormen aus der Regierungszeit von König David I. (1124–1153) in Schottland. Der Bearbeiter hat auch die Gesetze von 1318 berücksichtigt und darauf geachtet, dass die Formulierungen auch praktisch angewendet werden konnten. Denn *Regiam* sollte dazu beitragen, die Verfahren und die Rechtsprechung an den königlichen Gerichten der Sheriffs zu verbessern.

Für die Gerichte der Barone erfüllte das um 1350 aufgezeichnete Handbuch über Prozesspraxis *Quoniam Attachiamenta* den gleichen Zweck.[18] Mit dieser Gesetzessammlung wollte König Robert I. dem Königreich einen juristischen Rahmen verschaffen und die Rechtslage von vor der englischen Invasion wiederherstellen. In dem Parlament von 1318 wurde zudem festgelegt, dass Abschriften der Gesetze in den königlichen, adeligen, kirchlichen oder monastischen Gerichten verlesen werden sollten, damit alle Beteiligten über das Common Law informiert waren.[19] Außerdem belegt diese Sammlung, dass das schottische Recht im 14. Jahrhundert im Wesentlichen noch wie das englische Recht im 12. Jahrhundert ausgesehen hat. In Schottland hat es Reformen im Recht wie in England seit dem 13. Jahrhundert nicht gegeben, wie z. B. die Herausbildung eines weltlichen Juristenstands und die Einrichtung der zentralen Gerichtsbarkeit. Aber *Regiam* belegt auch, dass es nach 1296 einen Bruch mit der älteren mündlichen schot-

---

17 Cooper (Hg.), Regiam. Dazu Taylor, Shape, 127–132.
18 Stevenson, Power, 91.
19 Taylor, Shape, 133.

tischen Rechtstradition gegeben hat. Es wurde in den Gerichten als Autorität für schottisches Recht eingesetzt und dieser Gebrauch noch verstärkt durch die Übersetzung in das Schottische.[20]

Die beiden Gesetzessammlungen wurden im 15. Jahrhundert mehrfach überarbeitet und den aktuellen Bedürfnissen angepasst. Für König James I. war es nach seinem Herrschaftsantritt 1424 besonders wichtig, die Rechtsgrundlagen zu klären bzw. neue zu fassen. Alle in Schottland lebenden Untertanen des Königs sollten ausschließlich mittels der königlichen Rechte und Statuten regiert werden, aber keinesfalls durch Gesetze anderer Königreiche (England) oder von speziellen Gesetzen, womit lokale Rechtstraditionen gemeint waren. Deshalb hat das Parlament 1426 eine Kommission eingesetzt, die den Auftrag hatte, die Rechtsbücher zu überprüfen und – falls notwendig – zu überarbeiten.[21]

Im spätmittelalterlichen Schottland waren die Statuten in *Regiam* und *Quoniam Attachiamenta* also eine Grundlage und Bezugsgröße in der politischen und gesellschaftlichen Praxis sowie der Rechtsprechung von Königen und denjenigen Hochadeligen, die ihre Lehen *in regalitas* vom König gehalten haben – die Inhaber dieser Lehen durften königliche Gerichtsrechte einschließlich Hochgerichtsbarkeit ausüben.

Schottische Form des Lehnswesens

In den Jahrzehnten nach dem ersten Krieg gegen die Engländer, die im Vertrag von Northampton 1328 Robert Bruce als König und Schottland als unabhängiges Königreich anerkannt hatten, beruhten die Herrschaftsbeziehungen zwischen Krone/Königen und dem Hochadel im Prinzip weiter auf den in der zweiten Hälfte des 12. Jahrhundert ausgebildeten und im 13. Jahrhundert etablierten Strukturen der schottischen Variante des Lehnswesens. Danach waren die Könige bzw. die Krone Besitzer von allem Land im Königreich. Diese „royal demesne" oder „*proprietas regis*" konnten die Könige an Adel und Klerus vergeben.

Große Teile des Kronlands wurden an hohe Adelige (Grafen, Barone) und Lairds gegen die Verpflichtung zum Militärdienst und/oder Stellung von Kämpfern (Rittern) ausgegeben – der „Scottish Service". Außerdem mussten die Belehnten als Geschworene in den Gerichten des Königs oder der großen Magnaten agieren. Diese „tenants in chief" (Grafen und Barone), konnten ihre Lehen wiederum weiter verleihen (subinfeudation), um z. B. von ihren Vasallen militärische Unterstützung und finanzielle Abgaben zu bekommen.[22] Den größten Teil ihrer Länder haben die Grafen und Barone gegen Jahresrenten verpachtet. Im spätmittelalterlichen Schottland gab es nur wenige Dominikalgüter („land in demesne"), die von ihren Inhabern direkt bewirtschaftet wurden.[23]

---

20 Crains, History, 66–68.
21 MacQueen, Law, 91–92; Stevenson, Power, 92.
22 Grant, Service, 154.
23 Brown, William Wallace, 37.

2.2 Rechtliche und wirtschaftliche Grundlagen der Adelsherrschaft

Die Form der Pacht und die Leistungen sowie der rechtliche Status der bäuerlichen Pächter haben sich im 14. und 15. Jahrhundert in den verschiedenen Regionen unterschiedlich entwickelt. Ein gemeinsames Kennzeichen war allerdings, dass die Pachtverträge generell eine kurze Laufzeit von oft nur einem Jahr hatten.[24] Allerdings entwickelte sich die Beziehung Lehnsherr und Vasall in Schottland seit dem 13. Jahrhundert nicht nur über die Vergabe von Land, wie in England. Dort entstand durch die Einrichtung und Vergabe von Unterlehen (Afterlehen) eine Lehnshierarchie, in dem Besitz mit allen daran hängenden Rechten von dem Oberlehnsherren gehalten wurde, von dem man ihn bekommen hatte. In Schottland dagegen beruhte die Lehnshierarchie des Adels ähnlich wie auf dem Kontinent vor allem auf den Gerichtsrechten, die übertragen wurden. Die Herrschaft über freies Land war in erster Linie eine Frage der Gerichtsrechte und nicht des Besitzes. Es war möglich, die Nutzung eines Landes an einen Vasallen oder Pächter zu übertragen, jedoch die Gerichtsrechte weiter selbst zu halten. Auf diese Weise behielt der Lehnsherr faktisch die Kontrolle, denn er konnte in dem Territorium, das er nicht mehr besaß bzw. nutzen konnte, weiter diese Rechte ausüben. Eine Konstellation, für die Susan Reynolds die Bezeichnung „territorial" (räumlich) im Gegensatz zu „tenurial" (besitzrechtlich) vorgeschlagen hat.[25]

> „Property was alienated through subinfeudation or sale, but the donor/seller lord retained authority over the territory within the subinfeued property lay through exercise of superior jurisdiction".[26]

Damit war zudem die Grundlage gelegt, eine Herrschaft in „feu and heritage" zu halten, woraus sich im 14. und 15. Jahrhundert die Rechtsform „feufarm" bzw. „blenchfarm" entwickelte. Das war ein rechtliches Instrument, mit dem die Übertragung von Besitz und Titel ausschließlich an den ältesten Sohn und dessen männliche Nachkommen („heirs of entail") möglich wurde (siehe dazu unten S. 139–140). Diese Praxis führte zu einer Veränderung der Position des Grafen sowohl zum König als auch zu seinen Pächtern und Verwandten.
- Erstens konnte ein Lord mit einem Titel wie „Graf" oder „Mormar", dessen politischer und rechtlicher Status als Herrscher bis dahin darauf beruhte, dass er der Kopf eines Verwandtschaftsverbandes war, nun zu einem vom König mit Urkunde konzessionierten Besitzer von Land werden, auf dem sich von ihm Abhängige niederlassen konnten, die nicht seine Verwandten sein mussten.
- Zweitens war damit die Möglichkeit zur Weitergabe des Besitzes linear über den ältesten Sohn möglich. Somit war die Kontrolle über Besitz und Rechtsprechung des Herrschaftsbereichs nur noch in den Händen einer Linie der Verwandtschaft. Das war im 12. Jahrhundert günstig für jüngere

---

24 Duncan, Scotland, 330; dazu auch Neville, Land, Kap. 5.
25 Reynolds, Fiefs, 188.
26 Oram, Domination, 214.

Söhne aus englischen Adelsfamilien, führte aber dann zur potenziellen Degradierung von jüngeren Söhnen der Magnaten. Seit den 1220er Jahren war dieses Vorgehen eine weit verbreitete Praxis.[27]

Wirtschaftliche Grundlagen

Während des späten Mittelalters entwickelte sich auch in Schottland allmählich eine auf Geld beruhende Wirtschaft. Die verschiedenen Abgaben (Tiere, Getreide) und Arbeitsleistungen (Hand- und Spanndienste) wurden nach und nach durch vielfach dauerhaft fixierte Geldzahlungen abgelöst. Es ist jedoch zu beachten, dass auch noch Regionen und lokale Praktiken existierten, die der generellen Entwicklung nicht gefolgt sind. So waren z. B. für die Campbells (Grafen von Argyll) die Ruderdienste auf ihren Schiffen und Booten noch Mitte des 15. Jahrhunderts so wichtig, dass sie in den Bonds als Forderung festgelegt waren.[28]

Die ökonomischen Rahmenbedingungen für die Landwirtschaft und den Handel im späten Mittelalter haben sich bis in das 15. Jahrhundert hinein verschlechtert.[29] Bis 1380 war die Ausfuhr von Wolle und Kleidung die Stütze der schottischen Wirtschaft. Im Jahr 1372 wurden 1 500 Tonnen Wolle und im Jahr 1381 immerhin noch 1 450 Tonnen Felle/Häute ausgeführt – das waren die Spitzenwerte. In den folgenden Jahrzehnten fiel der Export durchschnittlich auf ein Viertel der Spitzenjahre. Negativ wirkte sich zudem der Mangel an Münzen bzw. umlaufendem Geld aus. Die überlieferten Zahlen erwecken den Eindruck, dass es im Handel ein strukturelles Zahlungsdefizit mit den wichtigsten Handelspartnern (Niederlande, Frankreich, Baltikum) gab. Durch die hohen Lösegeldzahlungen für David II. und James I. floss Bargeld nach England ab. Die schottische Währung verlor von 1390 bis 1470 etwa ein Sechstel an Wert. Die Münzmanipulationen von James III. in den 1480er Jahren haben schließlich zur politischen Krise beigetragen. Mit der Inflation sind die Preise ebenso gestiegen wie die Löhne. Die Löhne und der Bevölkerungsrückgang (von etwa einer Million um 1300 auf etwa 500 000 Anfang des 15. Jahrhunderts ohne große Steigung im weiteren Verlauf des Jahrhunderts)[30] aufgrund von Seuchen haben die Erträge der Landbesitzer negativ beeinträchtigt, denn nur zwischen 1366 und 1424 sind die Pachtzahlungen um 50 Prozent gestiegen, doch während der Hochphase der Inflation in den Jahrzehnten 1430 bis 1480 stagnierten sie.[31] Diese Entwicklungen hatten starken Einfluss auf die Einnahmen und Erträge des Adels aus Landwirtschaft und Herrschaftsrechten.

Die Grafen und Barone sowie die Bischöfe und Äbte (der größeren Klöster) konnten so wie die Könige grundsätzlich aus Herrschaftsrechten über Städte

---

27 Oram, Domination, 224.
28 Siehe Boardman, Charter Lordship.
29 Gemmill, Mayhew, Values, 361–381; Oram, Economy, 195–197.
30 Grant, Fourteenth-Century Scotland, 347.
31 Gemmill, Mayhew, Values, 377.

2.2 Rechtliche und wirtschaftliche Grundlagen der Adelsherrschaft

(Burghs) und Land Einnahmen generieren. Die Höhe dieser Einnahmen lässt sich für Schottland nur punktuell ermitteln, denn es fehlen serielle Quellen, die genaue Auskunft z. B. darüber geben könnten, wie sich die Einnahmen sowie die Anteile der unterschiedlichen Einnahmequellen z. B. der Bischöfe von Aberdeen oder der Grafen von Douglas im 14. und 15. Jahrhundert entwickelt haben. Immerhin ist es aber möglich, die Rechte und Besitztitel genauer zu benennen, aus denen die geistlichen und weltlichen Herrschaftsträger ihre Finanzen bezogen haben.

Die Städte in Schottland waren nicht wie viele Städte auf dem Kontinent ein Gegenentwurf zur Feudalgesellschaft, sondern eher eine spezielle Variante der feudalen Gesellschaft und Wirtschaft. Die Könige haben – wie die Barone und Grafen in ihren „Regalitäten" – seit dem 12. Jahrhundert an bereits bestehende Siedlungen bestimmte Rechte verliehen, insbesondere Marktrechte. Als Gegenleistung für das Marktmonopol (symbolisiert durch das Marktkreuz) in einer Region und die Erlaubnis, eine Gilde gründen zu dürfen, mussten die Städte Gebühren und Zölle an die Stadtherren zahlen. Weil die Könige seit David I. (1124–1153) daran interessiert waren, den Handel mit Kontinentaleuropa zu intensivieren, haben sie vor allem an Siedlungen an der Ostküste (u. a. Aberdeen, Berwick, Perth, Edinburgh, Dundee) Rechte vergeben. Ein weiteres Motiv für die Vergabe von Burgh-Rechten war die Absicht, Vorposten zu schaffen, um Königsherrschaft auch in Grenzregionen durchsetzen zu können. Die Gründung von Dumbarton im Jahr 1222 erfolgte aus diesem Grund, denn es lag zu dieser Zeit an der westlichen Grenze des vom König regierten Teils Schottlands.[32] Die Abgaben der Burghs waren seit dem 12. Jahrhundert eine wichtige Einnahmequelle der Könige und David I. bezog seine Einnahmen nahezu ausschließlich von den Städten.

Im Namen der Könige kontrollierten die Hofmeister (Chamberlains) die Städte und zogen die Abgaben ein. Für die Bürger und Einwohner waren der Alderman und/oder der Provost und die Baillies den Stadtherren rechenschaftspflichtig. Zugleich waren sie für die Verwaltung der Stadt und die Aufrechterhaltung der Ordnung zuständig. Im Verlauf des 13. Jahrhunderts erhielten die Burghs eigene Gerichtsrechte und waren danach von der Rechtsprechung mittels Gottesurteils exemt. Im 13. Jahrhundert erhielten die Städte zudem eigene Siegel und bildeten Ratsgremien aus. Diese Gremien trafen sich zu den Sitzungen in der „tolbooth" (Zollhaus) – einem Gebäude, in dem auch die Zolleinnahmen lagerten und das als Gefängnis diente. Seit 1366 waren Vertreter der Städte regelmäßig bei Parlamentsversammlungen anwesend.[33] Anfang des 14. Jahrhunderts gab es 38 königliche Burghs und 18 Burghs, die ihre Rechte von geistlichen oder weltlichen Adeligen erhalten hatten.

Im Jahr 1319 setzte sich eine neue Praxis im Hinblick auf die Abgaben der Städte an die Könige durch. Robert Bruce erließ den Bürgern von Aberdeen die Zahlung von Abgaben und Gebühren. Im Jahr 1320 erhielt Berwick dasselbe Pri-

---

32 Dennison, Evolution, 13.
33 Dennison, Evolution, 34–35.

vileg. Im Mai 1329, wenige Tage vor seinem Tod, privilegierte er Edinburgh in gleicher Weise.[34] Die Städte zahlten seitdem eine fixierte Summe als Stadtsteuer pro Jahr. Ausgenommen davon war jedoch der große Zoll, über den die Könige weiter verfügen wollten.[35] Im Laufe des 14. Jahrhunderts wurden feste Jahrsteuern für weitere Städte eingeführt. Für das Jahr 1485 sind die Stadtsteuern aus dem Nordosten überliefert: Aberdeen und Dundee zahlten 26 Pfund, 13 Schilling, Perth immerhin noch 22 Pfund. Mit deutlichem Abstand folgten Forres (sechs Pfund) sowie Banff und Elgin mit jeweils drei Pfund.[36]

Allerdings waren die finanziellen Belastungen der Städte damit nicht erschöpft, denn immer wieder musste z. B. Aberdeen auf Befehl der Krone oder einfach deshalb, weil der Rat von Hochadeligen dazu gezwungen wurde, Pensionen etc. zahlen. Für den regionalen Adel waren die Städte aber auch wichtig, weil sie auf den dortigen Märkten einerseits ihre Tiere (Schafe und Rinder) sowie Agrarprodukte verkaufen (lassen) konnten, und andererseits, weil sie dort auch Luxusgüter (Goldschmiedearbeiten, Kleidung) erwerben konnten. In Aberdeen kaufte Alexander Irvine of Drum 1480 eine schicke Kopfbedeckung von einem Schneider und einige Jahre später verkaufte der Goldschmied William Watson einen silbernen Vogel an den Laird von Meldrum.[37]

Über die Städte bzw. den mit ihnen verbundenen Häfen wurden die Zölle aus dem Export von Wolle, Fellen, Leder (Häute) und Fisch (Lachs) eingezogen. Diese waren ein königliches Regal, wurden aber immer wieder an Adelige vergeben. Archibald, 4. Graf Douglas, hatte in den 1410er Jahren viele Zölle inne und James Lindsay, 5. Graf Crawford (1453–1495), hatte in den 1470er und 1480er Jahren Anspruch auf 100 Mark vom Zoll in Aberdeen, 100 Mark vom Zoll in Dundee und 40 Mark vom Zoll in Montrose.[38] Auch kleinere Städte im Nordosten (Banff, Crail, Forfar) zahlten Jahrgeld an den Graf Crawford. Ob dieses Geld gezahlt wurde, um sich seine Dienste zum Schutz der Städte zu sichern oder ob es Zahlungen waren, um sich vor ihm zu schützen, lässt sich nicht eindeutig klären.[39] Das ist jedoch nicht unwahrscheinlich, denn die finanzielle Lage des hohen Adels war – auch wenn Magnaten nominell hohe Einkünfte hatten – im 15. Jahrhundert tendenziell nicht sonderlich gut. Es gab nämlich verschiedene Faktoren, die verhinderten, dass die Ansprüche auf Einnahmen auch dauerhaft realisiert werden konnten (siehe dazu unten S. 134–136).

Der Export von Lachs war neben jenem von Wolle eine wichtige Einkommensquelle für Kirche und Adel im späten Mittelalter. Geistliche und weltliche Herren erwarben von der Krone die Fischereirechte für Flüsse (Tweed, Forth, Tay, Don, Spey, Leven, Ness), in die die Lachse jährlich zum Laichen zurückkehr-

---

34 Fry, Edinburgh, 71.
35 Im 15. Jahrhundert wurden die Zölle zeitweise an die Verwandten und/oder Parteigänger der Könige vergeben.
36 Booton, Inland Trade, 154.
37 Booton, Inland Trade, 151.
38 Kelham, Bases, 337.
39 Lynch, Spearman, Stell, Introduction, 10.

2.2 Rechtliche und wirtschaftliche Grundlagen der Adelsherrschaft 131

ten. Für das Zisterzienserkloster Cupar Angus sind Rechnungen überliefert, aus denen hervorgeht, wie wichtig der Lachsfang am Fluss Tay für den Konvent war. Der Abt des Klosters verpachtete die Fischereirechte an einzelne und/oder Gruppen von Fischern für jeweils fünf Jahre; die Ausrüstung (Netze, Boote) mussten die Fischer stellen. In der Regel musste der Fang zunächst dem Konvent präsentiert werden, den Überschuss konnten die Fischer verkaufen. Alternativ haben die Fischer den Fang im Auftrag der Konvente verkauft. Im 15. Jahrhundert war der Export von Lachs aus Schottland nach England, die Niederlande und Frankreich auf einem Höhepunkt. Die Ausfuhrsteuer betrug von 1398 bis 1426 einen Pfennig pro ausgewachsenen Lachs. In Aberdeen wurden 1426 über 8 600 Lachse verschifft. Ein Fass Lachs kostete im 15. Jahrhundert im Durchschnitt 40 bis 50 Schillinge, und damit mehr als ein Schaf (im Durchschnitt 4-5 Schilling). Gemmill und Mayhew haben errechnet, dass zwischen 1470 und 1540 im Durchschnitt jährlich 2 250 Pfund durch Lachsexport an Zoll eingenommen werden konnte.[40] Im Verlauf des 15. Jahrhunderts hat das schottische Parlament die Zeit für den Lachsfang immer wieder eingeschränkt (Verbot zwischen 15. August und 30. November), um die Bestände zu erhalten.[41]

Neben den Einnahmen der Magnaten aus den Zahlungen von Städten, die sie oft als Gegenleistung für Dienst für die Krone oder Loyalität zu einem König erhalten haben (Warden of the Marches, Chamberlain), konnten sie Gerichtsgebühren einziehen (falls ihr Land mit den entsprechenden rechtlichen Privilegien ausgestattet war) und weitere Abgaben beanspruchen, die oft mit Land verbunden waren, und die man als Benutzungsgebühren bezeichnen kann: Wegerechte, Geleit, Brückenzoll, Fähren, Mühlen. Der Adel lebte aber vor allem von den Einnahmen aus seinem Landbesitz. Diese Länder konnten geschlossene Einheiten sein, oder sich über eine Region verteilen. Im Nordosten (Moray, Ross, Sutherland, Caithness) wurden sie „davachs" genannt. Im Prinzip sollten diese Einheiten Ackerland und Weideland beinhalten sowie den Zugang zu Wasser (Flüsse oder Teiche).[42] Im Südosten von Schottland wurde vor allem die Bezeichnung „ploughgate" verwendet, um den Umfang einer Wirtschaftseinheit zu beschreiben. In den Regionen wurden diese Einheiten weiter unterteilt in acht „oxgates" oder „oxgangs". Ein „oxgang" wiederum hatte einen Umfang von ungefähr dreizehn „acres" (Morgen), allerdings variierte dieses Maß von Region zu Region. Im Westen und Caithness sowie auf den Inseln wurden die ländlichen Wirtschaftseinheiten „pennyland" oder „merkland" genannt. Damit wurde sowohl der Wert des Landes als auch die darauf liegende Abgabenlast (Pacht) bezeichnet.[43]

Die geistlichen (Bischöfe, Äbte) und weltlichen (Grafen) Herren verpachteten ihr Land an freie Bauern (husbandmen) oder Lairds zur Bewirtschaftung. Bis zur Mitte des 14. Jahrhunderts gab es in Schottland noch eine vermutlich große (aber nicht bezifferbare) Anzahl an Leibeigenen. Diese waren an den Boden ge-

---

40 Gemmill, Mayhew, Values, 372.
41 Hoffmann, Salmo salar.
42 Ross, Land.
43 Easson, Systems, 282-283.

bunden, hatten kein Erbrecht und mussten Heirats- und Todfallabgabe zahlen. Den letzten Prozess wegen eines entlaufenen Leibeigenen führte der Bischof von Moray 1364. In der Forschung geht man davon aus, dass danach die rechtliche Unterscheidung von unfreien und freien Bauern in Schottland aufgehoben war.[44] Zudem haben sich die wirtschaftlichen Rahmenbedingungen für die Bauern nicht zuletzt deshalb verbessert, weil die Nachfrage nach Arbeitskräften groß war. Zu dieser Entwicklung haben verschiedene Faktoren beigetragen. Die Kriegsfolgen vor allem in den südlichen Regionen des Reiches, wo Bauern vertrieben waren und Land zeitweise nicht bestellt werden konnte. Infolge der seit 1350 wiederkehrenden Pestumzüge gab es erhebliche Bevölkerungsverluste, die den Einzelnen als Arbeitskraft wertvoller für den Adel machten.

Weil die Arbeitskraft teuer wurde, haben Adelige ihre Länder nicht mehr selbst bearbeitet, sondern verpachtet. So war zum Beispiel das Land in der Grafschaft Strathearn im Jahr 1444 vollständig verpachtet.[45] Die Pächter mussten Abgaben (die sich von Region zu Region unterschieden haben) leisten. Vor allem zahlten sie die Pacht für ihr Land. Zusätzliche Zahlungen waren fällig, wenn mit dem Land noch weitere Nutzungsrechte überlassen wurden, wie Jagd, Fischerei, der Abbau von Torf und Kohle, der Betrieb von Salinen sowie in manchen Regionen auch noch Arbeitsdienste.

Der hohe Adel (etwa vierzig bis fünfzig Magnatenfamilien) lebte im Wesentlichen von den Abgaben aus ihren Herrschaftsbereichen, die unterschiedliche Rechtsgrundlagen hatten. Die Grafen und Barone, die ihr Land direkt von der Krone hatten, waren Kronvasallen („tenants-in-chief"). Sie hielten dieses Land „in fee and heritage" als Gegenleistung für Rat und Hilfe (Militärdienst, Geldzahlungen), die sie dem Lehnsherrn schuldeten. Diese Leiheform wurde teilweise abgelöst oder ergänzt durch „feu-farm", dessen Variante „blench-farm" war. In zweiten Fall wurden Lehensdienste durch die Zahlung eines Pfennigs oder durch ein Symbol (etwa ein Paar Sporen) ersetzt, die zugleich als Zeichen der Anerkennung der Oberherrschaft fungierten.[46] Die Kronvasallen wiederum konnten ihren Landbesitz als Domäne (Eigengut) an Bauern verpachtet. Dieses Land („mains", „tendandry") wurde oft nur für ein Jahr verpachtet. Allerdings waren auch Drei- bis Fünfjahresverträge üblich, vor allem geistliche Landbesitzer haben länger laufende Pachtverträge abgeschlossen.[47] Bei den länger geltenden Verträgen oder der Verlängerung der Vertragslaufzeit mussten die Pächter ein Einstandsgeld („grassum") in Höhe einer Jahrespacht zahlen.[48] Die Pächter leis-

---

44 Neville, Land, Kap. 5: „Peasants, servitude and unfreedom in Scotland, 1100–1350". Allerdings hat sich die Forschung bisher nicht mit der rechtlichen Situation der Bauern im 15. Jahrhundert beschäftigt. Nach den Ergebnissen von Weil, Gute Hirten und Berlandi, Birthplace ist es sehr wahrscheinlich, dass auch nach 1370 Bauern („nativi") in einigen Regionen noch unterschiedlich stark von rechtlicher Unfreiheit betroffen waren.
45 Stevenson, Power, 171.
46 Grant, Independence, 135.
47 Lythe, Economic Life, 29 mit Laufzeiten über mindestens fünf Jahre der Pachtverträge der Abtei Coupar Angus in der zweiten Hälfte des 15. Jahrhunderts.
48 Kelham, Bases, 305; Nicholson, Scotland, 380.

2.2 Rechtliche und wirtschaftliche Grundlagen der Adelsherrschaft

teten ihre Abgaben in Geld und Naturalien. Die Kronvasallen konnten ihr Land aber auch an Untervasallen für längere Zeit als Lehen (zu den Bedingungen, zu denen sie ihre Lehen vom König gehalten haben) an andere hohe Adelige und/oder Lairds (von denen es einige Hundert gab) vergeben.[49]

Diese Grundstrukturen des schottischen Feudalsystems waren jedoch nicht statisch. Die Adeligen haben die Möglichkeiten der Vergabe von Land und die damit jeweils verbundenen und geforderten Leistungen ihren je aktuellen ökonomischen und politischen Bedürfnissen angepasst. Zusammen mit den Bonds haben die Magnaten damit ihre Gefolgschaft ebenso organisiert, wie die lokale Verwaltung und Rechtsprechung. Im Verlauf des 15. Jahrhunderts hat sich der Anteil des eigen bewirtschafteten Landes der Adeligen immer weiter zugunsten der Verpachtung zu festen Abgaben verschoben.

Wie hoch die Einnahmen aus den jeweiligen Herrschaftsbereichen waren, ist aufgrund der schlechten Quellenlage weder für einen bestimmten Zeitpunkt für den Adel insgesamt noch für einzelne Familien bzw. Magnaten für deren Herrschaftszeit festzustellen. Die einschlägige Forschung konnte aber immerhin gut begründbare Aussagen über die durchschnittlich theoretisch verfügbaren jährlichen Einnahmen einiger Magnaten erarbeiten. Zudem konnte gezeigt werden, dass es immer wieder Probleme gab, die es unmöglich gemacht haben, alle Ansprüche aus Landwirtschaft (Pacht), Gerichtsrechten und Königsdienst auch tatsächlich zu erhalten. Einige, vergleichsweise gut dokumentierte Beispiele, können das illustrieren.

Informationen zur finanziellen Situation des Hochadels sind für die Douglas von Dalkeith überliefert. James Douglas of Dalkeith (gest. 1420) machte im Jahr 1392 ein Testament. Sein Nachlass bestand aus wertvoller Kleidung, Ringen, Schmuck, vier Rüstungen, Reliquiaren und Büchern (Literatur, Grammatik, Logik, Statuten von Schottland) und war insgesamt 1 159 Pfund wert.[50] Er lebte offensichtlich in einiger Pracht. Das Einkommen von James Douglas, 4. Graf Douglas of Dalkeith und der 1. Graf Morton (1426–1493), ist genauer zu fassen.[51] Graf James konnte theoretisch ein Einkommen von 1 000 bis 1 100 Pfund jährlich erwarten. Davon stammten 625 Pfund aus Pachteinnahmen, 125 Pfund aus dem Verkauf von Getreide (Weizen, Hafer) und 50 Pfund aus Jahrgeldern und Pensionen, sowie weitere 200 bis 250 Pfund aus Gerichtsfällen und Nutzungsgebühren.

Alexander Stewart, Herzog von Albany (1454–1485), der Bruder von König James III., hatte (mit Unterbrechungen wegen seiner Revolte gegen seinen Bruder) die Grafschaft March und die Herrschaft Annandale zur Verfügung. Die für diesen Magnaten vorliegenden Zahlen sind laut Kelham „evidence of the stagnation of rents in southern Scotland" in der zweiten Hälfte des 15. Jahrhunderts.[52] Das betrifft vor allem die Pachteinnahmen, die nur knapp die Hälfte seines für das Jahr 1475 berechneten Einkommens von über 1 500 Pfund ausgemacht ha-

---

49 Kelham, Bases, 299; Grant, Independence,133–134.
50 Grant, Independence, 132.
51 Das Folgende nach den Berechnungen von Kelham, Bases, Kap. 6 „Estates and Income".
52 Kelham, Bases, 316.

ben. Zu den 680 Pfund Pacht, kamen 40 Pfund „Grassum", sowie viel Geld durch den Verkauf von Getreide (275 Pfund; allerdings haben die Preise für Getreide stark geschwankt). Gebühren und Strafen aus Gerichten in seinem Herrschaftsbereich machten ungefähr 300 Pfund aus; als Warden of the Marches erhielt er zudem 200 Pfund im Jahr.

David Lindsay, 5. Graf von Crawford (1453–1495), der 1482 bis 1488 auch der Chamberlain von James III. war, hatte ein Spitzeneinkommen. Seine Einnahmemöglichkeiten brachten ihm theoretisch 2 200 Pfund im Jahr (Pacht, Gerichtsrechte, Verkauf von Getreide, Jahrgelder von Burghs Aberdeen und Banff, der Herrschaft Brechin, sowie Zölle von Aberdeen, Dundee und Montrose) ein. Es gab vermutlich keinen anderen Adeligen im Königreich Schottland, der ein höheres theoretisches Einkommen hatte.

Die drei hier betrachteten Magnaten hatten alle in der Theorie ein Einkommen, das über dem von Grant angegebenen durchschnittlichen Jahreseinkünften von Grafen mit 850 Pfund und 770 Pfund für die großen Barone (ab 1450 Peerage) lag.[53] Deutlich darunter lagen die Jahreseinkommen von Lairds, die oft Lehensmänner der Grafen waren. Die Höhe der Einnahmen der Herren von Abernethy (die Ende der 1420er Jahre zu den ersten Lords of Parliaments zählten) aus ihren Baronien wurde 1424 auf 500 Pfund taxiert.[54] Die Einnahmen der Krone im späten Mittelalter sind ebenfalls nur unvollständig zu berechnen, doch liegen für einige Jahre Zahlen vor. Im Jahr 1425 hatte James I. nominell 7 000 Pfund Einnahmen aus den Zöllen. Dazu kamen noch 2 000 Pfund aus den Abgaben aus seinen (zum Teil von den Albanys eingezogenen) Grafschaften. Nach Alexander Grant hatte James II. um 1450 etwa 10 000 Pfund pro Jahr zur Verfügung.[55] James III. hatte in der Burg von Edinburgh einen Schatz im Wert von etwa 25 000 Pfund angehäuft – also ungefähr das Zweieinhalbfache eines Jahreseinkommens.[56] Grob geschätzt, hatte Morton etwa ein Zehntel der Einnahmen der Krone und Crawford sogar zwei Zehntel zur Verfügung.

Doch diese Summen wurden sehr wahrscheinlich nicht in jedem Jahr bzw. nie im vollen Umfang realisiert. Das lag daran, dass wegen der Kriege und der Kriegsfolgen Land zeitweise nicht bearbeitet werden konnte. Außerdem konkurrieren die Landbesitzer spätestens seit dem Bevölkerungsrückgang ab 1360/70 um Pächter, weshalb sie die Abgaben nicht beliebig steigern konnten. Deshalb ist die Steigerung der Pachtabgaben von 1419/40 bis 1476 mit 5 % (berechnet für Dalkeith bzw. Morton) eher gering ausgefallen. Die Einnahmen waren weit unter der Inflationsrate, die im 15. Jahrhundert erheblich war. Um über die Kaufkraft ihrer Vorfahren im letzten Drittel des 14. Jahrhunderts verfügen zu können, hätten die Erträge allein aus dem Pachtland um das Siebenfache steigen müssen,

---

53 Grant, Independence, 132.
54 Grant, Development, 14–15.
55 Grant, Independence, 164.
56 Tanner, James III, 224.

aber im Fall der Dalkeith-Länder war es zwischen 1366 und 1470 nur das Zweifache und im Falle der Crawfords möglicherweise immerhin das Vierfache.[57]

Auch ihre Jahrgelder konnten die Adeligen nicht regelmäßig einziehen, weil sich die Räte und Bürgermeister von Burghs immer wieder weigerten, sie zu zahlen – häufig mit dem Hinweis auf ihre Schulden. Weitere Abzüge vom errechneten theoretischen Einkommen entstanden durch die Zahlungen an die eigenen Amtsträger (Vögte in Burgen, Hauptleute, Gerichtspersonal), Stiftungen, Reparaturarbeiten an Gebäuden, Neubauten (Tower Houses) und Ausgaben für standesgemäße Repräsentation. Es ist wahrscheinlich, dass (nicht nur) die drei hier vorgestellten Magnaten trotz ihrer theoretisch guten Einnahmemöglichkeiten faktisch immer knapp bei Kasse waren. Bargeld war jedenfalls rar und Schulden konnten sie oft nur teilweise in Geld zurückbezahlen. James, 1. Graf Morton, war nicht in der Lage einen Kredit von James III. vollständig zurückzuzahlen. Er konnte nur durch die Übergabe eines goldenen Kruzifixes und einer Kette 50 Pfund abstottern. Der Graf von Crawford versuchte, noch Jahrgelder von Banff einzuziehen, nachdem er dieses an den Laird von Findlater vergeben hatte. Ein Motiv des Herzogs Alexander von Albany, die Friedensbemühungen seines Bruder James III. mit England zu unterlaufen, war vermutlich seine Absicht, weiter Beutezüge in Nordengland durchführen zu können. Da Herrschaft untrennbar mit Einnahmen verbunden war, kann man annehmen, dass in dem durch regionale Herrschaft geprägten Schottland Konflikte zwischen den Adeligen nicht allein um Ehre und Prestige geführt wurden, sondern im Kern auch Ressourcenkonflikte waren, die auch mittels Gewalt ausgetragen wurden.

2.3 *Herrschaftssicherung und Familienorganisation*

Wie in anderen Regionen Europas haben auch Adelsfamilien in Schottland im 14. und 15. Jahrhundert angestrebt, ihr Herrschaftsgebiet zu sichern, möglichst nicht zu sehr aufzuteilen und territorial zu arrondieren. Vergleichbar mit Familien des Hochadels im Reich, haben sie dabei zwei zentrale Strategien angewendet: die Erweiterung des Besitzes im Kampf mit adeligen Konkurrenten und die Stabilisierung der dynastischen Struktur durch engere Verbindung von Haupt- und Nebenlinien einer Familie. Im Folgenden werden die Elemente der zweiten Strategie zur Sicherung des Besitzstandes und die Verhinderung von Besitzentfremdung behandelt.

---

57 Helham, Basis, 345–346.

Erbregelungen (Campbell, Douglas, Stewart)

Betrachten wir zuerst die Praxis der Familie Campbell in der Grafschaft Argyll in Westschottland.[58] Duncan Campbell, Lord of Loch Awe (reg. 1414–1453), war in erster Ehe mit Majorie, einer Tochter von Robert, Graf von Fife, einem Sohn König Roberts III., verheiratet.[59] Aus dieser Ehe ging ein Sohn – Gillespic – hervor. In zweiter Ehe war er mit Margarete Stewart of Ardgowan verheiratet, mit der er weitere Söhne (Colin, Archibald, Duncan, Neil) hatte. Alle Söhne waren prinzipiell erbberechtigt. Duncan betrieb aber eine Familienpolitik mit dem Ziel, die erbliche Weitergabe von Land und Ämtern in seinem Herrschaftsbereich auf die männlichen Erben des ersten Inhabers dieser Länder und Herrschaftsrechte zu begrenzen. Als Senior der Hauptlinie der Familie war er daran interessiert, die Herrschaftsbereiche der Nebenlinien so mit der Hauptlinie zu verzahnen, dass diese nicht entfremdet werden konnten. Um dieses Ziel zu erreichen, musste er sich zunächst mit den Herrschaftsansprüchen seiner Brüder und deren Söhnen auseinandersetzen. Er musste sie dazu bewegen, ihre eigenen Herrschaftsbereiche nicht dauerhaft der Familie, d. i. die Hauptlinie, zu entziehen. Die Ergebnisse der darüber geführten Verhandlungen haben die Beteiligten urkundlich festgehalten. Im Jahr 1423 Duncan mit Duncan Mor und Colin Og sowie dessen Sohn John und Duncan mit seinen Neffen John im Jahr 1428.

Im Jahr 1423 einigte er sich mit seinem Bruder Duncan Mor, der Ardscontnish als eigenen Herrschaftsbereich erhielt. Diese Herrschaft hatte ihr Vater Colin durch eine Ehe mit Mariota Campbell um 1370 erworben. Im Jahr 1428 schloss Duncan mit seinem Neffen John Campbell einen ähnlichen Vertrag ab. John Campbell vertrat einen Zweig der Familie, der schon seit geraumer Zeit seinen Anspruch auf eigenständige Einnahmen und Rechte im Herrschaftsbereich der Familie stellte. Schon Colin Og, Johns Vater, beherrschte einen Streifen Land um den Grundbesitz von Ardkinglas im nördlichen Cowal. Diesen Herrschaftsbereich bestätigte Duncan John im Jahr 1428. In beiden Fällen handelte es sich um Eigentumsübertragungen, die die Empfänger zu „service of ward, relief and marriage" verpflichteten. Außerdem enthielten die Urkunden Klauseln den Schiffsdienst betreffend, die Eidleistung (Treueschwur) und „male entails" (männliche Erbfolge).[60] Damit entstand zwischen Lord Duncan und seinem Bruder respektive Neffen quasi ein feudalrechtliches Verhältnis. Wichtig für die Familienpolitik und Duncans Absicht, den Herrschaftsbereich möglichst in der Familie (Dynastie) zu sichern, war die Klausel über die Erbfolge. Diese Regelung der familieninternen Besitzverteilung erscheint auf den ersten Blick als ein Bruch mit den Traditionen in den gälischen Regionen Schottlands, in denen die Familienclans ihren Besitz traditionell durch Zusammenarbeit der Verwandtschaft beherrschten und regierten. Doch tatsächlich hat Duncan nichts anderes getan, als die

---

58 Grundlegend Boardman, Campbells und Boardman, Charter Lordship.
59 Boardman, Campbells, 104.
60 Boardman, Charter Lordship, 98; im Reich wurden diese Lehen „Mannlehen" genannt.

2.3 Herrschaftssicherung und Familienorganisation

Existenz der beiden Nebenlinien zu bestätigen und auf eine neue Rechtsbasis zu stellen. Aber warum haben es die Beteiligten für sinnvoll gehalten, „to define and record relationships in this new way?"[61]

Diese formalen Verleihungen und Bestätigungen trugen dazu bei, die Verteilung von Herrschaftsrechten und -pflichten zwischen den Linien der Familien eindeutig zu verteilen. Bis zu diesem Zeitpunkt waren der Rang und/oder die soziale Position in dem Verwandtschaftsverband die Grundlage für die Verteilung von Anteilen an der Herrschaft. Diese Positionen waren jedoch umstritten und Anlass für Konflikte. Die neuen, auf der schriftlich fixierten Vereinbarung beruhenden Beziehungen im Hinblick auf die Herrschaftsverteilung haben die Verwandtschaft nicht ersetzt, aber dazu beigetragen, Spannungen und Konflikte zwischen den Linien zu verhindern. Ein Konfliktanlass war etwa die Forderung von Nachfolgern eines jüngeren Sohnes einer Nebenlinie, nach einem exklusiven Verfügungsrecht an diesem Besitz. Dagegen stand die Auffassung, dass entweder der älteste Sohn des Begründers der Hauptlinie oder dessen direkte Nachkommen das Recht hatten, Land und Besitztitel von den Nebenlinien zurückzufordern.

Die Urkunden von Duncan Campbell für seinen Bruder Duncan Mor im Jahr 1423 und seinen Neffen John 1428 lassen sich als das Ergebnis von Diskussionen über Herrschaftsrechte und deren zukünftige Verteilung in der Familie begreifen. Sie sollten das angespannte Verhältnis zwischen Duncan, der seinerseits eigene Söhne zu versorgen hatte, und seinen beiden Verwandten entspannen und stabilisieren. Die Beteiligten verständigten sich darauf, dass alles Land und alle Titel im Herrschaftsbereich prinzipiell dem jeweils aktuellen Herrscher der Hauptlinie und dessen direkten Erben (ältester Sohn) zustanden. Das war Lord Duncan als Erbe seines Vaters Colin (gest. 1414), der die Herrschaft der Familie in Westschottland etabliert hatte. Duncans Brüder und deren Söhne mussten das akzeptieren. Sie, die Oberhäupter von Nebenlinien, erhielten ihr Land danach nicht mehr allein aufgrund ihres Rangs in der Clanelite, sondern durch eine formale urkundliche Übergabe von ihrem Senior, der im Prinzip über alles Land und alle Rechte der Familie verfügen konnte. Doch auch die Begründer der Nebenlinien und deren Nachkommen profitierten in gewisser Weise von der urkundlich-formalen Rechtevergabe. Sie verfügten nunmehr über Rechtstitel für ihren Herrschaftsbereich, auf den der jeweilige Vertreter der Hauptlinie nicht ohne Weiteres zugreifen konnte, um seine Söhne zu versorgen. Die Nebenlinien erhielten die Nutzungsrechte unter Bedingungen, die ihnen Rechte garantierten, aber sie durften ihren Besitz nicht außerhalb des Familienverbandes weitergeben. Wenn nämlich eine Nebenlinie im Mannesstamm ausstarb, fielen ihre Gebiete an den zu diesem Zeitpunkt regierenden Senior der Hauptlinie der Campbells zurück.[62] Dadurch wurde sowohl der Zusammenhalt der Herrschaft gesichert als auch ein nicht ‚entfremdbarer' territorialer Kern des Herrschaftsgebietes geschaffen. Dank dieser Praxis sicherten sich die Campbells gegen bio-

---

61 Boardman, Charter Lordship, 101.
62 Boardman, Charter Lordship, 89–99.

logische Zufälle, ‚schlechte Ehen' oder ausbleibende Erben ab. Die schottischen Könige bestätigten den Campbells diese Regelungen über die Vererbung von Besitz und Herrschaftsrechten, so dass immer der Erbgang über die männlichen Mitglieder der Haupt- oder gegebenenfalls Nebenlinien (durch „male entail") gesichert war.[63] Diese Praxis mag dazu beigetragen haben, dass die Nebenlinien der Campbells loyal zu der Hauptlinie standen, was wiederum die Grundlage für ihren politischen Erfolg im 15. Jahrhundert war.[64]

Ein Problem, mit dem viele Adelsfamilien in Schottland konfrontiert waren, und für das sie Lösungen finden mussten, waren minderjährige Erben. So auch Lord Duncan, dessen ältester Sohn und Erbe Gillespic Anfang Juli 1432 überraschend verstorben war. Gillespic hinterließ mit Collin nur einen unmündigen kleinen Sohn. Duncan sah sich nun mit dem Problem konfrontiert, dass seine jüngeren Söhne und die Verwandten in den Nebenlinien wegen der Minderjährigkeit des potentiellen Erben, dessen Rechte auf Herrschaftsübernahme in Frage stellten. Damit wäre die von Duncan angestrebte Erbfolge in Gefahr geraten. Um seinem Enkel die Herrschaft zu sichern, hat Lord Duncan, wie schon in den 1420er Jahren, mittels Rechteübertragung an nahe Verwandte, deren potenzielle Ambitionen abgeschreckt. Er übertrug im Oktober 1432 seinem ältesten noch lebenden Sohn Colin das Land von Glenorchy unter den üblichen Bedingungen: Männlicher Erbgang, genau festgelegten Schiffsdienst sowie der Leistung von „homage, service und special retinue". Colin of Glenorchy erhielt somit einen eigenen Herrschaftsbereich, wurde aber zugleich zum Tutor und Vormund seines Neffen. Lord Duncan wollte auf diese Weise seinen jüngeren Sohn dazu verpflichten, seinen Neffen Colin zu unterstützen und dessen Erbrecht in der Hauptlinie anzuerkennen.[65]

Die ältere Erbpraxis der Campbells, seit 1458 auch Grafen von Argyll, beruhte auf der Vorstellung, dass das Land und der Besitz prinzipiell allen Mitgliedern der Verwandtschaft zur Verfügung stehen. Duncan, Lord of Loch Awe, hat sich mit der in den 1420er Jahren begonnenen Neuausrichtung der Verteilung und Vererbung des aktuellen Herrschaftsbereiches und dessen etwaigen Erweiterungen jedoch eine neue, eher feudale Umgangsweise mit seinem Herrschaftsbereich praktiziert.[66]

Diese Form des Umgangs mit Besitz war für die Adelsfamilien im Süden von Schottland schon in der ersten Hälfte des 14. Jahrhunderts eine Option. Das lässt sich anhand der Familie Douglas belegen, die für ihre Unterstützung von König Robert Bruce im Kampf gegen die Engländer zu Anfang des 14. Jahrhunderts mit großen Herrschaften in den Grenzregionen zu England belehnt wurden. James

---

63 Boardman, Campbells, 109.
64 Boardman, Charter Lordship, 103.
65 Boardman, Campbells, 133.
66 Boardman, Campbells, 143. Die Herausbildung eines neuen Selbstverständnisses bei Duncan Campbell ist erkennbar an seiner Titelführung; seit 1448 nennt er sich Lord Campbell, neben dem älteren Titel „Lord of Loch Awe". Ein weiteres Merkmal seines Handelns ist dem seines Standesgenossen auf dem Kontinent sehr ähnlich. Er hat nämlich 1440/1 eine Kollegiatkirche in Kilmun (auf der Halbinsel Cowal) gestiftet.

2.3 Herrschaftssicherung und Familienorganisation

Douglas, einer der ältesten und wichtigsten Kampfgefährten König Roberts, erhielt in den Jahren seit 1319 im Südwesten Schottlands und an der Grenze zu England erbliche Lehen (Forests of Jedburg und Selkirk) sowie weiteres Land, einen Polizeibezirk (Constabulary) in Lauder, und weitere Besitzungen in Galloway mit Buittle als zentralem Verwaltungssitz sowie weitere Länder in Liddesdale.[67]

Am 26. Mai 1342 leistete Hugh, Lord Douglas, Verzicht auf den Besitz, den er von der Krone hielt und übergab ihn an König David II. Vorher hatte er mit dem König und weiteren Familienmitgliedern vereinbart, dass der aktuelle und gegebenenfalls zukünftige Herrschaftsbereich nur an wenige Personen und deren Erben weitergegeben werden sollte. Der König bestätigt drei Tage später diese Absprache und es wurde die folgende Erbregelung für die Douglas festgelegt.[68] Der erste Erbberechtigte war Hughs Sohn Wilhelm samt dessen rechtmäßigen männlichen Erben. Falls der keine hinterlassen würde, ginge der Besitz an den zweiten Sohn, William Douglas of Liddesdale und dessen Erben über. Sollte auch dieser keine männlichen Nachkommen haben, war an dritter Stelle Archibald Douglas vorgesehen. Der war ein unehelicher Sohn von Hughs 1330 gestorbenen älteren Bruders James Douglas („the good Sir James")[69] und nur deshalb potenziell erbberechtigt, weil ihm das Recht in dieser Urkunde zugestanden wurde. Die illegitimen Söhne waren im Prinzip nicht erbberechtigt.[70]

Die Begünstigen wurden damit zu „heirs of entail", d. h. die Vererbung von Besitz und Rechten war eingeschränkt auf die Reihenfolge der genannten Personen, es galt das Senioritätsprinzip und Frauen waren damit praktisch von der Erbfolge ausgeschlossen.[71] Zwar galt in Schottland, dass Töchter prinzipiell erbberechtigt waren, allerdings war es möglich, sie durch Vertrag und Erbrechtsbestimmung aus der Gruppe der Erben auszuschließen. In der älteren Forschung ist diese Tatsache nicht immer berücksichtigt worden. Mit dem Ausschluss von Töchtern und/oder Ehefrauen sollte die Entfremdung von Rechten und Besitz an den Ehemann von Töchtern oder von wiederverheirateten Witwen verhindert werden. Andererseits bestand die Gefahr, dass der König das Lehen einzog und den Titel an eine andere Familie vergeben würde, wenn etwa ein Graf ohne männlichen Erben starb.

---

67 Brown, Black Douglas, 24–25.
68 Acts of David II, Nr. 51, S. 93–95.
69 James hatte diesen Beinamen, weil er neben Robert Bruce der wichtigste Kämpfer und schottische Kommandeur in den Kriegen gegen die englischen Könige Eduard II. und Eduard III. war; Rogge, Kämpfen; Brown, Black Douglas, 21–28.
70 Fraser, Douglas Book 3, 357–359; Nr. 290. Damit wurde die Bestimmung im Regiam Majestatem Buch 2, Kapitel 50, 160: „*Nullus bastardus est heres legitimus*" umgangen. Weiteres Beispiel für diese Praxis aus dem Jahr 1392: Earl Duncan of Lennox gibt seinen Besitz an König Robert III., der ihn danach das Land an ihn und seine männlichen Erben überträgt. Oder, falls er keine hat, an seinen Schwiegersohn Murdoch Stewart und seine Tochter Isabella, die geheiratet haben; Fraser, Lennox Book 1, 250. Nachdem Duncan wie Murdoch 1425 von James I. hingerichtet worden war, erbte tatsächlich sein Tochter Isabella.
71 Fraser, Douglas Book 1, 196–197.

Diese Gefahr bestand für die Grafschaft Mar, denn Thomas, der 13. Graf von Mar, starb vermutlich im Juni 1377 ohne Kinder.[72] In der Forschung war man seit William Fraser der Ansicht, dass seine einzige Schwester Margarete das Erbe nicht antreten konnte, denn die weibliche Erbfolge war bei den Grafen von Mar bis dahin nicht praktiziert worden, war also – so die Schlussfolgerung – ausgeschlossen. Nun war Magarete aber die Frau von William, 1. Grafen Douglas. William Fraser argumentierte, dass aufgrund dieser Verwandtschaft Douglas und Mar vereinbart hätten, dass Graf William im Fall des erbenlosen Todes von Thomas von Mar, dessen Besitz und Titel erben solle. Dazu musste Graf Thomas aber seine Grafschaft – wie im Jahr 1342 Hugh Douglas – in die Hände von König Robert II. zurückgeben, der sie danach wieder mit den Bestimmungen der getroffenen Erbvereinbarung an Mar ausgegeben hätte. Der König habe diese „private" Absprache offiziell bestätigt, um sie rechtsgültig zu machen. Katy Jack hat diese Argumentation neuerdings als unhaltbar bezeichnet, weil es keinen Beleg dafür gibt, dass Douglas und Mar eine solche Vereinbarung getroffen haben, noch dass eine königliche Bestätigung dieses Vorganges existiert.[73] Deshalb hat William Douglas die Grafschaft Mar als Ehemann der Erbin der Grafschaft erhalten, denn Margarete war die rechtmäßige Erbin und deshalb waren keine weiteren Maßnahmen notwendig.[74] Bis in die 1370er Jahre war der Erbgang über Frauen prinzipiell möglich und musste wohl explizit ausgeschlossen werden, wenn man das nicht wollte, wie dies etwa König Robert II. für seine Familie 1373 festgelegt hat (siehe unten S. 144).

Der Erbvertrag von 1342 blieb in den folgenden Jahrzehnten die Grundlage für die Regelung auch von strittigen Erbgängen in der Familie Douglas. Die erste konfliktreiche Erbsituation entstand, weil Williams Sohn und Nachfolger, James, 2. Graf Douglas, auf dem Schlachtfeld von Otterburn 1388 starb, ohne einen Erben zu hinterlassen.[75] Zunächst sah es so aus, als ob der Ehemann der einzigen Schwester von James, Isabella Douglas, Malcolm Drummond of Concraig, den besten Anspruch hatte.[76] Schließlich gab es nun keinen direkten Erben mehr der Linie von William, 1. Graf Douglas, dessen Sohn James ohne Erben gefallen war und Wilhelm Douglas von Liddesdale (schon 1353 gestorben), der ebenfalls keinen männlichen Erben hatte. Laut Erbvertrag von 1342 war jetzt Archibald Douglas der Erbe, denn er stand in dem Vertrag an dritter Stelle. Ohne diesen Beschluss über den Erbgang wäre Isabella die rechtmäßige Erbin gewesen, wie im Jahr 1377 als Margarete die Grafschaft Mar als rechtmäßige Erbin erhielt.

Zunächst trat im Herbst Malcolm Drummond die Herrschaft als Nachfolger von James, 2. Graf Douglas, an. Doch sowohl wegen der Bestimmungen im Erb-

---

72   Sein Sterbedatum ist umstritten, gegen die bisher etablierte Datierung 1374 hat Katy Jack in ihrer Dissertation das Jahr 1377 gesetzt; Jack, Decline, 128.
73   Fraser, Douglas Book 1, 270–271 kann tatsächlich keinen Beleg für seine Vermutung beibringen, dass eine private Vereinbarung zwischen Douglas und Mar von König Robert II. bestätigt worden sei.
74   Jack, Decline, 129–133.
75   Zur Schlacht von Otterburn siehe Armstrong, Otterburn 1388.
76   Brown, Black Douglas, 77; das Erbrecht bestimmte in einem solchen Fall die Frau als Erbin.

2.3 Herrschaftssicherung und Familienorganisation

vertrag von 1342 als auch aufgrund der politischen Umstände und Konstellationen Ende der 1380er Jahre in den Grenzregionen konnte schließlich Archibald das Erbe der Douglas antreten. Über den Ausgang der Erbstreitigkeiten und damit die Verfügung über den Besitz der Familie wurde nicht nur durch ein Urteil des königlichen Gerichts entschieden, sondern vor allem durch die Etablierung lokaler Machtbasen, von denen aus man sich den Rivalen widersetzen konnte.[77] In dieser Hinsicht hatte Archibald einen erheblichen Vorteil gegenüber Drummond, denn viele Familien in den Douglas Herrschaftsbereichen entschieden sich für Archibald als neuen Lehnsherren, weil dieser Kriegserfahrungen hatte. Ihm trauten sie die Verteidigung ihrer Länder gegen etwaige Angriffe aus England eher zu als Drummond. Denn: „Name and reputation were vital in securing his control of Douglas retainers in the marches".[78]

Diesen politischen Vorteil konnte Archibald noch durch den Einsatz der Urkunde aus dem Jahr 1342 ausbauen und damit seinen Erbanspruch auf erbrechtlicher Basis legitimieren. Dabei unterstütze ihn ein anderer Bastard, nämlich George of Liddesdale, ein illegitimer Halbbruder des 1388 gestorbenen James, 2. Graf Douglas, der dennoch Erbansprüche geltend machte, denn sein Vater war Wilhelm, 1. Graf Douglas. Als dritter Anwärter auf das Douglaserbe trat James, Lord of Dalkeith auf, ein Sohn des Bruders von Wilhelm von Liddesdale (gestorben 1353). Es konkurrierten also zwei illegitime Söhne und ein legitimer Douglasspross einer Nebenlinie mit dem Ehemann der Schwester, die aus der Hauptlinie stammte! In dieser Konstellation und unter Berücksichtigung der Erbvereinbarung von 1342 hatte Archibald tatsächlich den besten Anspruch auf das Erbe bzw. den größten Teil der Besitzungen. Im April 1389 diskutierte ein Parlament in Holyrood Abbey bei Edinburgh diese Konstellation und bestätigte schließlich eine Erbregelung. Es wurde eine Übereinkunft erzielt, mit der der Herrschaftsbereich zwischen den drei männlichen Anspruchstellern der Douglas-Linien aufgeteilt wurde:[79] George Douglas of Liddesdale erhielt die Grafschaft Angus mit dem wichtigen Tantallon Castle zugesprochen; er wurde der Ahnherr der Linie der Red Douglas.[80] James, Lord of Dalkeith (gestorben 1420), wurde der Begründer der Linie der Douglas of Dalkeith. Archibald, genannt „the Grim" (gestorben 1400), ging als Haupterbe aus dem Verfahren hervor. Er erhielt den größten Teil des Erbes im Süden von Schottland und den Titel und seit dem 10. April 1389 führte er als Dritter den Titel „Graf Douglas". Er begründete die Black Douglas, die Hauptlinie der Familie, die in der ersten Hälfte des 15. Jahrhunderts nach der Königsfamilie die mächtigste Familie im Königreich Schottland wurde.[81]

Im 15. Jahrhundert war in der Hauptlinie der Familie Douglas die strikte männliche Erbfolge etabliert. Manchmal aber musste nach der Geburt von der

---

77 Brown, Black Douglas, 83.
78 Brown, Black Douglas, 85.
79 Brown, Black Douglas, 78–79 mit Karte der Besitzverteilung zwischen den Linien nach 1388.
80 *RPS*, 1389/3/18 [letzter Zugriff: 22.03.2019].
81 Fraser, Douglas Book 1, 341–342. *RPS*, 1389/3/14 [letzter Zugriff: 22.03.2019].

Mutter und dem Vater entschieden werden, wer der Erstgeborene war. Nämlich dann, wenn zwei männliche Zwillinge geboren wurden, wie 1447, als der noch ohne Söhne lebende William, 4. Graf Douglas, zusammen mit seiner Mutter seine beiden jüngeren Zwillingsbrüder zu einer Erbvereinbarung verpflichtet. Am 25. August versprachen seine zwei jüngeren Brüder Archibald, Graf von Moray und James Douglas of Heriotmuir, die Entscheidung des Grafen und ihrer Mutter hinsichtlich der Frage, wer von ihnen der Ältere sei (die Mutter sagte: James), anzuerkennen. Sie versprachen, diese Entscheidung und jede Verteilung des Besitzes zu akzeptieren, falls Graf James ohne Erben bleibt. Archibald verpflichtete sich außerdem, in Zukunft weder gerichtlich noch außergerichtlich gegen diese Entscheidung vorzugehen. Auch diese private Vereinbarung wurde 1449 von König James II. mit seinem Großen Siegel bestätigt.[82] Die Vergabe von Land aus dem Erbbesitz (Allod) an jüngere Brüder erfolgte auch mittels Liegenschaftsübertragung („conveyance"). Bei diesem Verfahren verzichtete der Besitzer (meistens der Vater) auf sein Land und gab es an die Krone, die es dem Sohn als Lehen zurückgab, wobei der Vater einen wesentlichen Anteil an den Einnahmen behielt. Jüngere Brüder konnten aber auch mit Land ihrer Mutter versorgt werden, das aber nicht immer in den Herrschaftsbereichen des Vaters liegen musste. So erhielt James Douglas von Balvenie, der zweite Sohn des 3. Grafen Douglas, Besitz und Einkünfte aus dem Land seiner Mutter Marjory von Bothwell.[83]

Als König David II. am 22. Februar 1371 ohne Erben starb, trat die schon im Jahr 1318 beschlossene Erbregelung von König Robert I. in Kraft. Danach sollte im Falle des Aussterbens der männlichen Brucelinie die Krone an die Nachkommen aus der Ehe von Roberts Schwester Majorie mit Walter Stewart übergehen.[84] Deren ältester Sohn Robert Stewart wurde dann tatsächlich im März 1371 in Scone zum König von Schottland gekrönt. Unmittelbar danach nominierte der König seinen ältesten Sohn, John Graf von Carrick, zu seinem Nachfolger. Robert II. veranlasste die versammelten Geistlichen und die Magnaten, sowohl Johns Recht auf das Königtum anzuerkennen, als auch zu versprechen, dieses Recht zu verteidigen.[85] Der neue König hatte zwei miteinander verschränkte Probleme zu lösen: Die dauerhafte Sicherung der Krone in seiner Familie und die Versorgung seiner Söhne aus zwei Ehen. Mit Elizabeth Mure (gestorben 1355) hatte er drei volljährige Söhne: John, Robert und Alexander. Aus seiner zweiten Ehe mit Euphemia Ross (gestorben 1386) gingen zwei Söhne hervor: David, Graf von Strathearn und Walter, Graf von Atholl.[86]

Sein ältester Sohn, John, Graf von Carrick, (1390–1406 König Robert III.) wurde bei der Krönung seines Vaters als Thronfolger anerkannt. Schon vorher hatte

---

82 Fraser, Douglas Book 1, 461; Familienvertrag zwischen den Douglas von 25. August 1447, in dem James zum Erstgeborenen erklärt wird; von James II. am 9. Januar 1449 in Linlithgow bestätigt, in: Register of the Great Seal 2, Nr. 301, 68–69.
83 Grant, Extinction, 221–222.
84 RPS, 1318/30 [letzter Zugriff: 22.03.2019].
85 Bower, Scottichronichon, Buch 14, 364–365. Zur Krönung von Robert II.: Boardman, Early Kings, 49.
86 Dazu noch acht legitime Töchter sowie über zehn bekannte illegitime Kinder.

2.3 Herrschaftssicherung und Familienorganisation

er die Titel und das Land der Stewarts von Schottland von seinem Vater übernommen. Seit 1372 war er Wächter der Burg in Edinburgh mit einem Jahressalär von 500 Pfund, die aus den Zöllen gezahlt werden sollten. Sein zweiter Sohn Robert war zunächst Graf von Menteith, und wurde auch noch Graf von Fife. Es dauerte allerdings ein Jahr, bevor Robert II. ein Arrangement mit den Dunbars, die die Grafschaft Fife innehatten, getroffen hatte und sie einverstanden waren, Fife an Robert zu übergeben. Die Dunbars erhielten als Ausgleich Moray, das seit 1368 zum königlichen Herrschaftsbereich gehörte. Im März 1372 übertrug der König die Grafschaft Moray an John Dunbar und dessen Braut Marjory, eine Prinzessin, „in regalitis". Sollten aus der Ehe keine Erben hervorgehen, würde die Grafschaft an John Dunbars Bruder Georg, den Grafen von March oder dessen Erben fallen.[87] Mit dieser Regelung wurde die Grafschaft Moray der Krone langfristig, möglicherweise sogar dauerhaft entfremdet, um dem Zweitgeborenen des neuen Königs eine angemessene Apanage zu sichern. Diese Entscheidung war hingegen ein schwerer Schlag für Alexander Stewart, Roberts dritten Sohn, der sich Hoffnungen auf den Besitz und den Titel des Grafen von Moray gemacht hatte. Er wurde erst 1382 Graf von Buchan.

Dass der neue König die Anhänger Davids II. nach und nach aus ihren Positionen verdrängen wollte, war offensichtlich. Offensichtlich war aber auch, dass er bereit war, dafür Geld auszugeben, um den Betroffenen eine gewisse Kompensation zu gewähren. Im Februar 1373 übertrug der König seinem Sohn Robert, Graf von Fife und Menteith, die erbliche Verwaltung der Burg Stirling samt der dazugehörenden Pension von 200 Mark (ca. 120 Pfund). Zugleich wurde Robert Erskine, der von David II. eingesetzte Inhaber, abgesetzt. Erskine gehörte zu den Anhängern der Dunbars und war somit kein Freund der neuen Königsfamilie. Damit sich die Erskines nicht aufgrund der Verluste von Ämtern (Justiziar in Lothian, Sheriff von Edinburgh) und jetzt Stirling zu Gegnern der Krone entwickelten, wurden zwei Maßnahmen getroffen. Graf Robert und Robert Erskine schlossen einen „Bond of friendship" (Freundschaftsvertrag) in den der Graf versprach, Robert ein guter Herr und gütiger Freund zu sein sowie ihn, sein Land und seine Renten und Besitzungen zu schützen. Vom König Robert II. bekam er zudem 500 Mark verteilt auf fünf Jahre als Geschenk und eine Jahresrente von 100 Pfund aus den Abgaben der Stadt Aberdeen.[88]

Ein anderes Mittel von König Robert II., um die Loyalität und die Unterstützung der ihm eher kritisch gegenüber eingestellten mächtigen regionalen Adeligen zu erwerben, war, seine Töchter mit deren Söhnen zu verheiraten. Um die in Südschottland sehr einflussreichen Douglas für sich zu gewinnen, wurde eine Ehe zwischen Roberts II. Tochter Isabella und James, 3. Graf Douglas, verabredet. Zusätzlich erhielt der Bräutigam eine jährliche Pension in Höhe von 100 Mark (ca. 66 Pfund) aus dem königlichen Zoll. Dazu kam noch eine Einmalzahlung von 500 Pfund. James Vater William wurde im Januar 1372 zum königlichen Justiziar

---

87 Boardman, Early Kings, 52.
88 Boardman, Early Kings 53.

südlich des Forth ernannt. Mit dieser Position war ein Gehalt von 200 Pfund pro Jahr verbunden.[89]

König Robert II. hat eine Erbregelung für seine Familie von einem Parlament in Scone im März 1373 ratifizieren lassen. Mit dieser Erbregelung – für die er diejenige von Robert I. als Präzedenz anführte (siehe oben S. 24) – wollte er die größtmögliche Sicherheit für die Fortsetzung des Stewartkönigtums erreichen. In dem Erbvertrag („entailing of the crown") wurde festgelegt, wie die Krone und Regierungsgewalt in der Familie weitergegeben werden sollten. Dabei wurde die weibliche Erbfolge explizit ausgeschlossen, weil daraus zu anderen Zeiten und an anderen Orten viel Böses, Schaden und Leid erwachsen sei.[90] Diese Bestimmung entbehrt nicht einer gewissen Ironie, denn Robert II. hatte die Krone und das Königreich selbst über seine Frau bekommen. Laut Vertrag erbte John, sein ältester Sohn die Krone. Falls dieser keine männlichen Erben haben würde, ginge sie an den zweiten Sohn und dessen männliche Erben usw. So wurden alle fünf Söhne Roberts II. „by his first and second wives in order of seniority" in den Vertrag einbezogen.[91] Damit sollten die Stabilität im Königreich sowie der Frieden gesichert werden. Einen Kampf um die Krone wie zwischen den Familien Bruce und Balliol nach dem Tod Alexanders III. 1286 sollte sich nicht wiederholen.[92] Diese Erbregelung beruhte auf den gleichen Überlegungen, die Hugh Douglas 1342 und Duncan Campbell in den 1420er Jahren angestellt haben. Mit der genauen Bestimmung der Erbenfolge sollten Konflikte um die Herrschaftsrechte oder -beteiligungen verhindert werden. Allerdings blieb diese Erbregelung von Robert II. nicht unumstritten, denn sein ältester Sohn, John, Graf von Carrick, hatte mit Arabella Drummond schon zwei Töchter, deren Erbrecht damit überspielt wurde. Die Erbregelung von 1373 hat dann tatsächlich nicht die von Robert II. erhoffte Wirkung gehabt. Sie trug im Gegenteil dazu bei, dass die Erb- und Thronfolgestreitigkeiten zwischen seinen Kindern und seinen Enkeln im Wortsinne bis aufs Blut ausgetragen wurden.

John, sein ältester Sohn, wurde 1390 sein Nachfolger und nahm den Namen Robert III. an. Allerdings hatte sich zwischenzeitlich Roberts II. zweiter Sohn, Robert, Graf von Fife, als fähiger Politiker erwiesen, der mehrfach für seinen Vater und auch noch in den ersten Jahren der Regierung Roberts III. als Leutnant des Königreiches faktisch die Herrschaft ausübte. Erst ab 1393 regierte König Robert III., wobei er von seinem ältesten Sohn David unterstützt wurde. Dieser David wurde zum Herzog von Rothesay ernannt und führte seit 1399 für seinen kranken Vater die Regierung. Dabei wurde er von einer Gruppe unter der Leitung von Robert, Graf von Fife, der seit 1398 auch Herzog von Albany war, beaufsichtigt. Die Konflikte zwischen den beiden Herzögen Rothesay und Albany gipfelten in der Verhaftung von David und dessen Tod im März 1402 im Gefängnis der Albany Residenz in Falkland (in Fife) unter nicht bekannten bzw. nicht

---

89 Boardman, Early Kings, 45.
90 *RPS*, 1373/3 [letzter Zugriff: 22.03.2019].
91 Boardman, Early Kings, 56.
92 Rogge, Erbe.

2.3 Herrschaftssicherung und Familienorganisation

veröffentlichten Umständen. In Chroniken ist die Rede von Ruhr oder auch, dass er verhungert sei.[93] Dem Herzog Robert von Albany wurde im Mai 1406 von einem Großen Rat bestätigt, dass er für den Tod von David nicht verantwortlich gemacht werden könne und wurde sodann wieder zum Leutnant ernannt. Warum er seinen Bruder Herzog David hatte verhaften lassen, wurde in den Protokollen der Ratssitzung nicht vermerkt (siehe dazu oben S. 55).

König Robert III. befürchtete, dass Herzog Robert versuchen würde, seinen verbleibenden Sohn zu beseitigen, um sich den Weg zum Thron endgültig frei zu machen. Deshalb wollte er seinen elf Jahre alten Sohn James 1406 nach Frankreich in Sicherheit bringen. Das Schiff wurde jedoch von Piraten aufgebracht, James gefangen genommen und dem englischen König Heinrich IV. übergeben. James blieb bis 1424 in englischem Gewahrsam. Am 4. April 1406, wenige Tage nachdem er die Nachricht darüber erhalten hatte, ist König Robert III. gestorben – angeblich aus Kummer.[94] Robert, der Herzog von Albany, war praktisch am Ziel, denn solange der Thronfolger James außer Landes war, würde er regieren. Im Jahr 1406 wurde er zum Gouverneur des Königreichs ernannt und galt als mutmaßlicher Thronerbe. Als er 1420 starb, wurde sein Sohn Murdoch Stewart sein Nachfolger, denn James I. war immer noch in England. Die Albany Stewarts entwickelten bis Mitte der 1420er Jahre eine eigene Herrschaftsauffassung, in der es wohl die Krone, nicht unbedingt jedoch einen König geben musste. Das war ein massiver Verstoß gegen die dynastische Räson.

Am Beispiel der Stuarts lässt sich zeigen, worin die Schwachpunkte der Erbregelungen mittels Festlegung der „heirs of entail" war. Damit diese Regelungen auch in der Praxis dazu beitragen konnten, Konflikte in der Familie zu vermeiden bzw. gar zu verhindern, mussten sich alle Beteiligten diszipliniert an die Bestimmungen halten und sich mit ihren Positionen in der Erbhierarchie abfinden. Wenn jedoch ehrgeizige jüngere Brüder wie Robert, der Herzog von Albany, sich nicht daranhielten, weil sie sich vielleicht für einen besseren Regenten/König als die Nachkommen des ältesten Bruders hielten, waren handfeste Konflikte unvermeidlich. Zwar konnte ein jüngerer Bruder darauf hoffen, dass die Hauptlinie ohne Erben blieb, doch wenn das wie im Fall von König Robert III. nicht eintrat, dann blieb dem jüngeren Brüdern nur noch die Anwendung von Gewalt und/oder kruden Argumenten zur Rechtfertigung der Gewalt gegen die eigenen Verwandten, wie gegen Albanys Neffen David, Herzog von Rothesay, dem eigentlichen Thronerben. Über die familieninternen Konflikte hinaus trug das auch zur Lagerbildung im Hochadel bei und verhinderte für fast zwei Generationen die Stärkung der Monarchie. James I. versuchte nach seiner Rückkehr aus dem englischen Gewahrsam 1424/25, dem Königtum und der Krone wieder mehr Autorität zu verleihen. Um das zu erreichen, musste er die mit seiner Flucht vor achtzehn Jahren entstandene Familienkonstellation beenden, d. h. die Albanys samt ihrem Anhang entmachten.

---

93 Nicholson, Scotland, 221–222.
94 Bower, Scotichronicon 8, Buch 15, 63.

Die Rechtsgrundlagen (oder vielleicht besser, die möglichen Normen) für die Vererbung von Besitz und Land, die Besitzformen, Erbregelungen für Töchter und Bastarde sind gesammelt in *Regiam Majestatem*, einer Gesetzessammlung, die bis in das 13. Jahrhundert zurückreicht und im 15. Jahrhundert von königlichen Kommissionen mehrfach neu bearbeitet wurde. Auf die darin festgehaltenen Normen haben die Könige und Juristen in den folgenden Jahrzehnten immer wieder Bezug genommen, auch wenn es nicht die einzige Grundlage für die Rechtspraxis war (Parlamentsbeschlüsse, Gesetze der Könige).[95] Laut *Regiam* sollten Lehen zwischen allen Söhnen zu gleichen Teilen aufgeteilt werden und wenn ein Erblasser erst in der letzten Ehe einen männlichen Erben bekam, dann erbte dieser Sohn alles und die Töchter aus den anderen Ehen nichts.[96] Aber wenn es nur eine Tochter gab, dann konnte diese alles erben; lebten noch mehrere Schwestern, sollte das Erbe zwischen ihnen geteilt werden.[97] Die Enkel des Erblassers standen, weil sie in direkter Linie von ihm abstammten, in der Erbfolge vor den Mitgliedern der Nebenlinien. Betont wurde, dass nur ehelich geborene Kinder erbberechtigt sind, illegitime Söhne wurden explizit ausgeschlossen.[98]

In der Erb- und Nachfolgepraxis der Familien Campbell, Douglas und Stewart hat man sich an diese Rechtsnormen allerdings nur dann gehalten, wenn es in der je nach aktueller Situation nützlich war.[99] Nach Auffassung der beteiligten Adeligen konnte man das Erbverbot für die Bastarde aushebeln, indem man sie in einen Erbvertrag aufnahm. Mit solchen Verträgen wurden zudem legitime Töchter mit der Absicht vom Erbe ausgeschlossen, die Entfremdung von Familienbesitz durch deren Ehemänner zu verhindern. In den „entail"-Verträgen wurde hingegen immer auf die agnatische Erb- und Nachfolge zurückgegriffen, so dass die Enkel eines Erblassers vor dessen Brüdern Zugriffsrecht hatten. Die Erbverträge mussten entweder durch den König und/oder das Parlament ratifiziert werden; auch wenn es sich dabei um „private" Absprachen handelte. Das Ziel der Familienpolitik war die Schaffung und Durchsetzung von männlicher Erbfolge zwecks Sicherung des Herrschaftsbereiches und Festigung bzw. Verstärkung des politischen Einflusses der Familie in der Region und/oder am Königshof, also in der Reichspolitik.

---

95   Regiam, 2.
96   Regiam, 134–135.
97   Regiam, 140–141.
98   Regiam, 160.
99   Dass die Normen des Erbrechts in der Praxis von den aktuellen Machtverhältnissen abhingen, zeigt Berlandi, Birthplace im Kap. „Verwaltung".

2.3 Herrschaftssicherung und Familienorganisation

Gedenk- und Erinnerungsorte: Kollegiatkirchen

Mittels der Hausverträge haben die Adelsfamilien versucht, die aufgrund der Herrschaftsansprüche der einzelnen Mitglieder bestehende Gefahr der Zersplitterung oder Entfremdung von Land und Einnahmen entgegenzuwirken, und einen relativ großen Kernbestand an Besitzungen zusammenzuhalten. Das ist nicht in allen Familien gelungen, aber am Beispiel der Campbells und Douglas sowie der Stewarts kann man zeigen, dass dies eine wesentliche Voraussetzung für den politischen Erfolg war. Im Zusammenhang mit der Herrschaftsverteilung und -weitergabe in den Familien wurden nicht nur Einigungen und Verträge abgeschlossen, um ein gewisses Maß an Zusammenhalt und Einheit zu sichern. Diese Praxis ist vergleichbar mit den Anstrengungen des Hochadels im spätmittelalterlichen Reich (Habsburger, Wettiner, Wittelsbacher), durch Haus- und Erbverträge den territorialen Zusammenhalt der Herrschaftsbereiche zu sichern.[100] Im Zuge dieser Herrschaftskonsolidierung entwickelten diese Familien ein hochadeliges Selbstverständnis, das sie auch durch die Stiftung von neuen geistlichen Einrichtungen zum Ausdruck brachten. Durch die Einrichtung von Kollegiatkirchen haben sich einige Familien vor allem im 15. Jahrhundert einen gemeinsamen Erinnerungs- und Memorialort geschaffen. Gegen Ende des 14. Jahrhundert gab es nur drei Kollegiatstifte in Schottland (Mayhole 1384, Lincluden 1389, Bothwell 1398), aber bis Mitte des 15. Jahrhunderts erfolgten etliche weitere Stiftungen. Gegen Ende des Jahrhunderts gab es dann siebzehn Kollegiatkirchen, von denen allein neun zwischen 1441 und 1453 entstanden sind.[101] Es ist kaum ein Zufall, dass Archibald, 3. Graf Douglas, im Jahr 1389, nachdem er aus dem Erbstreit als Gewinner hervorgegangen war, in Lincluden eine Kollegiatkirche gestiftet hat. Ebenso wenig war es ein Zufall, dass Duncan Campbell, der in seiner Familie die neue Erbregelung eingeführt hatte, im Zeitraum von 1440 bis 1441 eine Kollegiatkirche in Kilmun stiftete.[102] An den Kirchen wurden Weltkleriker befründet, die vor allem die Aufgabe hatten, für die Seelen der Stifter sowie für diejenigen ihrer Familienmitglieder (und oft auch für die Könige) zu beten. In einigen Fällen wurden die Kirchen auch zur zentralen Grablege der Familien (für die Campbells, die Dunbars und die Douglas von Dalkeith).

Bevor Archibald, 3. Graf Douglas, 1389 seine Kollegiatkirche in Lincluden in der Nähe von Dumfries einrichten konnte, musste er die dort lebenden Nonnen vertreiben. Er erwirkte in Rom die Erlaubnis, das Nonnenkloster zu schließen und eine Kollegiatkirche einzurichten. Als Grund wurde angeführt, dass nur noch vier Nonnen dort lebten, die ihre geistlichen Aufgaben nicht erfüllten und die Einnahmen zur Einkleidung ihrer Töchter(!) in teure Gewänder verschwendeten. Tatsächlich wurde ihm gestattet, einen Propst und acht Kapläne an Stelle

---

100 Rogge, Herrschaftsweitergabe, 325–333: „Die wettinische Praxis im Vergleich".
101 Brown, Lay piety, 29–32.
102 Boardman, Campbells, 148.

der Nonnen leben und beten zu lassen.[103] Wäre Graf Archibald an der Reform und Verbesserung der religiösen Lebensführung der Frauen interessiert gewesen, hätte er dort einen neuen Konvent einrichten oder die Nonnen einige Zeit unter Aufsicht stellen können. Die Einrichtung eines Kollegs mit Weltpriestern zeigt jedoch, dass er andere Absichten hatte. Seine, wie auch die anderen Stiftungen belegen nicht nur neue Formen der Frömmigkeit, sondern auch die sozialen Ambitionen einer neuen aristokratischen Elite (also Aufsteigern), die aus dem Schatten der großen Provinzmagnaten trat. Das trifft sicher auf Archibald Douglas zu, der als illegitim geborener Sprössling der Douglas, seinen 1389 erworbenen neuen Status demonstrieren und unterstreichen wollte. Der Zusammenhang von Standeserhöhung und der Stiftung der Kollegiatkirche 1414/41 ist auch bei Duncan Campbell wahrscheinlich, denn Duncan wurde in dem Zeitraum zum Lord of Parliament erhoben.

Die Kollegiatkirchen waren religiöse Mittelpunkte für die Familien bzw. Dynastien. Durch die Möglichkeit zur Teilnahme an den Gottesdiensten und damit auch am Totengedenken ging eine Stärkung der Familienidentität und möglicherweise auch des Zusammenhaltes einher. Anders als in den Klöstern, war in den Kollegiatkirchen das Totengedenken öffentlich, wodurch die Erfahrung der Gemeinsamkeit von lebenden und toten Familienmitgliedern unmittelbarer war. Die neuen Kirchenstiftungen erfüllten u. a. die Aufgabe, die männliche Abstammungslinie vom Gründer der Familie aus zu erinnern. Mit den Kirchenbauten wurde die soziale und politische Bedeutung dieser Herrscherfamilie gefeiert und bestätigt.

Im Jahr 1406 stiftete James Douglas of Dalkeith in Dalkeith ein Kollegiatstift mit Pfründen für einen Propst und fünf weitere Kleriker. James of Dalkeith verwendete dazu sechs schon existierende Pfründen, die er zum Teil schon zuvor selbst an andere Kirchen gestiftet hatte. Laut Sarah Brown war die Einrichtung in erster Linie eine Frage der Form. Aus sechs einzelnen Pfründen wurde eine institutionelle Einheit. Seine Stiftung sei zudem durch die Gründung von Archibald, 3. Graf Douglas, seinem Verwandten, beeinflusst und inspiriert worden.[104] Dass der Stifter aber mehr im Sinn hatte, als nur die formale und institutionelle Neuausrichtung seiner Stiftungen, macht eine Passage in der erhaltenen Stiftungsurkunde deutlich. Der Zelebrant sollte nämlich die Gottesdienstbesucher dazu anhalten, für die Seelen der Gründer und ihrer Familien zu beten.[105] Also

---

103 Brown, Black Douglas, 192; Brown Lay piety, 28. Leider ist keine Gründungsurkunde von Lincluden erhalten.

104 Brown, Lay piety, 31. Die Urkunde ist gedruckt in: Registrum honoris de Morton 2, 324–328.

105 Registrum honoris de Morton, 2, 328: „*in ipsa diebus ferialibus submissa voco clebrande psalmum [...] cum oracione fidelium deus ‚tc'. pro nostra et pro nominatarum personarum animabus missam celebrans qui eciam populum ad orandum exortetur denote dicere teneantur*". Weitere Pflichten der Kapläne waren: Stundengebet und Marienmesse an jedem Tag, außer an Sonntagen oder Feiertagen, ein Totengebet pro Woche, mit Gebeten für die Stifter und die Könige sowie eine Messe pro Tag in der Burgkapelle.

2.3 Herrschaftssicherung und Familienorganisation

auch hier ein öffentliches Totengedenken und Gebete von den Gottesdienstbesuchern für die Stifter und ihre Familie.

Im Gegensatz zu den eben beschriebenen Kollegiatkirchen des hohen Adels haben die schottischen Könige keinen Memorial- und Begräbnisort eingerichtet, der mit Westminster Abbey in London oder mit St. Denis in Paris vergleichbar wäre. Vielmehr haben die jeweiligen Todesumstände der Könige sowie die Konflikte in der Stewartdynastie dazu geführt, dass Könige seit Robert I. bis zu James III. in sechs verschiedenen Kirchen beigesetzt wurden. König Robert I. Bruce ließ sich 1329 im Kloster Dunfermline begraben. Damit knüpfte er an seine Vorgänger an, denn auch Alexander III. war dort beigesetzt worden. Robert I. stellte sich in die Nachfolge der Könige aus der Familie Davids von Huntington.

Roberts Sohn David II. starb überraschend im Februar 1371 auf der Burg von Edinburgh. Möglicherweise wurde er deshalb in der nahen Holyrood Abbey beigesetzt. Holyrood, mit einem Konvent von Augustiner Chorherren, war 1128 von seinem Namenspatron König David I. gegründet worden. Es ist denkbar, dass David II. deshalb diesen Begräbnisort passend fand. Nach dem Wechsel der Krone zu den Stewarts hätten sie auch als Könige von Schottland die Tradition der Familiengrablege in dem im 12. Jahrhundert gegründeten Cluniazenser Kloster Paisley Abbey beibehalten können. Jedoch hat sich König Robert II. 1390 für die Abtei von Scone entschieden – vielleicht, um zu demonstrieren, dass mit der Rangerhöhung eine neue Familiengrablege an dem Ort geschaffen werden sollte, an dem fortan auch die Krönungen stattfanden. Robert III. hat sich hingegen 1406 in der Paisley Abbey beisetzen lassen. Dort liegen u. a. auch Marjorie Bruce und die beiden Ehefrauen von König Robert II., Elisabeth Mure und Euphemia Ross, sowie Roberts II. Vater Walter Stewart, der Letzte in der Reihe der High Stewarts of Scotland. König Robert III. sah sich also in enger Verbindung mit seinen Verwandten.

Das galt aber nicht für König James I. Er wollte offensichtlich auch im Hinblick auf das Totengedenken einen Bruch mit den Familientraditionen. Er gründete nämlich als einziger schottischer König im späten Mittelalter ein neues Kloster: Im Jahr 1429 ein Karthäuserkloster in Perth, in der Nähe des Krönungsortes Scone. Dort wurde er nach seiner Ermordung 1437 auch beigesetzt; ebenso seine Frau Joan Beaufort nach ihrem Tod 1445. König James II. wurde 1460 in der Holyrood Abbey bei Edinburgh beigesetzt. Seine Witwe, Maria von Geldern gründete im selben Jahr zum Gedenken an James II. das Trinity College in Edinburgh. König James III. wurde nach seinem Tod auf dem Schlachtfeld in der Cambuskenneth Abbey in der Nähe von Stirling begraben.

Bonds: Adelsgesellschaft und Selbstorganisation?

Die (oben besprochenen) Erbverträge dienten dazu, die Beziehungen zwischen den Familienmitgliedern zu regeln. Sie wurden gegebenenfalls von Zeit zu Zeit den sich wandelnden familiären und gesellschaftlichen Rahmenbedingungen angepasst. Diese Verträge haben zusammen mit den Lehensvergaben zudem einen Beitrag zur Herrschaftsorganisation im Reich und zur Stratifizierung der Adelsgesellschaft geleistet. Aufgrund der Notwendigkeit, diese Verträge durch Könige oder Parlamente beglaubigen zu lassen, waren sie an die zentrale Regierung Schottlands gebunden und somit ein offizieller Bestandteil der politischen Kultur.

In der schottischen Forschung wird noch eine weitere Praxis hervorgehoben, mit der die Adelsgesellschaften sich quasi selbst organisiert und die Beziehungen zwischen Herren und Vasallen hergestellt haben, und bei denen Landübergaben für Dienstleistungen (fast) keine Rolle gespielt haben. Dabei handelte es sich um verschiedene Formen von Bonds (Verpflichtungen), die vertraglich fixiert worden sind. Es gab „Bonds of manrent" (or retinue), „Bonds of obligation", „Bonds of maintenance", „Bonds of service" oder auch „Bonds of friendship".[106]

Jenny Wormald hat diese Bonds als ein Zeichen für die besondere politische Entwicklung im spätmittelalterlichen Schottland hin zu einem Gemeinwesen mit der Fähigkeit zur effektiven Selbstregulierung gedeutet. Mit diesen in der Volkssprache (Older Scots) abgefassten „privaten" Bonds hätten die Adeligen auf die fehlende königliche Autorität in den Regionen reagiert.[107] Seit etwa der Mitte des 15. Jahrhunderts wurden „Bonds of maintenance" und „Bonds of manrent" mit (Vasalleneid) immer öfter abgeschlossen. Die Verträge brachten ein Herrschaftsverhältnis von Herren zu ihren Männern zum Ausdruck, das auf Schutz, Loyalität und Dienst beruhte, und nicht (mehr) auf materiellen Dingen. In einem „Bond of manrent" verpflichtete sich ein Mann, seinem Herrn sein Leben lang zu dienen, ihm Rat zu geben, ihn (auf Kriegszüge) zu begleiten, wenn dazu aufgefordert, und Schaden von ihm abzuwenden. Dafür versprach der Herr Schutz („good lordship") und manchmal auch Unterhalt („maintenance").

Die Bonds in Schottland sind vergleichbar mit „indenture" (England), „alliance" (Frankreich) und den Dienerbriefen (Deutschland). Generell regelten sie die Verpflichtung eines Mannes gegenüber einem Herrn in Angelegenheiten von Land und Geld oder die Bestätigung/Bekräftigung von schon bestehenden Verträgen zwischen den Männern. „Manrent" war allerdings spezieller und

---

106 Große Resonanz hatte Wormald, Lords hervorgerufen. Ihre These, dass die Bonds Beziehungen zwischen Hochadeligen und Lairds auf eine nicht feudale Ebene gehoben haben, auf der sich Männer jenseits der Vergabe von Lehen zu Dienst verpflichtet haben, wurde kontrovers diskutiert. Boardman, Politics hat herausgearbeitet, dass die von Wormald betonte Trennung der Bonds von Landbesitz nicht so durchgehend präsent war. So auch Boardman, Campbells, 113. Eine grundlegende Neuinterpretation liefert Berlandi, Birthplace im Kap. „Feudalismus".
107 Wormald, Lords, 39–41.

2.3 Herrschaftssicherung und Familienorganisation

eine schottische Besonderheit, denn damit war eine andauernde Gefolgschaft gemeint, die mit einem formalen Akt begann.[108] „Manrent" ist seit Anfang des 15. Jahrhunderts in der Überlieferung zu fassen. Bis 1438 bedeutet der Begriff nichts anderes als den Huldigungsakt („act of homage"), den ein Vasall seinem Lehensherrn geleistet hat. Aber seit 1446 verlor der Begriff diese Bedeutung und meinte „to be man", also der Mann (= in der Gefolgschaft) eines Herrn zu sein. „Manrent" hat „Homage" (Huldigung) vermutlich deshalb verdrängt, weil die Betonung bei „Homage" auf der Handlung, dem Akt lag, bei „Manrent" dagegen auf der langfristigen Verpflichtung. Aus zwei Gründen hatten diese Verträge im 15. Jahrhundert Konjunktur:

- Die regionalen, von der Krone unterstützen Magnaten konnten so ihre neu gewonnene Überlegenheit über ehemals gleichrangige Personen in ihrem regionalen Einflussbereich zum Ausdruck bringen.
- Sodann wurden solche Bonds abgeschlossen, wenn eine lokale Fehde beendet war bzw. deren Ende und Ergebnis angezeigt werden sollte. Die Parteien machten durch die Herstellung einer formalen Beziehung deutlich, dass ein Interessenausgleich erfolgt war und man sich versöhnt hatte.

Somit trugen die Bonds dazu bei, lokale oder regionale Konflikte zu befrieden. Sie konnten von den Magnaten jedoch zugleich genutzt werden, um ihre Herrschaft zu sichern oder zu stärken.

Die mittels Bond hergestellte Beziehung zwischen Herren und Mann hatte im Gegensatz zu den Lehensbeziehungen (häufig) keine materiellen Aspekte. Wichtig war zudem, dass mit den „Bonds" das Problem der Loyalitätskonflikte gelöst werden konnte. Denn da die Gefolgschaft nicht auf der Ausgabe von Land beruhte, musste sich der Mann nicht für einen Hauptlehensherrn entscheiden, wenn er von mehreren Herren Land hielt. Außerdem wurde ein Bond durch gegenseitige Eide abgesichert und nicht nur durch einen Eid des Manns an den Herren.[109] Dabei wurden mit den „Bonds of manrent" solche Abhängigkeiten zwischen Feudalherrn und Vasall präzisiert, die mit dem klassischen Feudalrecht nicht zu fassen waren. Lairds oder Niederadlige verpflichteten sich oft nur einem Herrn zur Leistung von „Manrent", während die Herren solche Bonds gesammelt haben. Im Nordosten vor allem die Grafen von Huntly und Errol sowie die Campbells of Cawdor. Im Westen die Campbells of Argyll and Glenorchy, mit der Tradition des Hochlandes, eine Todfallabgabe („calp") zu zahlen. In den Grenzregionen im Süden die Grafen von Angus, und die Maxwells von Caerlaverock Castle.

Die Könige schlossen nur selten Bonds mit Adeligen. Regenten, die für minderjährige Könige (James II., James III.) amtierten, haben durchaus Bonds abgeschlossen, weil ihnen die Qualität einer souveränen Herrschaftsstellung wie

---

108 Wormald, Lords, 14–18.
109 Wormald, Lords, 26.

dem König fehlte.[110] In der Regel aber haben die Könige ihre Beziehungen zu den Familien des Hochadels auf autoritäre Weise gestalten wollen.[111]

Doch auch im System der Bonds gab es einen materiellen Aspekt, denn für das Gefolgschaftsversprechen haben Lairds durchaus materielle Gegenleistungen erhalten. Diese sind in den „Bonds of maintenance" festgehalten worden. Manchmal wurde dieser Bond zeitgleich mit dem „Bond of manrent" abgeschlossen. Eine andere Praxis war, erst den „Manrent" und einige Zeit später dessen Gegenstück („Maintenance") zu vereinbaren. Schließlich ist es auch vorgekommen, die Regelungen und gegenseitigen Verpflichtungen gleich in einem Vertrag festzuhalten (zur Verwendung der Bonds siehe unten S. 165 ff.).

Steve Boardman hat herausgearbeitet, dass der Austausch von „Bonds of manrent" und „Bonds of maintenance" erstens oft im Kontext von (schiedsrichterlicher) Streitschlichtung erfolgte. Die Verpflichtung zu „good lordship" in diesen Situationen wurde in der Tat eine Garantie für das zukünftige Verhalten des Herrn gegenüber seinem Mann und wenn ein Lehensverhältnis bestand, die Garantie für die ungestörte Nutzung des Lehens. Zweitens wurden die „Bonds of maintenance" zu Beilegung von speziellen Streitfällen eingesetzt.[112] So z. B. als sich im Mai 1468 James, 1. Graf Morton, und Hugh Douglas of Granton um Herrschaftsrechte stritten, weil sich der Graf um die Rückgewinnung und Sicherung des Besitzes seines Vaters bemühte. Die Verträge dienten dazu, die beiden zu versöhnen jedoch nicht, um Hugh zu bestimmten Diensten zu verpflichten. Vielmehr verzichtete jeder auf seine Ansprüche gegen den anderen. In dem Vertrag verpflichtete sich Graf James zu guter Herrschaft („good lordship") gegenüber Hugh. Es ging also um sein zukünftiges Verhalten gegenüber Hugh und nicht um die Verpflichtung, Hugh für geleistete Dienste gegen andere zu verteidigen. Was bewirken also die Bonds? Mit ihnen entstand eine formale und hauptsächlich symbolische Herr-Mann Beziehung zwischen Graf James und Hugh, „a relationship which prohibited legal action or physical violence between the two men."[113]

Die „Bonds of friendship" schließlich waren zum einen wichtige Mittel, um sich politischen und oder militärischen Handlungsspielraum zu verschaffen. Darin verpflichteten sich üblicherweise ranggleiche Adelige zur gegenseitigen Hilfe, entweder für ein spezielles Anliegen oder grundsätzlich, wobei Hilfe bei Aktionen oder Angriffen auf den König in der Regel ausgeschlossen wurde (siehe als Beispiel den Bond zwischen Douglas, MacDonald und Crawford 1451/52 oben S. 81). „Bonds of friendship" wurden aber auch im Zusammenhang von Konfliktbeilegungen abgeschlossen. In ihnen wurden die Bestimmungen eines Friedensschlusses festgehalten, der zudem in einem Versöhnungsritual (gegenseitiger Friedensschwur vor einem Altar, gemeinsame Kommunion) öffentlich

---

110 Brown, Lanark Bond.
111 Siehe auch Wormald, Scotland, 527–528.
112 Boardman, Politics, 106.
113 Boardman, Politics, 108.

2.3 Herrschaftssicherung und Familienorganisation

verkündet wurde.[114] Im Juni 1482 erneuerten William, Thane of Cawdor und Hugh Rose of Kilravock ihren Freundschaftsbund. Laut der darüber ausgestellten Urkunde vergaben sie sich die gegenseitigen Verletzungen und Beleidigungen, was sie durch den Friedenskuss öffentlich bekräftigten.[115] Dieser Beleg zeigt an, dass „friendship" für die Lairds nicht zwingend „Freundschaft" meinte, sondern den Verzicht auf Gewalt, um Streit beizulegen.

In vielen Bonds verpflichten sich die Vertragspartner zu einem bestimmten Verhalten in der Zukunft, wie Freundschaft oder gute Herrschaft. Auf die Urkunden konnten sich Vertragspartner im Konfliktfall berufen und die Einhaltung der Bestimmungen fordern. Zu diesem Zweck wurden auch „Bonds of obligation" geschlossen. Darin verpflichten sich die Parteien explizit zu bestimmten Leistungen und/oder Verhaltensweisen. Häufig schloss man solche Bonds im Rahmen von Eheverabredungen. Die Familien des Brautpaares versprachen, die Braut mit einem angemessenen Wittum zu versorgen und regelten den Modus der Mitgiftzahlungen. Eine zweite Funktion der „Bonds of obligation" war die Verschriftlichung von Verhandlungen, die einer Landübertragung und/oder dem Abschluss eines „Bonds of manrent" vorausgingen. Darin wurde z. B. einem Laird von einem Grafen die Übertragung eines besoldeten Amtes (Ballie, Sheriff) zugesagt, wenn dieser ihm dafür „Manrent" schwört.

Schließlich existierte eine dritte Gruppe von Obligationen, mit denen sich Männer gegenüber einem Herrn verpflichteten, sich zu einem bestimmten Zeitpunkt an einem bestimmten Ort für Fehlverhalten zu rechtfertigen oder einen Herrn nicht bei der Übernahme von Land behindern zu wollen.[116]

Im 15. Jahrhundert reagierte die schottische Adelsgesellschaft auf die neuen politischen und sozialen Strukturen, die eine Folge des Verschwindens der alten Grafschaften waren. So wie in Aberdeenshire die Grafschaft Mar nach 1435, als Graf Alexander Stewart ohne legitimen Erben starb. Die Grafschaft fiel an die Krone und wurde in Teilen wieder ausgegeben. Außerdem sorgte die Konzentration von Grafschaften bei der Krone dafür, dass die Bedeutung von Lehensvergaben gesunken ist. Deshalb versuchten die Adeligen in den Regionen Herrschaft auszuüben, Ordnung und Frieden zu erhalten sowie die soziale Hierarchie aufrecht zu erhalten, indem sie drei Mittel angewendet haben: die Feudalverpflichtungen, die verwandtschaftlichen Bindungen und die Bonds. Die Familien bzw. Dynastien haben ihren Einfluss mittels Bonds, also die Verpflichtung von Landbesitzern zu gegenseitiger Hilfe, erweitert. Dabei haben sich hauptsächlich kleine Landbesitzer an Magnaten gebunden, wenn diese keine feudalen oder verwandtschaftlichen Verbindungen miteinander hatten. So sind relativ stabile politische Strukturen entstanden, in denen Konflikte häufig auch ohne die (Mit)Wirkung der Könige oder von deren Agenten geregelt werden konnten.

---

114 Bower, Scotichronicon 8, Buch 15, 82–83.
115 Boardman, Politics, 75.
116 Dazu ausführlich Berlandi, Birthplace, Kap. „Feudalismus".

2.4 Alte Familien, neue Ehren, bewährte Herrschaftstechniken: Die Grafen von Huntly, die Herren Forbes und die schottischen Könige im 15. Jahrhundert

James I. und James II. haben durch ihre Angriffe auf den Hochadel in der ersten Hälfte des 15. Jahrhunderts die Hierarchie der schottischen Adelsgesellschaft insgesamt in Bewegung versetzt. Nach dem Ausschalten der Albany Stewarts und der Black Douglas durch die Könige sowie dem Aussterben weiterer Grafenfamilien hat sich der Adel in gewisser Weise selbst neu organisiert. Alteingesessene lokale Familien erhielten die Chance zur Verbesserung ihrer sozialen und politischen Position. Wie das konkret abgelaufen ist, wird im Folgenden am Beispiel von zwei Familien aus dem Nordosten Schottlands veranschaulicht: Den Forbes, deren Familienoberhaupt seit 1445 Lord of Parliament war, und den Gordons von Seton, die 1445 zu den Grafen von Huntly ernannt wurden.

Die beiden Familien verfügten über Land und Herrschaftsrechte vor allem in Aberdeenshire, Banffshire sowie in Berwickshire. Sie versuchten sich, nach dem Ausfall der Magnaten (Grafen von Mar und Moray, Grafen Douglas), als politische dominante Akteure in diesen Regionen festzusetzen. Dabei wechselten sich Phasen der Zusammenarbeit mit Phasen der Konkurrenz ab. Bonds spielten eine wichtige Rolle, genauso wie die Belehnungen mit zusätzlichem Land durch James II. Am Beispiel der beiden Familien lässt sich zeigen, dass weder das Verhältnis von verschiedenen Linien der Familien zueinander noch die Beziehungen der Setons/Huntly zu den Forbes durch einseitige „Bonds of manrent" und/oder „Bonds of mainteneance" organisiert wurden, sondern darüber hinaus noch andere Vereinbarungen getroffen worden sind.

Politische Dynamik im Nordosten von Schottland ab 1435

Im Nordosten von Schottland (Moray, Mar, Aberdeenshire, Banffshire) entwickelte sich eine politische Dynamik, nachdem einige wichtige politische Akteure ausgeschieden waren. Im Jahr 1435 starb Alexander Stewart, der Graf von Mar und die Grafschaft wurde von König James I. eingezogen. Nach der Ermordung von König James I. 1437 in Perth, übernahm bis 1449 ein Regentschaftsrat die Regierung für den minderjährigen James II. Nachdem James II. die Regierung selbständig übernommen hatte, gehörte zu seinen ersten politischen Maßnahmen die Ermordung des Grafen Douglas und Ausschaltung der Black Douglas. Im Februar 1452 wurde William, 8. Graf Douglas, auf der Burg Stirling von König James II. und anderen ermordet und am 1. Mai 1455 besiegten königliche Trup-

2.4 Alte Familien, neue Ehren, bewährte Herrschaftstechniken

pen unter der Führung von Georg Douglas (aus der Linie der Red Douglas), Graf von Angus, ein Aufgebot der Black Douglas bei Erkinholme. Auf dem Schlachtfeld starb auch Archibald Douglas, der seit seiner Hochzeit mit Elisabeth Dunbar auch Graf von Moray war.

Auch die Grafschaft Moray wurde an die Krone gezogen, wo sie bis zum Ende des 15. Jahrhunderts blieb. Diese Ereignisse hatten nicht nur die Stärkung der Monarchie zur Folge, sondern auch den Bedarf zur politischen Neuordnung und Neustrukturierung der Adelshierarchie in den nordöstlichen Regionen Schottlands. Die Lairds mussten sich neu orientieren, denn die alten Gefolgschaften lösten sich auf, und es ging darum, den eigenen Besitz unter den neuen und oft nicht vorhersehbaren politischen Entwicklungen und wechselnden Koalitionen zu sichern. Es gab tatkräftige Männer, die diese Gelegenheit nutzten, um ihre Position in der Adelshierarchie zu verbessern. Sie erweiterten ihren politischen Einfluss und vergrößerten ihren Besitz. Zu diesen Männern gehörten auch die Setons (seit 1457 Gordons), denen Dank der Verstärkung von alten Verbindungen, der Schaffung von neuen Kontakten und Bündnissen sowie der innerdynastischen Regelung des Umgangs miteinander der Aufstieg in eine dominierende Position im Nordosten gelang.

Wie so oft beim Adel zu beobachten ist, begann auch der Aufstieg der Familie Seton mit einer Hochzeit. Im Jahr 1408 starb John Gordon von Huntly und Strathbogie, der mit Agnes Douglas aus der Familie der Douglas von Dalkeith verheiratet war, ohne einen männlichen Erben zu hinterlassen. Deshalb erbte seine Schwester Elisabeth den Besitz. Sie heiratete noch im Jahr 1408 Alexander, den zweiten Sohn des William Seton von Seton.[117] In einem Parlament, das im Juli 1408 in Perth stattfand, gab sie das Land an die Krone zurück. Vom Gouverneur Albany erhielt sie gemeinsam mit ihrem Mann sowie ihren Erben das Land (die Baronien Gordon und Huntly im Sheriffsbezirk Berwick, die Länder Fogo, Fans und Mallerstain sowie die Länder von Strathbogie und Beldygordon in Aberdeenshire) als gemeinsamen Besitz zurück.[118]

In den folgenden Jahren erarbeitete sich Alexander Seton eine einflussreiche Position im Nordosten. Er hatte sowohl das Vertrauen von Graf Alexander von Mar als auch von König James I. Deshalb konnte er im Jahr 1426 als Vermittler einen Konflikt der Beiden beilegen. Es ging dabei um die Nachfolge in der Grafschaft Mar, denn Alexander Stewart hatte nur einen illegitimen Sohn. In dem Ausgleich erkannte der König Alexanders illegitimen Sohn Thomas als Erben der Grafschaft an. Der Graf von Mar hatte eine wichtige Funktion bei der Sicherung des Nordens gegen Ansprüche der MacDonalds, der Lords of the Isles. Allerdings starb Thomas schon 1430 vor seinem Vater. Als der 1435 ebenfalls starb, gab es keinen direkten Erben in Mar. James I. zog die Grafschaft an die Krone. Nach der Ermordung von James I. 1437 war Alexander Seton in die sich neu entwickelnden Konflikte um die Grafschaft eingebunden. Setons gutes Verhältnis zu König James I. trug zu seiner Ernennung zum Lord of Parliament im Jahr

---

117 Mackintosh, Earls, 113.
118 *RPS*, A1408/7/1 [letzter Zugriff: 29.04.2019].

1436 bei. Er saß im königlichen Rat und konnte von dort aus Einfluss auf die Entwicklung (damit auch die Ämterbesetzung) z. B. in der Grafschaft Mar nehmen. Er starb 1440, zwei Jahre nach seiner Frau, vermutlich auf einer Pilgerreise. Seine Herrschaftsgebiete erbte sein Sohn Alexander (II.) Seton.[119] Die Kontakte der Familie zum Königshof werden auch dazu beigetragen haben, dass Alexander (II.) Elisabeth, die Tochter von Wilhelm Crichton, seit 1439 Kanzler des Königreiches, heiraten konnte. Vorher musste sich Alexander aber von seiner ersten Ehefrau, Egidia Hay of Tullibody, die er 1425 oder 1427 geheiratet hatte,[120] trennen; vermutlich war die Scheidung 1438 vollzogen. Die mit der Ehe mit Elisabeth Crichton neue gute Verbindung zum politischen Zentrum des Königreiches hat sich für die Setons ausgezahlt und ihnen beim Aufbau und Ausbau ihrer Position im Nordosten sehr geholfen. Nach seiner Hochzeit mit Elisabeth Crichton bemühte sich Alexander (II.) vor allem darum, alle Besitz- und Herrschaftsrechte zusammenzufassen und unter seine Kontrolle zu bringen. Dazu hat er im April 1441 zunächst seinen erblichen Besitz an die Krone gegeben.[121] Dafür erhielt er eine Urkunde, in der ihm diese Länder zur lebenslangen Nutzung übertragen werden (in „liferent"). Georg, der Sohn aus der Ehe mit Elisabeth Crichton, oder dessen legitime Erben, würden den Besitz als freies Erbe erhalten.

Um 1440 verfügten die Setons über die Lordschaften (Baronien) Strathbogie und Aboyne in Aberdeenshire sowie über Besitz in Moray, Banffshire und Garioch. Allerdings musste Alexander (II.) seine alten und neuen Herrschaftsansprüche vor Ort gegen alteingesessene Lairds und deren Familien durchsetzen, die sich nicht ohne weiteres mit den veränderten Herrschaftsverhältnissen abfinden wollten bzw. noch in älteren Dienstverhältnissen standen. Zu diesen Familien gehörten die Forbes.

Alexander Forbes war spätestens seit November 1406 Laird von Forbes. In den folgenden Jahrzehnten konnte er seinen Einflussbereich nach und nach weiter ausbauen. Zu seinem Besitz in der Herrschaft Aboyne (Fotherbirs 1417) erhielt er im Oktober 1423 vom Gouverneur Murdoch Stewart Land in der Grafschaft Mar, das zu der Baronie Forbes zusammengefasst wurde.[122] Im Jahr 1425 übertrug ihm der Graf von Angus Besitz in Easter Cluny. Das war kein Zufall, denn Alexander Forbes war mit Elisabeth, der Tochter von George Douglas, 4. Graf Angus, verheiratet. Im Oktober 1429 bestätigte König James I. Alexander und seiner Frau Elisabeth die Baronie Forbes mit zusätzlichem Land (Kery, Alford, Logy, Edinbanchory) in der Grafschaft Mar sowie einer Jahrrente von zehn Mark aus den Ländern in Mukwale. Diese neuen Besitzungen hatte Alexander Stewart, der

---

119 Brown, Rupture, 10 mit Anm. 51.
120 Registrum Magni Sigilli Regnum, Nr. 73.
121 RPS, 1441/4/1 [letzter Zugriff: 29.04.2019]: „volunate sua in manus nostras per fustem et baculum personaliter [...] resignavit" Der Hinweis auf Stock und Stab (fustem et abculum) mit dem die Resignation deutlich gemacht wird, zeigt an, dass trotz zunehmender Verschriftlichung die Rituale zur Anzeige von Herrschaftsbeziehungen weiter eine Rolle gespielt haben.
122 Jack, Decline, 57.

2.4 Alte Familien, neue Ehren, bewährte Herrschaftstechniken

Graf von Mar, zuvor an den König gegeben, der sie danach zusammen mit dem anderen Besitz an Forbes übertrug.

Dieses Land wurde von Forbes und seiner Frau Elisabeth in der Rechtsform einer „*liberam baroniam*" gehalten.[123] Dafür musste Alexander Forbes drei Mal im Jahr bei Gerichtssitzungen des Sheriffs in Aberdeen anwesend sein.[124] Alexanders Bruder, William Forbes, wurde ebenfalls 1429 von König James I. mit einer Baronie ausgestattet. Auch das dafür zusammengefasste Land war zuvor von Graf Alexander von Mar an den König zurückgegeben worden. Für seine geleisteten Dienste erhielt William die neu eingerichtete Baronie Kinaldie (mit Land in Gordy, im „Davach" Manach, in Petnamone und Kocksoul). Falls William ohne männlichen Erben sterben sollte, würde die Baronie an Alexander Forbes und dessen Erben fallen.[125]

Alexander Forbes trat zudem in die Gefolgschaft und den Dienst von mächtigen politischen Akteuren ein. Im Mai 1432 übertrug ihm David Lindsay, 3. Graf Crawford, die Verwaltung von Burg und Land in Strathearn (Inverness) ebenso auf Lebenszeit wie die Stellvertretung in seinem Amt als Sheriff von Aberdeen mit zehn Pfund Jahresrente (von der Stadt). Um seinen persönlichen Aufstieg sowie den politischen Erfolg zu demonstrieren, ließ Alexander Forbes eine Residenz in Druminnor bauen, die im Juli 1440 fertiggestellt war.[126] Alexander Forbes war ein wichtiger politischer Akteur, der wie andere Lairds mit lokalem oder regionalem Einfluss versuchte, die unübersichtliche politische Situation in den Jahren der Vormundschaftsregierung für James II. zu seinen Gunsten zu nutzen. Alexander Forbes schaltete sich deshalb in die Konflikte um die Grafschaft Mar ein.

Alexander Stewart, der Graf von Mar, war 1435 gestorben, sein Sohn Thomas bereits 1430. Deshalb fiel die Grafschaft Mar entsprechend ihrer 1426 getroffenen Vereinbarung zwischen Graf Alexander und seinem Cousin, König James I., an die Krone. Allerdings stellten dennoch drei Adelige Erbansprüche auf die Grafschaft Mar (siehe oben S. 73). Von diesen sind für unsere Überlegungen Robert Erskine und Robert Lyle of Duchal interessant, die insbesondere in der ersten Hälfte der 1440er Jahre ihre Ansprüche verfolgt haben. Die beiden Anspruchsteller hatten ihre zentralen Herrschaftsbereiche nicht im Norden (Erskine in Stirlingshire, Lyle in Renfrewshire) und waren deshalb auf starke Verbündete in der Grafschaft Mar und Aberdeenshire angewiesen. Alexander Forbes war für Erskine der erste Ansprechpartner. Schon im November 1435 verständigte sich Robert Erskine mit Alexander Forbes.[127] Forbes versicherte Erskine, ihm beim Erwerb der Grafschaft Mar mit all seinen Mitteln zu unterstützen; dafür versprach Erskine, ihm nach

---

123 Register of the Great Seal, Nr. 134.
124 Die Besitzgeschichte der Forbes unter Alexander (gestorben 1448) in: Paul, Peerage 4, 47–49 ist jetzt ergänzt und korrigiert durch Jack, Decline, 56–58 und 326–327.
125 Jack, Decline, 58.
126 Im Mai 1456 erhielt James Forbes die Erlaubnis, diese Burg weiter zu befestigen; Paul, Peerage 4, 50.
127 Jack, Decline, 227, die allerdings fälschlich die 100 Mark als Wert der Lordschaft Auchinour angibt.

dem Erwerb der Grafschaft die darin liegende Herrschaft Auchindoir mit allem, was dazugehört zu übertragen.[128] Zu den an der Herrschaft hängenden Rechten gehörten das Patronatsrecht der Kirche („donacioun of the Kyrk"), Abgaben von Haus- und Wildtieren sowie das Jagdrecht in einem bestimmten Wald („cabrach with the halfdawach in fre forest"). Sollte Forbes jedoch dieses Land nicht erhalten können, dann würde er als Kompensation anderes Land im Gesamtwert von 100 Mark (66 Pfund) bekommen. Zusammen mit dem schon vorhandenen Besitz hätte Forbes dann über einen relativ geschlossenen Herrschaftsbereich verfügt.

Im April 1438 erkannte Alexander Forbes zusammen mit weiteren Lairds aus der Region Robert Erskine als Erben der halben Grafschaft Mar an. Die andere Hälfte reklamierte Robert Lyle. Konkret ging es dabei um die Hälfte der Einnahmen aus der Grafschaft, die Ende der 1430er Jahre etwa 1000 Mark (666 Pfund) Wert war.[129] Erskine hatte jedoch das Problem, dass er Forbes die zugesagten Länder in Auchindoir erst dann übergeben konnte, wenn deren aktueller Inhaber gestorben war. Aber Forbes forderte offensichtlich bereits vorher eine Gegenleistung für seine Hilfe im Kampf um die Grafschaft Mar von Erskine. Dieser Schluss liegt nahe, denn Erskine übertrug seinem *„dilecto et speciali amico"* für seinen „servicio" im Juni 1439 die Hälfte des Landes in der Herrschaft Strathdee[130] und im Juli 1440 machte er Forbes weitere Zuwendungen, um den versprochenen Wert von 100 Mark zu erreichen. Es ist Robert Erskine jedoch nicht gelungen, sich als Graf von Mar durchzusetzen. Dass Erskine ihm nicht die vereinbarten Länder würde übertragen können, hat Alexander Forbes vermutlich spätestens im Verlaufe des Jahres 1443 realisiert und darauf reagiert. Er schlug sich auf die Seite von Robert Lyle, dem Konkurrenten von Erskine um die Grafschaft Mar. Die beiden tauschten im März 1444 Land und Burgen von Lyle in Strathdee und Kindrochit („his part of the landis Stradee and Kyndrochit with his part of the castale of the samyn landis with all thar pertinence") gegen Forbes Besitz in Cluny und Whitefield in den Grafschaften Strathearn und Angus.[131]

Alexander Forbes nutzte seine Position als Sheriff am Gericht in Aberdeen aus, um von dem Konflikt um die Grafschaft Mar persönlich zu profitieren. Das Gericht war zuständig für Rechtsstreitigkeiten in Erbschaftsangelegenheiten und bei Konflikten um Landvergabe. Vor dem Gericht mussten die Kläger ihre Ansprüche begründen und Belege dafür vorlegen. Forbes war in seiner Eigenschaft als Sheriff Vorsitzender des Gerichts und konnte erheblichen Einfluss auf die Entscheidungen nehmen. Die überlieferten Urkunden erwecken den Eindruck, dass er in den Jahren 1435 bis 1445 die beiden Anspruchsteller unterstütze und sich dafür von beiden belohnen ließ.[132] Erskine versprach ihm im Jahr 1435 Land im Wert von 100 Mark für seine Mühen und Unterstützung. Lyle

---

128 Ein gutes Beispiel für einen „Bond of obligation".
129 Illustrations Aberdeen 4, 188–189; Jack, Decline, 230–231.
130 Illustrations Aberdeen 4, 190–191.
131 Illustrations Aberdeen 4, 194–195, dazu auch Jack, Decline, 228 und 239.
132 Eine Urkunde vom Oktober 1438 zugunsten von Erskine in National Registers Scotland, Bestand GD 124/1/142.

2.4 Alte Familien, neue Ehren, bewährte Herrschaftstechniken

versicherte Forbes 1444, dass er das Land in Cluny und Whitfield an ihn zurückgeben würde. Auch wenn Alexander Forbes schließlich nicht in den Besitz der Herrschaft Auchindoir gelangte, war er, neben dem König, der eigentliche Sieger in dem Konflikt um das Erbe des Grafen von Mar. Sein Gebietsgewinn war signifikant und als Inhaber der Herrschaft Strathdee mit der Burg in Kindrochit war er endgültig als regionaler Machtfaktor etabliert. Alexander Forbes und sein Sohn James, der ihn seit Anfang der 1440er Jahre bei der Herrschaftsausübung unterstützte, waren fast genauso gut vernetzt wie die Setons. Nur fehlte ihnen nach dem Tod von James I. 1437 der direkte Draht zum Hof bzw. dem Regentschaftsrat. Nichtsdestotrotz wurde Alexander Forbes vermutlich 1445 zum Lord of Parliament ernannt und in die Peerage aufgenommen.[133]

In den Augen von Alexander (II.) Seton wurden die Forbes mit ihren Aktivitäten in der Region ernstzunehmende Konkurrenten und deshalb brach 1443 ein Konflikt aus, den Seton vermutlich aufgrund seiner militärischen Überlegenheit im Spätsommer 1444 für sich entscheiden konnte.[134] Alexander (II.) Seton führte eine „gret hereship" (ein militärischer Überfalls zwecks Schädigung) in den Ländern von Forbes durch.[135] Vermutlich, um weiteren Schaden zu vermeiden, wurde James Forbes laut Urkunde vom 30. September 1444 „a man" von Seton. Sie schlossen einen „Bond of manrent", mit dem James erklärte „to becummyne mane [...] til ane honorable and michti lorde Alexander of Setoune of Gordon [...] for all the dayis of my lyfe in tyme of wer and of pece" gegen alle, den König ausgenommen.[136] Wenige Tage später, am 3. Oktober 1444 erklärte James Forbes „to be bundyn til a rycht michty lord" Alexander Seton.[137] Dafür sollte ihn Seton aber mit Land in der Parochie Tulch in der Baronie Cluny in Aberdeenshire erblich belehnen. James Forbes verpflichtete sich also, Alexander Seton auf Lebenszeit zu dienen. Dafür übertrug ihm Seton Land in seinem Herrschaftsbereich. Allerdings überließ James Forbes Alexander (II.) Seton im Gegenzug einige seiner Länder. Es fand also ein Landtausch statt.

Die zweite Urkunde ist ein „Bond of obligation" mit dem Seton sicherstellen wollte, dass er Land von Forbes zurückbekommt, wenn der seine Loyalitätsverpflichtung aus dem „Bond of manrent" nicht erfüllen sollte. Doch damit nicht genug. Alexander (II.) Seton wollte James Forbes exklusiv in seiner Gefolgschaft haben, d. h. James Forbes konnte/durfte keine Ämter von anderen Lords annehmen. Wie noch sein Vater Alexander, der als Vize-Sheriff von Aberdeen den Grafen von Crawford gedient hatte.

Der Konflikt zwischen Alexander Seton und James Forbes steht nämlich im Kontext der Auseinandersetzungen der Setons mit den Lindsays (Grafen Crawford) um die dominierende Position im Nordosten von Schottland. Der Angriff von Alexander Seton im Spätsommer 1444 auf Herrschaftsgebiete der Forbes

---

133 Paul, Peerage 4, 49.
134 Brown, Rupture, 12.
135 Illustrations Aberdeen 4, 44.
136 Illustrations Aberdeen 4, 395.
137 Illustrations Aberdeen 4, 340–341.

sollte demonstrieren, dass David Lindsay, 3. Graf Crawford, seine Gefolgsleute nicht schützen konnte. Wahrscheinlich wollte Seton James Forbes dazu bewegen, in seine Gefolgschaft einzutreten. Die Urkunden vom 30. September und 3. Oktober 1444 belegen, dass ihm das gelungen ist. Alexander Seton setzte sich nicht nur gegen James Forbes durch, sondern schwächte damit zugleich seinen politischen Hauptkonkurrenten David, 3. Graf Crawford.

Seton nutze zunächst militärische Gewalt und danach die Bonds zusammen mit Landvergabe, um die Beziehungen zwischen den beiden Familien neu zuordnen. Für Seton wie auch für andere ambitionierte Adelige in der Region (Erskine, Crawford), war das neben der Vergabe von Ämtern, eine weitere Möglichkeit, um ihre Herrschaft auszubauen und deren Anerkennung von Lairds zu sichern.[138] Damit waren weiterhin die Weichen für die zukünftige Entwicklung gestellt: Die Forbes würden für die nächsten Jahrzehnte zwar wichtige Lairds in der Region sein und das Bündnis mit Seton garantierte ihnen einen gewissen Schutz, aber nur die Setons würden sich einen oberen Platz in der regionalen Adelshierarchie erkämpfen können.

Alexander (II.) Setons, 1. Graf Huntly, Aktivitäten in der Region

Auf dem Weg dahin musste Alexander (II.) Seton öfter auch zu den Waffen greifen, denn auch James, 7. Graf Douglas, wollte die Herrschaft seiner Familie im Norden ausbauen. Von seiner Mutter Joanna Murry hatte James u. a. die Herrschaft Balvenie in Banffshire geerbt, dazu weitere Baronien (Brachlie, Petty, Strathearn) in der Grafschaft Moray. James wollte von dort aus weitere Herrschaftsbereiche für seine jüngeren Söhne schaffen. Archibald Douglas wurde durch die Ehe mit Elisabeth Dunbar, Gräfin von Moray, Graf von Moray. Sein Bruder Hugh erhielt um 1445 die neu geschaffene Grafschaft Ormond (mit Land in Aberdeenshire, Lanarkshire, Redcastle, sowie Ormonde, heute Avoch in Inverness-shire).

James Douglas, der auch im Regentschaftsrat für den noch minderjährigen James II. saß, hat vermutlich darauf hingewirkt, Alexander (II.) Seton zum Grafen von Huntly zu erheben. Damit war er mit den beiden Douglasbrüdern im Norden ranggleich. Möglicherweise wollten die Douglas und der Regentschaftsrat durch die Erhebung Seton im Norden als zuverlässigen Verbündeten im Kampf gegen Alexander, Lord of the Isles, den Grafen von Ross stärken. Aber schon bald wurde offensichtlich, dass der frisch gekürte Graf Huntly vor allem mit den Grafen Crawford um die regionale Vorherrschaft in Angus und Mar stritt. Vor Arbroath wurde im Januar 1445 eine kleine Schlacht ausgetragen, aus der die Crawfords als Sieger hervorgingen, allerdings ist David Lindsay, 3. Graf Crawford, gefallen. Sein Nachfolger war sein Sohn Alexander Lindsay.[139]

---

138 Brown, Rupture, 13.
139 Brown, Rupture, 15.

2.4 Alte Familien, neue Ehren, bewährte Herrschaftstechniken 161

Bis 1450 hatte sich im Nordosten ein fragiles politisches System herausgebildet. Die wichtigsten Akteure waren Alexander, Graf von Ross; Alexander Lindsay, 4. Graf Crawford (gest. 1453), und dessen Sohn David, 5. Graf Crawford (war ab 1488 Herzog von Montrose), dann Archibald Douglas, Graf von Moray, und Alexander, 1. Graf Huntly. Das Gleichgewicht in diesem System wurde in den folgenden Jahren allerdings aufgrund der massiven Intervention von James II. in der Region nördlich des Tay zerstört. Die Black Douglas wurden vollständig ausgeschaltet, die Crawfords hatten den frühen Tod von Graf Alexander im Jahr 1453 zu bewältigen, dessen Erbe noch ein Kind war.[140] Diese Konstellationen sowie sein politisches Geschick haben Alexander, 1. Graf Huntly, schließlich fast an die Spitze der Adelshierarchie im Nordosten gebracht.

Huntly profitierte von mehreren Konflikten, in die seit 1450 nach und nach alle wichtigen Akteure im Nordosten verwickelt waren und an denen James II. aktiv teilnahm. Ein Konflikt resultierte aus der 1449 geschlossenen Ehe von John Macdonald, Graf von Ross, mit Elisabeth, einer Tochter von James Livingston, der Chamberlain am Hof des Königs war. So wie Alexander Seton die Tochter des Kanzlers Crichton geheiratet hatte, um direkten Kontakt zur Regierung zu erlangen, so wollte Ross mit seiner Heirat ebenfalls seine politischen Chancen verbessern. Doch James II. schaltete Livingston kurz nach der Eheschließung politisch aus. Livingston war einige Zeit inhaftiert, konnte aber im Sommer 1450 zu seinem Schwiegersohn Ross fliehen. Ihr Plan, mittels der Eheschließung seine politische Position als Graf von Ross zu verbessern oder wenigstens abzusichern, war fehlgeschlagen.[141]

Im Frühjahr 1451 griff John, Graf von Ross, Burgen des Königs im Norden an – u. a. Ruthven Castle in der Herrschaft Badenoch, die Alexander, 1. Graf Huntly, seit April 1451 für den König (möglicherweise als Leutnant des König im Norden) verwaltet und bewacht hat.[142] In diesem Konflikt verhielten sich William, 8. Graf Douglas, Archibald Douglas, Graf von Moray, und Hugh Douglas, Graf von Ormond, zunächst neutral. Doch weil James II. auch auf die Douglas Druck ausübte und ihnen u. a. Wigtown entzog, schlossen sie sich mit ihren Rivalen im Norden zusammen. Wann genau sich Douglas, Ross und Crawford mit einem Bond zusammengeschlossen haben, ist nicht mehr festzustellen. Ebenso wenig weiß man, was genau die drei vereinbart hatten, denn die Urkunde ist nicht überliefert.

Es gibt ein chronikalisches Zeugnis, in dem erzählt wird, dass William Douglas am 22. Februar 1452 von James II. und weiteren Männern erstochen wurde, weil er sich geweigert habe, der Aufforderung des Königs nachzukommen und dieses Bündnis aufzugeben (siehe oben S. 81). Weil nicht bekannt ist, wann genau der Vertrag abgeschlossen wurde, kann man nur wenig über die damit konkret verbundenen Absichten sagen. Höchstwahrscheinlich wollten die drei Grafen mit diesem Bündnis ihr Verhältnis zueinander auf eine freundschaftliche

---

140 Brown, Black Douglas, 303.
141 Grant, Revolt, 171.
142 McGladdery, James II, 109–110; Brown, Black Douglas, 291.

Basis stellen, d. h. bei zukünftigen Konflikten auf die Anwendung von Gewalt zu verzichten.[143] Alexander Seton, 1. Graf Huntly, war nicht in das Bündnis einbezogen worden. Vermutlich sollte damit seinen Ambitionen auf die Grafschaft Moray ein Riegel vorgeschoben und ein Bündnis zwischen ihm und John, Graf von Ross, verhindert werden.

Nach dem Tod von William, 8. Graf Douglas, und nachdem er im Mai 1452 Alexander, 4. Graf Crawford, in einem Scharmützel bei Brechin besiegt hatte, konnte Huntly seine Position wieder verbessern. In der Folge entzog König James II. Ross die Grafschaft Moray und verlieh sie an James Crichton, Huntly's Schwager.[144] Ob Huntly im Auftrag des Königs gegen Crawford gekämpft hat, um die Autorität der Krone im Norden zu stärken, ist nicht eindeutig zu entscheiden. Der König und Huntly profitierten von der Niederlage Crawfords, aber es gibt keinen Hinweis darauf, dass James II. seinem loyalen Gefolgsmann besonders belohnt oder ausgezeichnet hat. Deshalb erscheint es plausibler, dass Huntley seine Position im Norden verbessern wollte, um sich möglicherweise ergebende Chancen auf den Erwerb einer Grafschaft wie Moray (siehe unten) nutzen zu können.[145]

Im Sommer 1453 profitierte Huntly von dem überraschenden Tod Alexander Lindsays, 4. Graf Crawford, der nur einen unmündigen Sohn hinterließ. Bis zu seinem Tod kontrollierte Crawford große Teile der Länder in der Grafschaft Angus. Während König James II. sofort aufbrach, um David Lindsay, den unmündigen Crawford Erben, unter seine Aufsicht zu bringen, richtete Huntly seine Ambitionen auf Regionen westlich seiner Stammlande Badenoch und Strathbogie, nämlich die Herrschaftsgebiete der Black Douglas Balvanie, Moray und Ormond. Doch es dauerte noch zwei Jahre, nämlich bis zur Niederlage der Douglas bei Arkinholm 1455, bevor eine günstige Lage für Huntly entstand und seine Aussichten auf diese Gebiete realistisch wurden. Als treuer Parteigänger von König James II. wird Alexander, 1. Graf Huntly, erwartet haben, von der Verteilung der ehemaligen Herrschaftsbereiche der Black Douglas zu profitieren. Um sich dafür in eine noch bessere Position zu bringen, heiratete sein Sohn George 1455 Elisabeth Dunbar, die Witwe von Archibald Douglas, Graf von Moray, der in der Schlacht bei Arkinholm gefallen war.

Die Huntleys gingen davon aus, dass die Grafschaft Moray zur Mitgift von Elisabeth gehören würde. Doch sie wurden enttäuscht, denn der König wollte verhindern, dass sich wieder eine politisch dominante Familie im Norden des Reiches etabliert. James II. übertrug die Grafschaft Moray an seinen kleinen Sohn David. Um ihrem Ärger Luft zu machen, haben die Huntleys 1456 Raubzüge in der Grafschaft Mar unternommen, für die sie nicht bestraft wurden.[146] Im März 1457 wurden die Herrschaftsbereiche der Setons, Grafen Huntly, von James II. schließlich an Alexander, 1. Graf Huntley, und seine Ehefrau Elisabeth Crichton

---

143   Brown, Rupture, 15–17; Brown, Black Douglas, 293–294.
144   Brown, Black Douglas, 296.
145   McGladdery, James II, 78 urteilt negativ, dass Huntlys „attitude may best viewed as self-seeking and opportunist".
146   Illustrations Aberdeen 4, 203; McGladdery, James II, 104–105.

2.4 Alte Familien, neue Ehren, bewährte Herrschaftstechniken 163

zur Nutzung auf Lebenszeit vergeben sowie ihr Sohn George als Erbe bestätigt. Die Familie verfügte danach über die Grafschaft Huntly, bestehend aus Strathbogie, Aboyne, Glentanner und Glenmuick in Aberdeenshire, die Herrschaft Badenoch in Inverness-shire, Enzie in Banffshire sowie Gordon und Huntly. Ihre Herrschaftsgebiete lagen zum größten Teil im Norden, Gordon jedoch, der Ort, von dem die Familie ihren Namen abgeleitet hat, lag im Süden (Berwickshire). Das war typisch für die seit Mitte des 15. Jahrhunderts neu eingerichteten Grafschaften, die nicht mehr auf den alten territorialen Einheiten beruhten.

Gleichzeitig bekräftigte der König die Erbregelung der Huntlys, die wie in anderen Familien auch strikt auf die Männer ausgerichtet war („male entail"). Sollte nämlich George keine Erben haben, dann würde sein jüngerer Bruder Alexander bzw. dessen Erben den Besitz erhalten; an dritter Stelle stand der nächst jüngere Bruder William. In dem Fall, dass keiner der Brüder einen Erben produzieren sollte, ginge der Besitz an „the true, lawful, and nearest heirs of said George de Gordon whomsoever".[147] Auch wenn James II. verhinderte, dass die Huntlys im Norden zu mächtigen Magnaten aufsteigen konnten, so waren sie doch andererseits zu wichtig, um sie nicht doch der Krone stärker zu verpflichten. Dazu diente auch in diesem Fall eine Hochzeit. Im Frühjahr 1460 heiratete George Gordon, der zukünftige 2. Graf Huntly, Annabella, eine Schwester des Königs.[148] Damit ergaben sich für die Gordons neue und gute Aussichten für die Sicherung ihrer politischen Position und als regionaler Machtfaktor.

„Bonds of manrent" und „Bonds of maintenance": familieninterne Konfliktbeilegung bei strittigen Erbschaftsfragen

Das erfolgreiche politische Handeln Alexanders, 1. Graf Huntly, war auch deshalb möglich, weil große Konflikte innerhalb der Familie bzw. zwischen den Familienzweigen verhindert wurden. Denn Alexander, 1. Graf Huntly, musste sich mit Erbforderungen seines älteren Halbbruders, Alexander Seton auseinandersetzen. Dieser Alexander Seton war ein Sohn von Alexander (I.) Seton of Gordon mit Egidia Hay, der Erbin der Baronie Tullibody. Im Zuge der Hochzeit mit Alexander gab Egidia das Land in der Baronie Tullibody zusammen mit Land in Boyne und Enzies sowie die Baronie „Kilsaurle" in Banffshire an König James I. Sie erhielten es zurück und konnten es an die von beiden rechtmäßig gezeugten Kinder vererben und falls sie keine haben sollten, würde das Land an Egidias Erben fallen.[149] Aus dieser Ehe ging nun Alexander Seton hervor, der somit der rechtmäßige Erbe dieser Besitzungen war. Um Elisabeth Crichton heiraten zu können, ließ sich Huntly von Egidia scheiden. Jetzt hätte ihr Sohn Alexander

---

147 The Records of Aboyne, 391.
148 MacDougall, James III, 24.
149 Boardman, Politics, 134.

Seton Anspruch auf ihr persönliches Erbe gehabt. Doch nach der Scheidung und der Heirat mit Elisabeth Crichton wollte Alexander für George, sein Sohn aus der zweiten Ehe, auch Teile des Tullibody Erbes sichern. Es gibt keine Belege, wie Egidia die Scheidung aufgenommen hat, aber 1438 hat sie ihr Erbe nicht etwa ihrem Sohn Alexander, sondern ihrem Cousin und Ex-Ehemann Alexander Seton, dem zukünftigen 1. Graf Huntly, übertragen. Laut Ausweis der Urkunde für seinen Rat und seine Hilfe, was jedoch nicht spezifiziert wurde.

Alexander, 1. Graf Huntly, übergab im April 1441 seine Herrschaftsbereiche dem König, der sie ihm mit einer Erburkunde zurückgab („charter of entail"). Die Herrschaften Gordon und Strathbogie, die Länder in Aboyne, Glentanner, Glenmuick (Aberdeenshire) und Panbride (Angus) erhielt er auf Lebenszeit. An erster Stelle seiner Erben stand sein Sohn George aus der Ehe mit Elisabeth Crichton. Damit hatte der König offiziell bestätigt, dass der ältere Halbbruder von George, Alexander Seton, vom Erbe ausgeschlossen war. Es ist möglich, dass diese Regelungen abgesprochen wurden, um die Ehe mit Elisabeth Crichton, der Tochter des Kanzlers, möglich zu machen.[150]

Im März 1458 bestätigte König James II. eine weitere Erbregelung für die Grafschaft Huntly, wonach auch der zweite Sohn von Alexander, 1. Graf Huntly, aus der Ehe mit Elisabeth Crichton in die Erbreihenfolge der Familie aufgenommen wurde. Huntly und sein Sohn George konnten unter diesen Umständen über das Erbe von Egidia Hay verfügen und die Rechte ihres erstgeborenen Sohnes, die ja 1427 festgelegt worden waren, missachten. Tatsächlich hat George, 2. Graf von Huntly, im September 1446 Länder in Tullibody an George Crichton, Graf von Caithness, vergeben. George Crichton war ein Cousin von William Crichton, dem Schwiegervater des 1. Graf Huntly. Die Schwiegerfamilie wurde als aus dem tatsächlichen oder vermeintlichen Erbe von Georges Halbbruder beschenkt!

Allerdings hat der enterbte Alexander Seton diesen Umgang mit dem Besitz seiner Mutter nicht kommentarlos oder ohne Widerstand hingenommen. Denn am 3. Februar 1465 schlossen George, 2. Graf Huntly, und Alexander Seton, einen Vertrag. Darin erklärt George, Alexanders Bemühen um das Land, das seiner Mutter Egidia gehörte, zu unterstützen „in als fer as he may witht his worship". Konkret ging es um die Länder in Tullibody, die im September 1446 an den Cousin von Huntlys Schwiegervater George Crichton vergeben worden waren. Jedoch nicht um die Länder in Enzie und Boyne, die in der Erbvereinbarung zugunsten von George eingeschlossen waren. Alexander verpflichtete sich, George nicht länger an der Nutzung dieser Länder zu hindern (was er vermutlich gemacht hatte). George übergab ihm dafür Touchfraser und Drip (Stirlingshire) als erblichen Besitz. Doch da diese Länder zum Zeitpunkt ihrer Vereinbarung noch an andere Adelige verliehen waren, sollte Alexander Seton einen gleichwertigen Anteil von den Huntly Ländern solange nutzen können, bis er Touchfraser übernehmen konnte.[151] Damit war der Konflikt allerdings noch nicht beigelegt, denn im April 1470 schlossen George und Alexander Seton einen weiteren Vertrag, um

---

150 Boardman, Politics, 135.
151 Manuscripts, 88.

2.4 Alte Familien, neue Ehren, bewährte Herrschaftstechniken

endlich alle Debatten und Kontroversen „in tyme cummyng" zwischen ihnen und ihren Erben zu beenden. Es ging dabei wieder vor allem um Land, dass Alexanders verstorbener Mutter Egidia Hay gehörte.

Alexander verpflichtete sich, weder persönlich noch durch seine Erben jemals die Ländereien in Culsavertie, Enzie und Boyne von George zu fordern. George, 2. Graf Huntly, dagegen verlieh seinem Halbonkel Land im Wert von 100 Mark (66 Pfund) von seinem Besitz in Gordon oder Huntly in Berwickshire solange, bis Alexander die Baronie Tullibody in Clackmannanshire übernehmen könnte. Weitere 40 Pfund durfte Alexander von den erwähnten Ländern Huntlys beziehen, bis er vom Laird of Stobal als Lehnsinhaber in Drips anerkannt worden war. Außerdem verzichtete George auf Touchfraser zugunsten seines Halbonkels und verpflichtet sich, ihm beim Rückgewinn des Erbes seiner Mutter (Kinmondy in Buchan, Rate und Geddes im Sheriffbezirk Nairn sowie Fothirty in der Grafschaft Ross) zu helfen.[152]

Im Kontext des Konflikts um das Erbe der Egidia Hay haben die Verträge eine andere Funktion gehabt, als Schutz für bestimmte Dienste zu garantieren. Als „man" verpflichtet sich Alexander Seton, die Besitzungen von George in Enzie und Boyne nicht anzugreifen. George verpflichtet sich dafür, ihm beim Rückerwerb von Tullibody von den Crichtons zu helfen. Es ging also vor allem darum, die Erbangelegenheit in der Familie zu regeln. Diese Absprachen waren soweit ersichtlich auch tragfähig und haben dazu beigetragen, das Verhältnis zwischen George und Alexander zu verbessern. Dazu wird auch beigetragen haben, dass George, 2. Graf Huntly, alle Ansprüche der Erben von George Crichton of Cairns auf Tullibody zurückgewiesen hat.[153]

„Bonds of manrent", Lehen und Ehe: das Verhältnis von Alexander, Graf Huntly zu Wilhelm Forbes

Zu den Familien, die von dem politischen Schicksal der Grafen von Huntly unmittelbar im Positiven wie im Negativen betroffen waren, gehörten die Forbes. Die Folgen der Konflikte im Norden für das Verhältnis der Grafen von Huntly zu den Lords Forbes im weiteren Verlauf des 15. Jahrhunderts, werden im Folgenden beleuchtet. Zu den beliebtesten Praktiken, um politische und soziale Beziehungen zwischen Familien aufzubauen oder schon bestehende zu verstärken, gehörten Hochzeiten. James, 2. Lord Forbes, wurde noch unter (militärischem?) Druck im Jahr 1444 zum „man" von Alexander, 1. Graf Huntly. Dafür erhielt er Land in der Baronie Cluny. Auch im Jahr 1468, also zweiundzwanzig Jahre später, ließ George, 2. Graf Huntly, William, 3. Lord Forbes (reg. 1462-1483), den Sohn von James Forbes, wieder einen „Bond of manrent" schwören. Allerdings war William, 3. Lord Forbes, mit Christian Gordon, der dritten Tochter von Alexan-

---

152 Manuscripts, 89.
153 Boardman, Politics, 138-139.

der, 1. Graf Huntly, verheiratet und somit der Schwager von George Huntly sowie der Schwiegersohn von Alexander Huntly. Es muss ein gewisses Vertrauensverhältnis zwischen Alexander und William gegeben haben, denn im Oktober vertrat William, 3. Lord Forbes, seinen Schwiegervater im Parlament.

In der auf den 8. Juli 1468 datierten und in Aberdeen ausgestellten Urkunde erklärte William, 3. Lord Forbes, seine Bereitschaft George, 2. Graf Huntly, zu dienen „treuly for all the dais of my lif baith in peace and in wer".[154] In einer zweiten Urkunde von diesem Tag ließ Forbes aufschreiben welche Gegenleistungen er als „man of feal and special retenu, for the quhilk manret and service" von den Grafen Huntly bis dahin bekommen hatte. Dazu gehörte u. a. Land in der Baronie von Aboyne sowie Mygmar und der Herrschaft Tulch. Dieses Land samt seinem Zubehör (Mühlen, Fischereirechte) erhielt er für sich und seine Erben als Erblehen („in feodo et hereditate imperpetuum").[155] Ebenfalls am 8. Juli heiratete William, 3. Lord Forbes, Christian, die Tochter von Alexander, 1. Graf Huntly.[156] Sollten aus dieser Ehe keine Erben hervorgehen und seine Länder an andere Verwandte fallen, sollen diese Erben „in lyk wys sall be men of special service, manrent and retenu as I am to my forsaide lordis (also Huntly)".[157]

Diese drei Urkunden belegen, dass die Verpflichtung zum „manrent" auch nach 1450 noch mit der Vergabe von Land als Erblehen als Gegenleistung verbunden sein konnte.[158] Dieser Aspekt wurde noch unterstrichen durch gegenseitige Eidleistungen; es waren keine einseitigen Eide des Lehnsmanns an den Herren. Die Vertragsparteien verständigten sich auch, dass die Sicherung der Herrschaftsgebiete von William, 3. Lord Forbes, für seine Erben dadurch erfolgte, dass diese mit dem Erbe auch in den „Bond of manrent" eintreten würden. Damit bestätigte er eine schon Ende September 1444 vereinbarte Verpflichtung von Alexander, 1. Lord Forbes (gest. 1448), zusammen mit seinem Sohn und Erben James, 2. Lord Forbes (reg. 1448–1462), gegenüber Alexander Seton (dem 1. Grafen Huntly), wodurch James auf Lebenszeit zum „man" von Alexander Seton wurde.[159] Offensichtlich ist es für die Bestätigung der Forbes-Lehen durch Alexander Seton für James, 2. Lord Forbes, nach dem Tod seines Vaters notwendig oder wenigstens hilfreich, schon in dessen Diensten zu stehen. Außerdem wurde auf diese Weise sichergestellt, dass James Forbes tatsächlich nach dem Tod seines Vaters dessen Besitz vollständig übernehmen konnte. Es ist nicht bekannt, ob Alexander oder James Forbes tatsächlich Dienste für die Grafen von Huntly geleistet haben. Aber auch in diesem Fall erscheint es plausibel, dass durch die Bonds wie schon im Falle George, 2. Graf Huntly, und dessen Halbonkel

---

154 Illustrations Aberdeen 4, 403.
155 Urkunde von Alexander, Earl of Huntly vom 8. Juli 1468 in: Illustrations Aberdeen 4, 404–405.
156 Paul, Peerage, 4, 50.
157 Illustrations Aberdeen 4, 405.
158 Grant, Service, 173–174 hat herausgearbeitet, dass bis wenigstens 1475/80 50 Prozent der „Bonds of manrent" eine konkrete Gegenleistung in Land oder Renten vom Lord aufgewiesen haben.
159 Illustrations Aberdeen 4, 395.

2.4 Alte Familien, neue Ehren, bewährte Herrschaftstechniken

Alexander Seton 1465 und 1470 in erster Linie Konflikte um Besitz vermieden werden sollten.

Für die Annahme, dass es bei diesen Bonds vor allem darum ging, eine Grundlage für ein möglichst friedliches Miteinander zu schaffen spricht auch, dass William, 3. Lord Forbes, nicht nur mit seinem Lehnsherrn Huntly Bonds abgeschlossen hat. Im August 1467 hat er gemeinsam mit drei Vertretern der Nebenlinien, den Söhnen seiner beiden Brüder William und Alexander, Alexander Forbes of Pitsligo mit seinem Bruder Arthur of Forbes, Alexander Forbes of Tolquhon (der mit einer Schwester von William, 3. Lord Forbes verheiratet war) und John Forbes of Brux,[160] sowie mit Duncan Macintosh, dem Oberhaupt des Clan Chattan,[161] dessen zwei Brüdern und Hutson Ross Baron von Kilrawake einen Vertrag abgeschlossen. Sie verpflichten sich dazu, eine herzliche Freundschaft („hartly frendshiype") zu pflegen und Konflikte zwischen ihnen offen und ehrenhaft auszutragen („to tak oppin uprecht pairt in all causses and quarrelis one with the other"). Die erste Formulierung deutet darauf hin, dass wohl vor Abschluss des Vertrages Spannungen zwischen den Lairds bestanden. Sie versprachen auch, sich gegenseitig und gemeinsam gegen Angriffe anderer zu verteidigen; ausgenommen wurden der König und ihre Overlords.[162]

William, 3. Lord Forbes, nutzte die Bonds einmal dazu, seinen Besitz vom Oberherrn bestätigen und sichern zu lassen und zum anderen dazu, Konflikte zwischen den Zweigen der Familie möglichst zu vermeiden bzw. ein gewaltfreies Miteinander anzustreben. Diese Funktion hatten die Bonds der Lairds mit denjenigen des Hochadels gemeinsam. Es ging dabei um die Organisation und Abgleichung der Herrschaftsinteressen vor Ort.

---

160 Am Beispiel der Forbes kann man gut demonstrieren, dass ein Laird immer der Laird von etwas war: Laird Forbes of Pitsligo, während der in die Peerage aufgestiegene Zweig der Familie den Titel „Lord Forbes" führte.
161 Der Clan war eine Besonderheit, denn er war kein Verwandtschaftsverband, sondern eine politische Vereinigung von zwölf Hochland Clans zur gegenseitigen Hilfe unter einem Oberhaupt. Duncan Macintosh ist 1496 gestorben; Cathcart, Kinship, 72.
162 Illustrations Aberdeen 4, 402–403.

3 Merkmale und Besonderheiten der politischen Kultur im spätmittelalterlichen Schottland

Im Vergleich zu anderen Königreichen entwickelte sich in Schottland erst relativ spät eine politische Deutungskultur. Traktate und andere Schriften, in denen über die politische Ordnung, die Funktion des Königtums oder auch die Merkmale guter bzw. schlechter Herrschaft reflektiert wurde, liegen erst seit dem letzten Drittel des 15. Jahrhunderts vor. Es gibt, von wenigen Ausnahmen abgesehen, ebenso wenige Schriften aus dem Umfeld der Höfe und Beschreibungen der Hofkultur des schottischen Hochadels. Deshalb ist die Forschung darauf angewiesen, solche Dokumente (Urkunden, Parlamentsprotokolle und die wenigen Chroniken) auszuwerten, die Einblicke in die Herrschaftspraxis von Königen und Adel ermöglichen; also in die Ausdrucksseite der politischen Kultur.

Auf dieser Quellenbasis zeichnete die schottische Forschung ein Bild einer innenpolitischen Dynamik, in der die Beziehungen zwischen Königen und Magnaten dominierte. Demnach gab es starke Könige, die den Adel beherrschen aber auch schwache Regenten und königslose Phasen, in denen sich der hohe Adel weitgehend unkontrolliert am Besitz und an den Einnahmen der Krone bedient hat. Dafür werden in der Forschung die langen Phasen der Abwesenheit (Gefangenschaft) und oder/Minderjährigkeit der Könige verantwortlich gemacht. Es gibt daneben aber noch einen zweiten wichtigen Aspekt, der bisher nicht genug betont wurde. Nämlich der tiefgreifende Umformungsprozess im Adel aufgrund der erheblichen Verluste (bis hin zum Aussterben von Familien) infolge der Schlachten bei Otterburn 1388, Homildon Hill 1403, den Hinrichtungen der Albanys 1425 und dem Auslöschen der Black Douglas in der zweiten Hälfte der 1450er Jahre.

Wenn ein wichtiger Magnat in einer Region ums Leben gekommen war, haben die davon betroffenen Barone und Lairds ihre Loyalität unter Umständen konkurrierenden Magnaten in der Region übertragen. Dieser Prozess lief weitgehend ohne die Intervention der Krone ab und führte dazu, dass erfolgreiche Dynastien (Douglas, Dunbar, Lindsay, MacDonald, die Stewarts im Norden) in den Regionen politische Machtzentren aufbauen konnten. Weil diese Dynastien ihre Herrschaftsbereiche gegen adlige Konkurrenten und die Eingriffe der Krone verteidigt haben und zugleich erweitern wollten, waren Konflikte unausweichlich. Freiheit war im Verständnis des hohen Adels die weitgehende Abwesenheit von Eingriffen der Könige in ihre Herrschaftsbereiche. Doch die inneradelige Praxis der Konfliktaustragung führte in einigen Regionen, insbesondere im Norden, zu erheblicher Gewaltausübung (Fehden), deren Unterbindung ihre Verursacher von der Krone forderten, womit eine Kritik an der Herrschaft des jeweiligen Königs (vor allem an Robert II. und Robert III.) einherging. In dieser Zeit, in den letzten Jahrzehnten des 14. Jahrhunderts, wurde aus Robert Bruce, dem großen Verteidiger der schottischen Freiheit, quasi die Referenzfigur für erfolgreiche Königsherrschaft.

Mit der Rückkehr von James I. aus der englischen Gefangenschaft im Jahr 1424 begann eine Phase der Wiederherstellung königlicher Autorität. Der König nutzte die rechtlichen Möglichkeiten der Krone, indem er Gerichtsverfahren gegen die Albany Stewarts durchführen ließ. Mit der Hinrichtung von Murdoch Stewart hatte er den letzten möglichen Konkurrenten um den Thron aus der eigenen Familie ausgeschaltet. Aber auch in Schottland war es für die Reputation eines Königs nicht gut, wenn er den Konsens seines hohen Adels mit Hilfe von politischem und militärischem Druck erzwingen wollte. Weil sich der hohe Adel gegen die Einschränkungen seiner Freiheiten durch James I. und seiner Nachfolger gewehrt hat, entwickelte sich um die Mitte des 15. Jahrhunderts eine Spirale der Gewalt. Die dabei angewendeten Strategien und Praktiken der Könige und der Magnaten waren ähnlich: Vergabe von Belohnungen für Loyalität und Dienste oder Strafen und Gewaltanwendung gegen Konkurrenten und Vasallen. Die Jahre zwischen 1437 (Ermordung von James I.) und 1455 (Schlacht bei Akrinholm) waren durch massive Gewalt gekennzeichnet: politische Morde, Fehden, Niederbrennen und Plündern von Kirchen, Wegtreiben von Vieh usw. In diesen Jahren erreichten die innenpolitischen Konflikte zwischen Krone und Magnaten aber auch zwischen Magnaten und Magnaten ihre Höhepunkte.

Den Königen wird als Motiv für ihr aggressives Handeln unterstellt, dass sie ihre Herrschaft intensivieren und zentralisieren wollten. Als Beleg dafür wird angeführt, dass die Könige seit James I. die von ihnen eingezogenen Grafschaften bei der Krone behalten und nicht oder nur zu Teilen wieder ausgegeben haben. Allerdings erscheint das Argument nicht sehr durchschlagend, denn die Könige waren nachweislich vor allem an der finanziellen Nutzung der Grafschaften interessiert. Die zur Herrschaftsintensivierung und Zentralisierung notwendigen Maßnahmen, wie die Ausweitung der Administration, Stärkung der königlichen Gerichtsbarkeit und Einschränkungen der Regalitäten haben die Könige nämlich nicht ergriffen.

Somit sind die Konflikte im Adel und zwischen dem Adel und den Königen nicht in erster Linie als Konflikte um Administration und Abwehr der Präsenz von königlichen Amtsträgern zu interpretieren, sondern als Ausdruck eines Kampfes gegen den Verlust von Rang, Ehre und vor allem Einkommen. Die wirtschaftlichen Rahmenbedingungen im 15. Jahrhundert haben den hohen Adel genauso wie die Könige in finanzielle Schwierigkeiten gebracht; und zwar in einem Maße, dass sie darauf aktiv mit den ihnen zur Verfügung stehenden Mitteln reagiert haben. Wichtigstes politisches Handlungsziel war die Verbesserung ihrer eigenen Finanzlage durch die Aneignung von Einkommensquellen benachbarter Adeliger, der Übernahme von bezahlten königlichen Ämtern oder Beutezügen in den englischen Grenzregionen. Die Konkurrenz um Ressourcen hatte einen wesentlichen Einfluss auf die soziale Organisation der Adelsgesellschaft und den politischen Spielraum der hohen Adeligen wie auch der Lairds. In dieser Hin-

3 Merkmale und Besonderheiten der politischen Kultur

sicht bedeutete Freiheit auch immer, über die dazu notwendigen Ressourcen zu verfügen.

Darüber hinaus haben die zwischen Adeligen abgeschlossenen Bonds Sicherheit und ein gewisses Maß an Freiheit ermöglicht. Die Bonds haben unterschiedliche Funktionen gehabt und dienten zur Beilegung von Fehden genauso wie zur Organisation von Besitzübertragungen, Heiratsabsprachen und die vertragliche Formalisierung der Beziehungen zwischen Adeligen. Diese Bonds substituierten aber weder eine fehlende Verfassung noch waren sie eine Reaktion des Adels auf die vermeintlich systematischen Versuche der Könige, die Autorität der Krone gegen den (hohen) Adel durchzusetzen. Sie waren vielmehr das Produkt von Verhandlungen zwischen Adeligen, die damit versucht haben, ihre Gesellschaft zu stabilisieren und den bestehenden Rechtsrahmen den aktuellen politischen und wirtschaftlichen Entwicklungen in ihren Regionen anzupassen. Die Bonds sind jedoch auch in diesen Funktionen ein besonderes Merkmal der politischen Kultur Schottlands im späten Mittelalter.

Bis Ende des 15. Jahrhunderts ist es den schottischen Königen – oft im Verbund mit ihren Adeligen – gelungen, die Angriffe der englischen Könige auf ihre Freiheit und Unabhängigkeit abzuwehren. Jedoch waren die schottisch-englischen Beziehungen in den hier betrachteten 200 Jahren nicht permanent durch Feindschaft geprägt. Phasen schwerer militärischer Auseinandersetzungen wurden von Waffenstillständen und Verhandlungen abgelöst. Aber immer, wenn die innenpolitische Situation in Schottland kritisch war, haben die englischen Könige versucht, den Oberherrschaftsanspruch durchzusetzen. Edward I. in den Jahren 1290 bis 1305, als Schottland durch Thronfolgekonflikte geschwächt war. Edward III. wollte die Gefangenschaft Davids II. in den 1350er Jahren ausnutzen, um einen englischen Prinzen auf dem schottischen Thron zu platzieren und Heinrich IV. nahm 1400 den Konflikt zwischen dem Grafen March und König Robert III. zum Anlass, um mit einer Armee nach Edinburgh zu marschieren. In den 1480er Jahren eröffnete der Konflikt zwischen James III. und seinen Brüdern König Edward IV. und Richard von Gloucester die Chance, Schottland anzugreifen und immerhin Berwick zurückzuerobern. Zur politischen Kultur in Schottland gehörte es, sich gegen die englischen Könige und englische Adelige zu verteidigen. Der beschworene Kampf für die schottische Freiheit war jedoch für den Adel in den südlichen Grenzregionen stets mit der Absicht verbunden, durch Kriegs- und Raubzüge in den Borders oder nach Nordengland Profit zu machen.

Glossar

Baronie:	Land a) unter einer gerichtlichen Zuständigkeit zusammengefasst oder b) Land ohne Gerichtsrechte
Blench farm:	Vergabe von Lehen für eine symbolische jährliche Abgabe (Penny, Sporen)
Bonds (of manrent, of friendschip, of obligation, of maintanence):	Verträge zwischen Adeligen zur Beilegung von Konflikten, zur Regelung von Erb- und Heiratsangelegenheiten sowie zur Regelung von speziellen Dienstverhältnissen
Escheat:	a) Heimfall oder Rückgabe von Lehen, b) Anspruch von Besitz und Gütern aus Gerichtsurteilen
Exchequer:	Finanzbeamter der Krone
Feufarm:	eine fixe jährliche Abgabe eines Pächters an einen Herrn für Land, das er exklusiv hat und vererben kann
Forfeiture:	Lehensverlust; Einziehung von Rechten und/oder Besitz (durch die Krone)
Grassum:	Antrittsgeld, das Pächter bei Antritt der Pachtzeit oder bei der Verlängerung des Pachtvertrages zahlen
Justice ayre:	das höchste reisende Gericht in Strafsachen unter dem Vorsitz der Justiziare
Justiziare:	Vertreter der Könige in allen Rechtsangelegenheiten; je einer südlich und nördlich des Forth
Lairds:	Niederadelige mit Landbesitz im Umfang von mindestens einer Baronie
Male entail:	Festlegung der ausschließlich männlichen Erbfolge
Peerage:	Hochadel, vor 1420 gebildet aus den Grafen und Herzögen, ab 1440 ergänzt und erweitert durch die „Lords of Parliament"
Regalität (regality):	ein von der königlichen Autorität exemter Herrschaftsbereich
Session:	Rechtsausschuss von Parlament und Kronrat

Sheriff:	erbliches Amt mit Zuständigkeit für die Gerichtsorganisation in einem Shire
Ward and Relief:	Vergabe von Lehen gegen die üblichen jährlichen Feudalabgaben (Dienste, Hilfen, Rat)

Karten und Stammtafeln

Schottland im 14. Jahrhundert

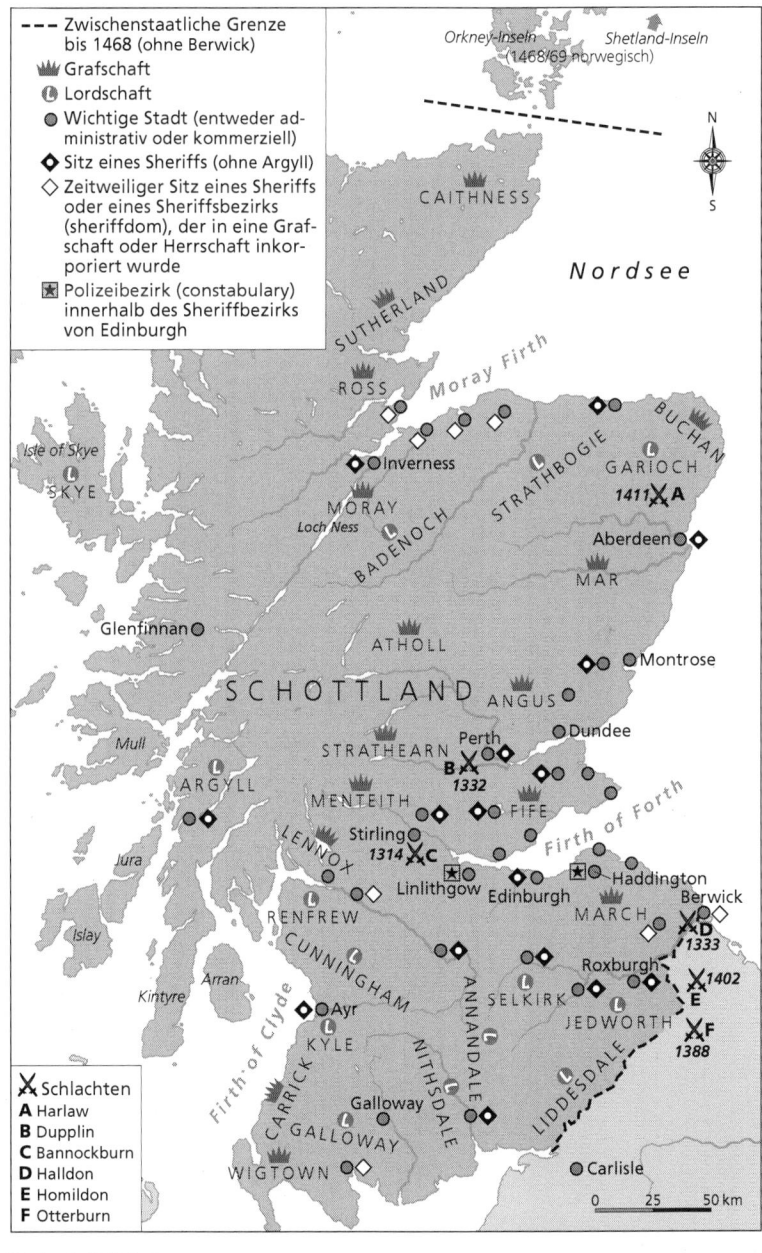

Karte 1: © P. Palm

Herrschaftsbereiche im frühen 15. Jahrhundert

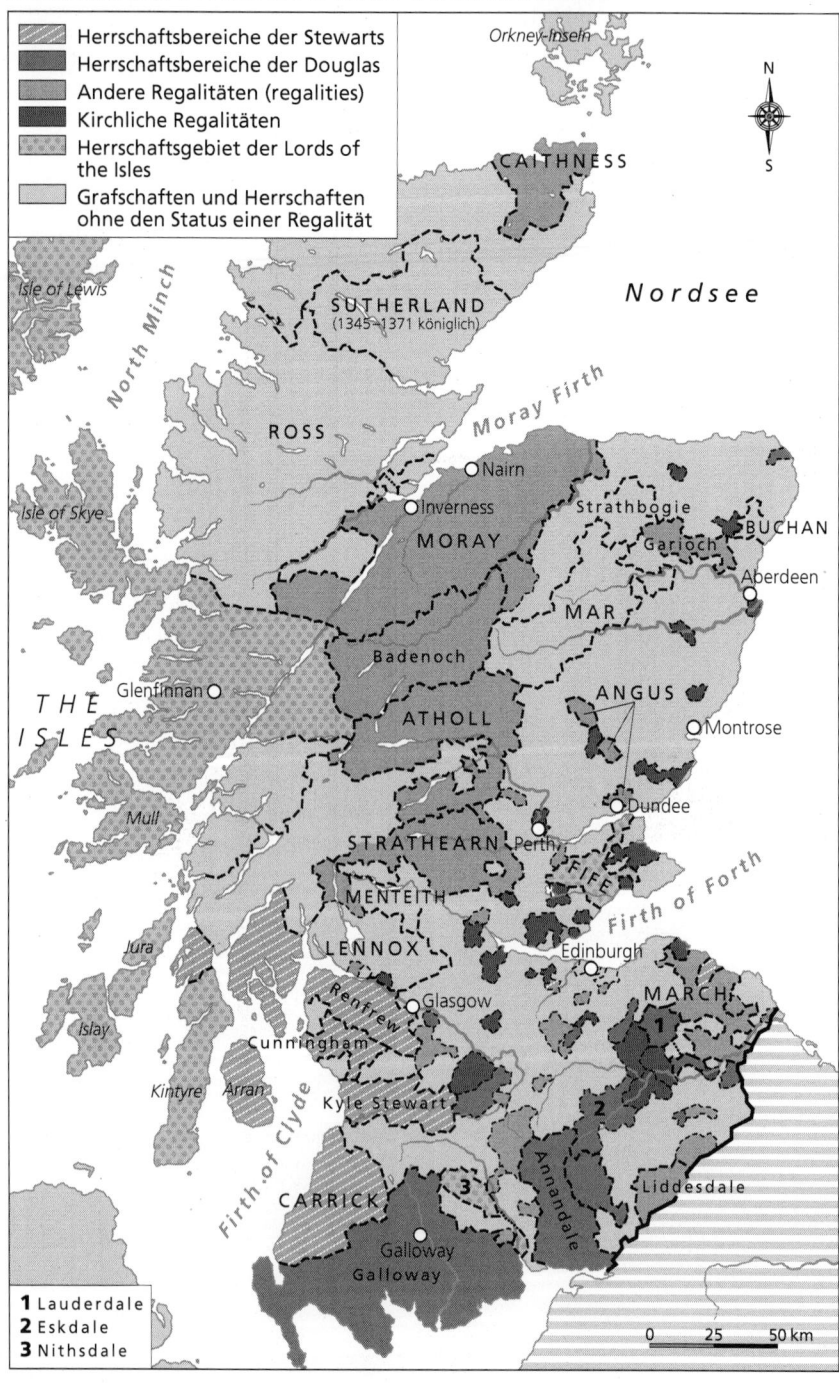

Karte 2: © P. Palm

Karten und Stammtafeln

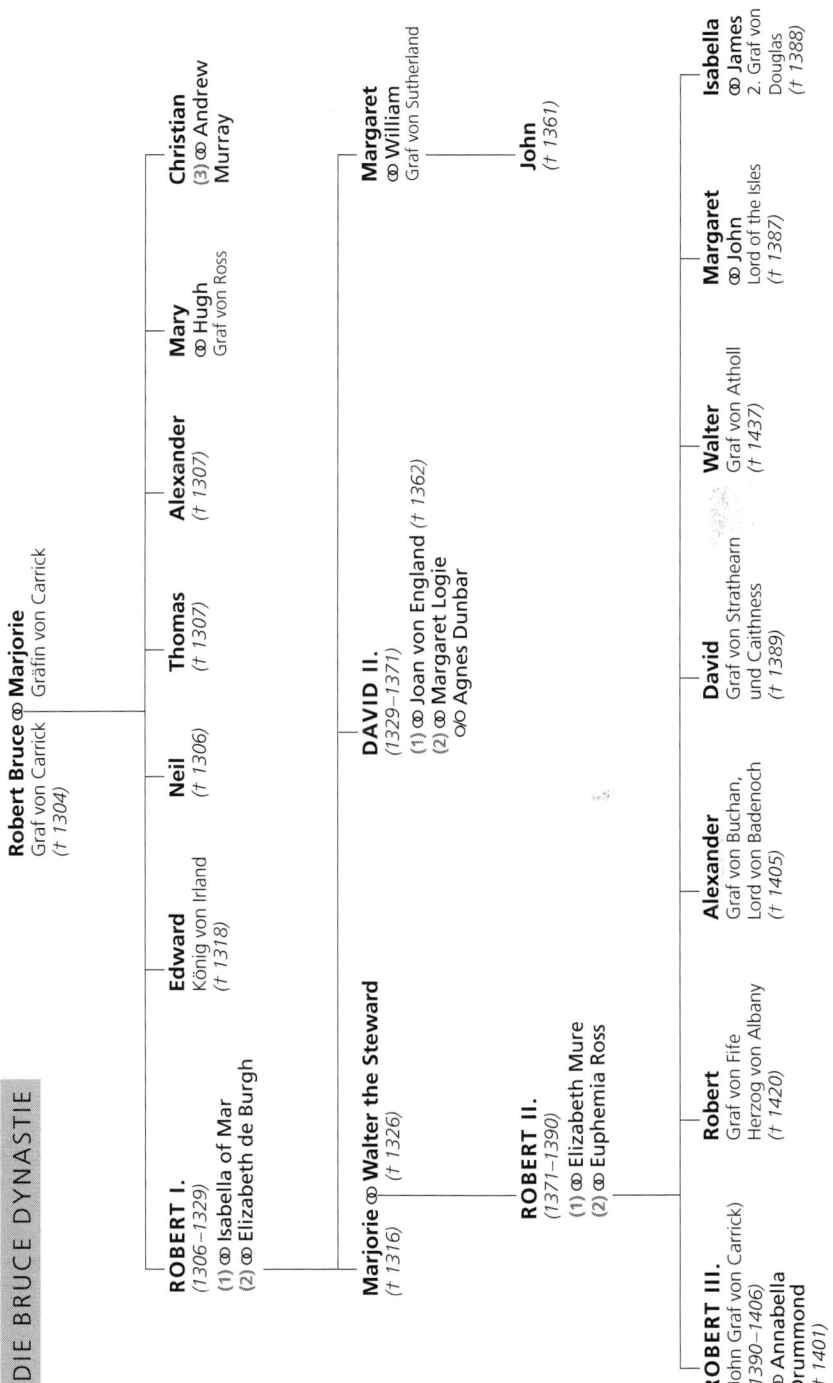

Stammtafel 1: © P. Palm

3 Karten und Stammtafeln

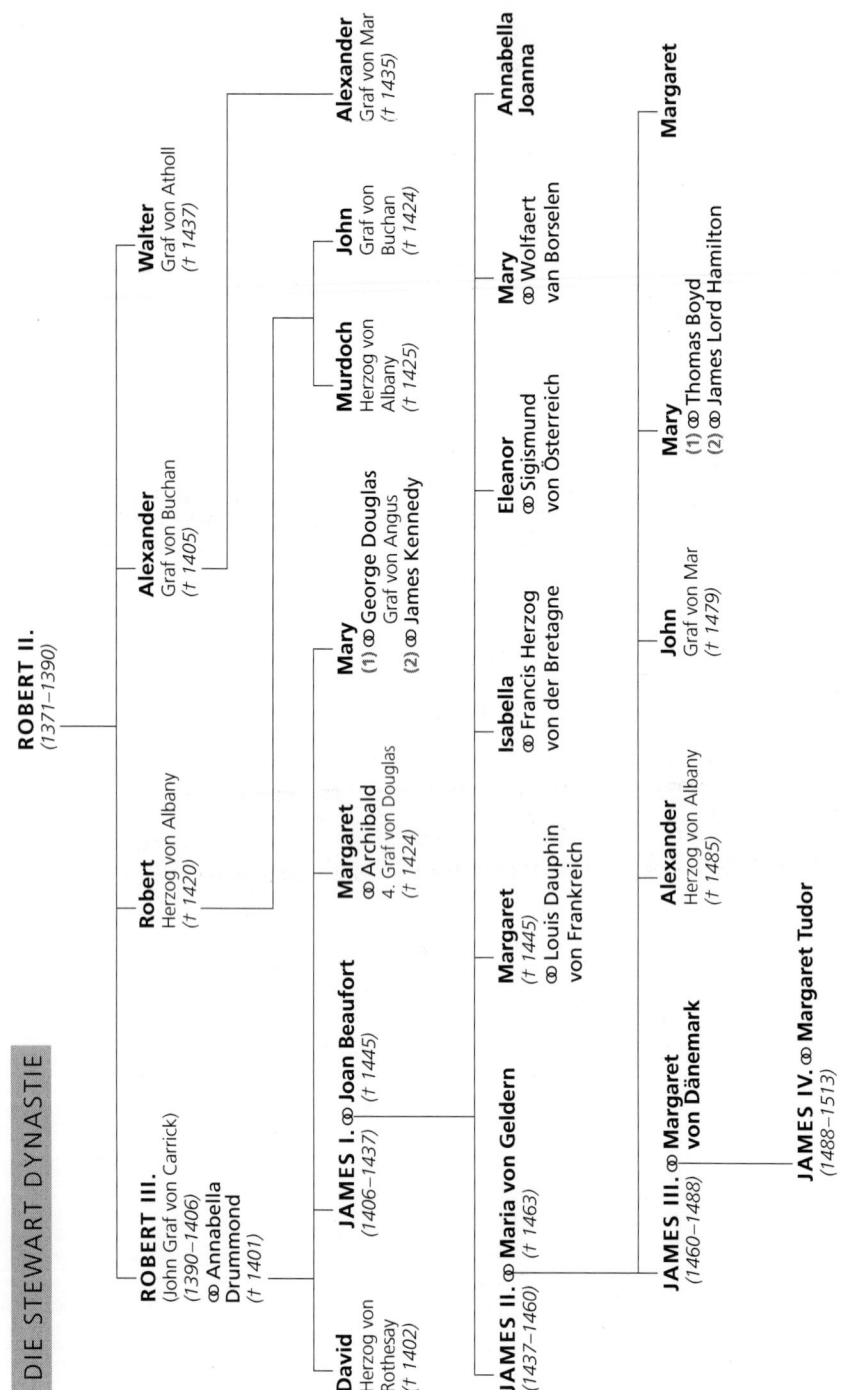

Stammtafel 2: © P. Palm

Bibliografie

Quellen

Andrew Wyntoun, Orygynal Cronykal of Scotland, Vol. 3, ed. by David Laing, Edinburgh 1879.
Anglo-Scottish Relations, 1174–1328. Some Selected Documents, ed. by E.L.G. Stones, Oxford 1965.
Calendar of Documents relating to Scotland IV, ed. by Joseph Bain, Edinburg 1888.
Georg von Ehingen. Reisen nach der Ritterschaft. Edition, Untersuchung, Kommentar, Teil 1: Edition, hg. von Gabriele Ehrmann, Göppingen 1979.
Illustrations of the Topography and Antiquities of the Shires of Aberdeen and Banff, Vol. 4, ed. by Joseph Robertson, Aberdeen 1867.
John Fordun, Chronicle of the Scottish Nation, hg. Von William Skene, Edinburgh 1872.
John Barbour, The Bruce, ed. and trans. by Archibald A.M. Duncan, Edinburgh 1997.
John of Ireland, Meroure of Wyssdome, ed. by Charles MacPherson, Edinburgh 1990.
Regiam Majestatem and Quoniam Attachiamenta, ed. and trans. by T.M. Cooper, Edinburgh 1947.
Registrum honoris de Morton, Vol. 2, ed. by Thomas Thomson, Alexander MacDonald, Edinburgh 1853.
Registrum Magni Sigilli Regum Scotorum, Vol. 2, ed. by John Maitland Thomson, Edinburgh 1882.
Register of the Great Seal of Scotland, ed. by John M. Thomson, Edinburgh 1882.
Scottish Historical Documents, ed. by Gordon Donaldson, Edinburgh/London 1970.
The Acts of David II, King of Scots 1329–1371, ed. by Bruce Webster, Edinburgh 1982.
The Acts of Robert I, King of Scots 1306–1329, ed. by Archibald Duncan, Edinburgh 1988.
The Chronicle of Lanercost 1272–1346, trans. by Herbert Maxwell, Glasgow 1913. (online: https://archive.org/details/chronicleoflaner00maxwuoft)
The Manuscripts of the Duke of Atholl and Earl Home, ed. by Historical Manuscript Commission, London 1891.
The Records of Aboyne 1230–1681, ed. by Charles Huntly, Aberdeen 1894.
The Records of the Parliaments of Scotland to 1707, hrsg. von K.M. Brown, St. Andrews 2007–2019. (online: https://rps.ac.uk).
Thomas Grey, Scalachronica, trans. And ed. by Andy King, Woodbridge 2005.
Vita Eduardi secundi/ Life of Edward the Second, ed. by N. Denholm-Young, London 1957–
Walter Bower, Scotichronicon, ed by Donald E. Watt et al., Aberdeen 1990.
William Fraser, The Douglas Book, Vol. 1, Edinburgh 1885.
William Fraser, The Lennox Book, Vol. 1, Edinburgh 1874.
William Fraser, The Red Book of Menteith, Vol 1, Edinburgh 1880.

Unveröffentlichte Dissertationen

Berlandi, Matthias, The Birthplace of Valour. Landvergabe und Gewaltbewältigung im schottischen Spätmittelalter, Diss. Universität Mainz 2020.

Boardman, Stephan, Politics and the Feud in the late medieval Scotland, PhD, University of St. Andrews 1989.
Brown, Helen Sarah, Lay Piety in later medieval Lothian, c.1306-1513, PhD, University of Edinburgh 2006.
Easson, Alexis Rachel, Systems of land assessment before 1400, PhD, University of Edinburgh 1986.
Jack, Kathy Samantha, Decline and Fall. The Earls and the Earldom of Mar, c.1281-1513, PhD, University of Sterling 2016.
Kelham, Charles Adrian, Bases of magnatial Power in later fifteenth century Scotland, PhD, University of Edinburgh 1986.
Parker, Heather, „In all gudly haste": The Formation of Marriage in Scotland, c. 1350-1600, PhD, University of Guelph, Canada 2012.
Weil, Sebastian, Gute Hirten, Schafe und Wölfe. Geistliche (Landes)Herrschaft in den Diözesen Aberdeen und St. Andrews im Spätmittelalter, Diss. Universität Mainz voraussichtlich 2021.

Literatur

Allmand, Christopher, Henry V, New Haven 1997.
Armstrong, Peter, Otterburn 1388: Bloody Border Conflict, Oxford 2006.
Bannerman, John W.M., The Lordship of the Isles (2). Historical Background, in: Ders. (Ed.), Kingship, Church and Culture. Collected essays and studies, Edinburgh 2016, 330-353.
Barrow, Geoffrey, The Declaration of Arbroath. History, Significance, Setting, Edinburgh 2003.
Barrow, Geoffrey, A Kingdom in Crisis: Scotland and the Maid of Norway, in: The Scottish Historical Review 69, 1990, 120-141.
Barrow, Geoffrey, Robert the Bruce and the Community of the Realm, Edinburgh ⁴2005 (zuerst London 1963).
Beam, Amanda G., The Balliol Dynasty, Edinburgh 2008.
Booton, Harold W., Inland Trade. A study of Aberdeen in the later middle ages, in: Michael Lynch, Michael Spearman (Eds.), The Scottish Medieval Town, Edinburgh 1988, 148-160.
Boshof, Egon, Königtum und Königsherrschaft im 10. und 11. Jahrhundert, München 1997.
Boardman, Steve, The Campbells and Charter Lordship in medieval Argyll, in: Steve Boardman, Alasdair Ross (Eds.), The Exercise of Power in medieval Scotland, c.1200-1500, Dublin 2003, 95-117.
Boardman, Stephen, The Campbells. 1250-1513, Edinburgh 2006.
Boardman, Stephan, The Early Stewart Kings. Robert II and Robert III, Edinburgh 1996.
Brown, Chris, Bannockburn 1314, Stroud 2013.
Brown, Chris, William Wallace. The Man and the Myth, Stroud 2014.
Brown, Keith M., Alan R. MacDonald (Eds.), Parliament in Context, 1235-1707, Edinburgh 2010.
Brown, Michael, James I (1406-1437), in: Ders., Roland Tanner (Eds.), Scottish Kingship, 1306-1542. Essays in Honour of Norman MacDougall, Edinburgh 2008, 155-178.
Brown, Michael, The Black Douglas: War and Lordship in Late Medieval Scotland, 1300-1455, East Linton 1998.
Brown, Michael, The Great Rupture. Lordship and politics in north-east Scotland, 1435-1452, in: Northern Scotland 5, 2014, 1-25.
Brown, Michael, The Lanark Bond, in: Stephan Boardman, Julian Goodare (Eds.), Kings, Lords and Men in Scotland and Britain, 1300-1625, Edinburgh 2014, 227-245.
Brown, Michael, The Wars of the Scots, 1241-1371, Edinburgh 2004.
Cathcart, Alison, Kinship and Clientage. Highland Clanship 1451-1609, Leiden, Boston 2006.

Bibliografie

Connolly, Margaret, *The Dethe of the Kynge of Scotis*. A new Edition, in: The Scottish Historical Review 71, 1992, 47–69.
Cowan, Edward J., *For freedom alone*: The Declaration of Arbroath, 1320, Edinburgh 2008.
Cowan, Ian B., Church and Society in the Fifteenth century, in: The medieval Church in Scotland, Edinburgh 1995, 170–192.
Cowan, Ian B., David E. Easson, Medieval religious houses: Scotland, London 1976.
Cowan, Ian B., The medieval Church in the diocese of Aberdeen, in: Northern Scotland,1, 1972/73, 19–48.
Crains, John W., The History and Development of Scots Law, in: Mark A. Mulhern (Ed.), The Law, Edinburgh 2012, 62–88.
Curry, Anne, Der Hundertjährige Krieg (1337–1453), Darmstadt 2012.
Davis, Rees R., Owain Glyn Dwr. Prince of Wales, Talybont 2009.
Dennison, Patricia, The Evolution of Scotland´s towns. Creation, growth and fragmentation, Edinburgh 2018.
DeVries, Kelly, Infantry Warfare in the early Fourteenth Century, Woodbridge 1996.
Ditchburn, David, Locating Aberdeen, and Elgin in the Later Middle Ages, in: Jane Geddes (Hg.), Medieval Art, Architecture and Archaeology in the Dioceses of Aberdeen and Moray, London, New York, 2016, 1–15,
Dowie, Fiona, She is but a Woman: Queenship in Scotland, 1424–1463, Edinburgh 2006.
Dowie, Fiona, Queenship in late medieval Scotland, in: Michael Brown, Roland Tanner (Eds.), Scottish Kingship 1306–1542. Essays in Honour of Norman MacDougall, Edinburgh 2008, 223–254.
Duncan, Archie, The Nation of Scots, and the Declaration of Arbroath (1320), London 1970
Dunlop, Annie I., The Life and Times of James Kennedy. Bishop of St. Andrews, Edinburgh 1950.
Fischer, Thomas A., The Scots in Germany, Edinburgh 1902.
Fisher, Andrew, William Wallace, Edinburgh 1996.
Frey, Michael, Edinburgh. A History of the City, London 2010.
Gemmill, Elisabeth, Mayhew, Nicholas, Changing Values in Medieval Scotland, Cambridge 1995.
Goldstein, Joshua R., The Scottish Mission to Boniface VIII in 1301. A reconsideration of the context of the Instructions and Processus, in: The Scottish Historical Review 70, 1991, 1–15.
Grant, Alexander, The Death of John Comyn. What was going on? in: Scottish Historical Review 86, 2007, S. 176–224.
Grant, Alexander, Independence and Nationhood: Scotland 1306–1469, Edinburgh 1984.
Grant, Alexander, Earls and Earldoms in Late Medieval Scotland (c.1310–1460), in: John Bossy, Peter Jupp (Eds.), Essays presented to Michael Roberts, Belfast 1976, 24–40.
Grant, Alexander, Fourteenth Century Scotland, in: Michael Jones (Ed.), The New Cambridge Medieval History VI, Cambridge 2000, 345–374.
Grant, Alexander, Franchises North of the Border: Baronies and Regalities in Medieval Scotland, in: Michael Prestwich (Ed.), Liberties and Identities in Medieval Britain and Ireland, Woodbridge 2008, 155–199.
Grant, Alexander, Richard III and Scotland, in: A.J. Pollard (Ed.), The North of England in the Age of Richard III, New York 1996, 115–148.
Grant, Alexander, The Development of the Scottish Peerage, in: The Scottish Historical Review 57, 1978, 1–27.
Grant, Alexander, The Revolt of the Lord of the Isles and the Death of the Earl of Douglas, 1451–1452, in: The Scottish Historical Review 60, 1981, 169–174.
Grant, Alexander, Service and Tenure in late medieval Scotland, 1314–1475, in: Anne Curry, Elizabeth Matthew (Eds.), Concepts and patterns of service in the later middle ages, Woodbridge 2000, 145–179,
Grohse, Ian Peter, Frontiers for Peace in the Medieval North. The Norwegian-Scottish Frontier c. 1260–1470, Leiden 2017.

Hachgenei, Davina, Narratologie und Geschichte. Eine Analyse schottischer Historiografie am Beispiel des ‚Scotichronicons' und des ‚Bruce', Bielefeld 2019.
Hoffmann, Richard C., Salmo salar in late medieval Scotland. Competition and Conversation for a riverine resource, in: Aquatic Science 77, 2015, 355–366.
Hunt, Karen, The Governorship of Robert Duke of Albany (1406–1420), in: Michael Brown, Roland Tanner (Eds.), Scottish Kingship, 1306–1542. Essays in Honour of Norman MacDougall, Edinburgh 2008, 126–154.
Lynch, Michael, Spearman, Michael, Stell, Geoffrey, Introduction, in: Dies. (Eds.), The Scottish medieval Town, Edinburgh 1988, 1–15.
Lythe, Samuel G. E., Economic life, in: Jennifer Brown (Ed.), Scottish Society in the Fifteenth Century, London 1977, 67–83.
MacDougall, Norman, Richard III and James III: contemporary monarchs, parallel mythologies, in: P.W. Hammond (Ed.), Richard III: Loyalty, Lordship and Law, London 1986, 171–198.
MacDougall, Norman, Crown versus nobility: The Struggle for the Priory of Coldingham, 1472–88, in: Keith J. Stringer (Ed.), Essays on the nobility of medieval Scotland, Edinburgh 1985, 254–269.
MacDougall, Norman, Foreign relations: England and France, in: Jennifer M. Brown (Ed.), Scottish Society in the Fifteenth Century, London 1977, 101–111.
MacDougall, Norman, James III, Edinburgh 2009.
MacFarlane, Leslie, William Elphinstone and the Kingdom of Scotland, 1431–1514. The Struggle for Order, Aberdeen 1995.
MacFarlane, Leslie, The primacy of the Scottish Church, 1472–1521, in: Innes Review 20, 1969,111–129.
MacInnes, Iain A., Scotland's second War of Independence, 1332–1357, Woodbridge 2016.
Mackintosh, John, Historic Earls and Earldoms of Scotland, Aberdeen 1898.
Mackintosh, Margaret, The Clan Mackintosh, and the Clan Chattan, Edinburgh 1997.
MacQueen, Hector L., Common Law and Feudal Society in Medieval Scotland, Edinburgh 1993.
McNeil Peter, Hector MacQueen (Hg.), Atlas of Scottish History to 1707, Edinburgh 1996.
Madden, Craig A., The Royal Demesne in Northern Scotland during the late middle ages, in: Northern Scotland 3, 1977/87, 1–24.
Marshall, Rosalind K., Scottish Queens, 1034–1714, Edinburgh 2007.
McGladdery, Christine, James II, Edinburgh 2015.
McHugh, Anna, The Aberdeen Articles. A Twice-Told Tale, in: Joanna Martin, Emily Wingfield (Eds.), Premodern Scotland: Literature and Governance 1420–1587, Oxford 2017, 99–111.
McNamee, Colum, Robert Bruce: our most valiant Prince, King and Lord, Edinburgh 2006.
McNamee, Colum, Buying off Robert Bruce. An account of monies paid to the Scots by Cumberland communities, in: Transactions of the Cumberland and Westmorland Antiquarian and Archaeological Society 92, 1992, 77–89.
McNamee, Colum, The Wars of the Bruce's. Scotland, England and Ireland 1306–1328, Edinburgh 1997
Mortimer, Ian, The Fears of Henry IV. The Life of England's self-made King, London 2007.
Matusiak, John, Henry V, London 2013.
Murray, Athol L., The Scottish Chancery in the fourteenth and fifteenth centuries, in: Kouky Fianu (Ed.), Écrit et pouvoir: dans les chancelleries médiévales: Espace Francais, Espace-Anglais, Louvain-la-Neuve 1997, 133–151.
Neville, Cynthia, Land, Law and the People in medieval Scotland, Edinburgh 2015.
Nicholson, Ranald, Scotland, The later middle Ages, Edinburgh 1974.
Olson, Ian A., *Bludie Harlaw*. Realities, Myths, Ballads, Edinburgh 2014.
Oram, Richard, Domination and Lordship, Scotland 1070–1230, Edinburgh 2011.
Oram, Richard, Economy, in: Michael Lynch (Ed.), The Oxford Companion to Scottish History, Oxford 2007, 195–197.

Bibliografie

Oram, Richard, The medieval Church in the Diocese of Aberdeen and Moray, in: Jane Gaddes (Hg.), Medieval Art, Architecture and Archaeology in the Dioceses of Aberdeen and Moray, London, New York 2016, 16–32.

Paul, James Balfour, The Scots Peerage. Founded on Wood's Edition of Sir Robert Douglas's Peerage of Scotland. Containing an Historical and Genealogical Account of the Nobility of that Kingdom, Vol. 4, Edinburgh 1907.

Penman, Michael, Diffinicione successionis ad regnum Scottorum. Royal Succession in Scotland in the Later Middle Ages, in: Frédérique Lauchaud, Michael Penman (Eds.), Making and Breaking the Rules: succession in Medieval Europe, c.1000–c.1600, Turnhout 2008, 43–59.

Penman, Michael, David II, 1329–1371, Edinburgh 2005.

Penman, Michael, Robert Bruce, King of the Scots, New Haven 2014.

Prestwich, Michael, Edward I and the Maid of Norway, in: The Scottish Historical Review 69, 1990, 155–174.

Reid, Norman, Penman, Michael, Guardian-Lieutenant-Governor: Absentee Monarchy and Proxy Power in Scotland's long Fourteenth Century, in: Frédérique Lachaud, Michael Penman (Eds.), Absentee Authority across Medieval Europe, Woodbridge 2017, 191–218.

Reynolds, Susan, Fiefs and Vassals in Scotland. A View from Outside, in: The Scottish Historical Review 82, 2003, 176–193.

Rogge, Jörg, Attentate und Schlachten. Beobachtungen zum Verhältnis von Königtum und Gewalt im deutschen Reich während des 13. und 14. Jahrhunderts, in: Martin Kintzinger, Jörg Rogge (Hgg.), Königliche Gewalt – Gewalt gegen Könige. Macht und Mord im spätmittelalterlichen Europa, Berlin 2004, S. 7–50.

Rogge, Jörg, Herrschaftsweitergabe, Konfliktregelung und Familienorganisation im fürstlichen Hochadel. Das Beispiel der Wettiner von der Mitte des 13. bis zum Beginn des 16. Jahrhunderts, Stuttgart 2002.

Rogge, Jörg, Die deutschen Könige im Mittelalter. Wahl und Krönung, 2. Auflage Darmstadt 2011.

Rogge, Jörg, Identifikation durch Diskurs? Kommunikation über Gleichheit, Brüderlichkeit und Haus, in: Grischa Vercamer (Hg.), Legitimation von Fürstendynastien in Polen und im Reich, Wiesbaden 2016, 21–27.

Rogge, Jörg, Kämpfen, Verhandeln, Verträge schließen. Zu Praktiken der Konfliktführung und Konfliktbewältigung in den englisch-schottischen Auseinandersetzungen um 1300, in: Roman Czaja (Hg.), Konfliktbewältigung und Friedensstiftung im Mittelalter, Torun 2012, 85–102.

Rogge, Jörg, Rebellion oder legitimer Widerstand? Formen und Funktionen der Gewaltanwendung gegen englische und schottische Könige, in: Martin Kintzinger et al. (Hg.), Gewalt und Widerstand in der politischen Kultur des späten Mittelalters, Ostfildern 2015, 147–182.

Rogge, Jörg, Was tun, wenn ein (männlicher) Erbe fehlt? Das Ringen um den schottischen Thron nach dem Tod König Alexanders III im Jahr 1286, in: Ellen Widder (Hg.), Geboren, um zu herrschen? - Gefährdete Dynastien in historisch-interdisziplinärer Perspektive, Tübingen 2018, 175–189.

Rogge, Jörg, Zwischen inszenierter Trauer und persönlichen Gedenken. Der öffentliche Abschied vom toten Herrscher im spätmittelalterlichen England, in: Historisches Jahrbuch 134, 2014, 99–120.

Rogge, Jörg, „We wanted a parliament but they gave us a stone". The Coronation Stone of the Scots as a Memory Box in the Twentieth Century, in: Heta Aali u. a. (Hg.), Memory Boxes. An Experimental Approach to Cultural Transfer in History, 1500–2000, Bielefeld 2014, 219–237.

Rogge Jörg, The growth of princely authority. Themes and problems, in: Graham A. Loud, Jochen Schenk (Eds.), The Origins of the German Principalities, 1100–1350, London, New York 2017, 23–36.

Rhodes, Bess, Argumenting Rentals: The Expansion of church property in St Andrews, c. 1400–1560, in: Michael Brown, Katie Stevenson (Hg.), Medieval St Andrews. Church, Cult, City, Woodbridge 2017, 223–236.
Rollason, David, Michael Prestwich (Eds.), The Battle of Neville's Cross 1346, Stamford 1998.
Ross, Alasdair, Land Assessment and Lordship in Medieval Northern Scotland, Turnhout 2015.
Schubert, Ernst, Fürstliche Herrschaft und Territorium im späten Mittelalter, München 2. Auflage 2006.
Small, Graeme, The Scottish court, in: Werner Paravicini (Ed.), Rayonnement et les limities d'un modéle culturel, Ostfildern 2013, 457–474.
Stevenson, Katie, Contesting Chivalry. James II and the Control of Chivalric Culture in the 1450s, in: Medieval History 33, 2007, 197–214.
Stevenson, Katie, Power and Propaganda, Scotland 1306–1488, Edinburgh 2014.
Tanner, Roland, James III (1460–1488), in: Brown, Michael, Roland Tanner (Eds.), Scottish Kingship, 1306–1542. Essays in Honour of Norman MacDougall, Edinburgh 2008, 209–231.
Tanner, Roland, The late medieval Scottish Parliament. Politics and the three estates, 1424–1488, East Linton 2001.
Tanner, Roland, The Lords of the Articles before 1540: a Reassessment, in: The Scottish Historical Review 79, 2000, 189–212.
Taylor, Alice, The Shape of the State in Medieval Scotland, 1124–1290, Oxford 2016.
Turpie, Tom, Kind Neighbors. Scottish Saints and Society in the later middle Ages, Leiden, Boston 2015.
Watson, Fiona, Under the hammer: Edward I and Scotland: 1286–1306, East Linton 1998.
Watson, Fiona, Robert the Bruce (Pocket Giants), Stroud 2014.
Watt, Donald E.R., Die Konzilien in Schottland bis zur Reformation, Paderborn 2001.
Watt, Donald E.R., A biographical Dictionary of Scottish Graduates to A. D. 1410, Oxford 1977.
Watt, Donald E. R., The Papacy and Scotland in the Fifteenth Century, in: Barrie Dobson (Hg.), The Church, Politics and Patronage in the Fifteenth century, Gloucester, New York 1984, 115–132.
Watt, Donald E.R., L. A. Murray (Hg.), Fasti ecclesiae Scoticanae medii aevi ad annum 1638, Edinburgh 2003.
Welander, Richard et al. (Eds.), The Stone of Destiny: Artefact and Icon, Edinburgh 2003.
Wormald, Jenny, Lords and Men in Scotland. Bonds of Manrent, 1442–1603, Edinburgh 1985.
Wormald, Jenny, Scotland: 1406–1513, in: Christopher Allmand (Ed.), The New Cambridge Medieval History, Vol. VII, 1415–1500, Cambridge 1998, 513–531.

Kohlhammer

Gerontologische Pflege

Innovationen für die Praxis

Herausgegeben von Hermann Brandenburg

Eine Übersicht aller lieferbaren und im Buchhandel angekündigten Bände der Reihe finden Sie unter:

 https://shop.kohlhammer.de/gerontologische-pflege

Der Herausgeber

Univ.- Prof. Dr. Hermann Brandenburg ist Inhaber des Lehrstuhls für Gerontologische Pflege an der Vincenz Pallotti University Vallendar.